企业经济业务核算与报告

（任务篇）

主　编　韩英锋　王　伟
副主编　吴秋月　王　钟
主　审　王　虹

重庆大学出版社

内 容 简 介

为适应高职高专会计教学工作及会计准则的变化，本着培养理论基础扎实、动手操作能力强的人才目标，编写组对教材结构、内容及教学过程作了精心选择与设计。各子任务内容采用任务分析、知识预备、职业判断及账务处理模式一套符合认知习惯的编排体系，结合我们多年积累的会计教学经验，全面、系统地阐述了企业经济业务会计实务的基本理论、基本方法和基本操作技能，对企业的货币资金、存货、固定资产、无形资产、投资性房地产、金融资产、长期股权投资、负债、所有者权益、收入、费用和利润等业务核算和财务报告等实务性操作作了详尽地介绍。

为强化各子任务模块学习，本教材对每项任务配置了典型业务实训资料及综合全真实训，让学生既可以在教师指导下学习，也可以在自学中进行有目的的测试，达到强化学习的目的。

本教材既可以作为高职高专会计专业教材，也可以作为企业会计工作者的培训教材和自学参考书。

图书在版编目(CIP)数据

企业经济业务核算与报告. 任务篇/韩英锋，王伟主编. —重庆：重庆大学出版社，2013. 8
ISBN 978-7-5624-7360-2

Ⅰ. ①企…　Ⅱ. ①韩…②王…　Ⅲ. ①企业经济—经济核算—高等学校—教材　Ⅳ. ①F275

中国版本图书馆 CIP 数据核字(2013)第 090985 号

企业经济业务核算与报告
(任务篇)

主　编　韩英锋　王　伟
副主编　吴秋月　王　钟
主　审　王　虹

责任编辑：李竹君　沈　静　　版式设计：黄俊棚
责任校对：邬小梅　　责任印制：赵　晟

*

重庆大学出版社出版发行
出版人：邓晓益
社址：重庆市沙坪坝区大学城西路 21 号
邮编：401331
电话：(023) 88617190　88617185(中小学)
传真：(023) 88617186　88617166
网址：http://www. cqup. com. cn
邮箱：fxk@ cqup. com. cn (营销中心)
全国新华书店经销
自贡兴华印务有限公司印刷

*

开本：720×960　1/16　印张：20.5　字数：390 千
2013 年 8 月第 1 版　2013 年 8 月第 1 次印刷
印数：1—3 000
ISBN 978-7-5624-7360-2　定价：39.00 元

前 言 PREFACE

企业经济业务核算与报告是现代企业财务工作的主要组成部分，是高职高专会计专业核心课，作为一门分析现实财务问题的课程，作为一门影响学生职业生涯的课程，不仅要教会学生如何处理企业经济业务，更需要通过系统的学习，为将来的发展奠定基础。因此，编写一本适合高职学生学习的教材尤为重要。本书正是基于这一目的编写的。编者在编写工作中，力争使本书充分体现项目导向、任务驱动、有效知识建构的特点。

第一，本书依据新会计准则，吸纳会计教学改革成果，严格按照经济业务核算与报告的内在联系与实践要求，结合编写组的多年教学经验，寻找经济业务核算与报告和其他相关课程的结合点，将经济业务核算与报告和其他科目知识融会贯通，使得经济业务核算与报告的理论与方法得到更自然的表述；同时注重知识的合理衔接。

第二，认真研究任务驱动及项目导向在企业经济业务核算与报告中的应用，开发出一套体现高职教学特色的任务导入、任务分析、知识准备、职业判断、账务处理教学流程，使读者自然而然地完成对知识的认知、探索与实务操作的学习。

第三，本教材以工业企业业务处理为背景，将经济业务核算与报告和纷繁复杂的社会经济现象有机结合，将业务操作融入经济生活中，注重理论联系实际，让学生体会到所学皆有所用。贯彻体现给课堂生命力的教学理念。

为加强学习者的学习效果，本书分理论篇与实训篇两个分册，共分12个学习情境。本书由重庆航天职业技术学院的韩英锋、王伟担任主编，王虹担任主审。本书的学习情境1和学习情境6由林嘉雯编写，学习情境2和学习情境5由王钟编写，学习情境3和学习情境7由陶诚志编写，学习情境4和学习情境8由韩英锋编写，学习情境9、学习情境

11、学习情境12由王伟、吴秋月、黄罡共同编写，学习情境10由宋伟、孙槐利共同编写，本书在编写过程中参考了不少专家学者的研究成果，在此一并表示感谢。

由于时间仓促，书中错误之处在所难免，请广大读者谅解并予以批评指正。

编　者

2013年1月

CONTENTS 目 录

学习情境 1 货币资金业务核算

任务导入

2012 年 12 月 1 日，重庆市长江有限责任公司，库存现金不足，准备签发现金支票一张，提取现金 800 元，用于补充限额，本企业账户属于支票户，也就是说取钱及支付结算均需要提交转账及现金支票，会计张和平需要向银行提交现金支票一张，请问该如何填写本支票？小张如何进行账务处理？

中国工商银行现金支票存根	中国工商银行现金支票（渝）	支票号码：VX6217668
支票号码：VX6217668	出票日期（大写）：	付款行名称：
科目：	收款人：	出票人账号：
贷方科目	人民币（大写）：	千 百 十 万 千 百 十 元 角 分
出票日期：　年　月　日		
收款人：	用途：---货款---	
金额：	密码	
用途：	我…户内…付 平张印和	
备注：	出票人… 财务专用章	复核：　记账：

图 1.1　现金支票票样（一）

项目内容概述

货币资金是指企业的生产经营资金在周转过程中处于货币形态的那部分资金。在企业的日常生产经营过程中，会发生大量的、重复性的有关货币资金的支付和收入业务。比如，由于采购材料、支付职工工资、支付各项生产费用、交纳税款和归还银行借款等所发生的支付业务；由于销售产品、吸收投资者投资、取得银行借款等所发生的收入业务。这些交易业务的完成都离不开货币资金。货币资金包括现金、银行存款和其他货币资金三个部分。

知识目标

1. 理解货币资金的概念。
2. 掌握库存现金核算的主要内容以及库存现金清查结果的账务处理。
3. 掌握信用卡、汇兑托收承付、委托收款等结算方式的适用范围以及各自的特点。

4. 了解其他货币资金的内容,掌握其他货币资金的账务处理。

能力目标

1. 能处理库存现金清查结果的账务处理。
2. 能对银行存款的收付业务进行准确判断及账务处理。
3. 能对其他货币资金经济业务进行准确判断及账务处理。

任务1 库存现金业务

◎预备知识

现金又称库存现金,通常是指存放于企业财会部门,由出纳人员保管的现金,包括库存的人民币和各种外币。现金是企业流动性最强的资产,企业应当严格遵守国家有关现金管理制度,正确进行现金收支核算,监督现金使用的合理性与合法性。

库存现金是指存放于企业并由出纳人员保管的现金。

子任务1 库存现金概述

○任务分析

1)现金的使用范围

①职工工资、津贴;

②个人劳动报酬;

③根据国家规定颁发给个人的科学技术、文化艺术、体育等各种奖金;

④各种劳保、福利费用以及国家规定的对个人的其他支出;

⑤向个人收购农副产品和其他物资的价款;

⑥出差人员必须随身携带的差旅费;

⑦结算起点以下的零星支出(结算起点为1 000元);

⑧中国人民银行确定需要支付现金的其他支出。

凡是超出上述范围的一切经济往来,即凡不属于现金结算范围的,企业都应通过开户银行进行转账结算。

2)库存现金限额的管理

现金的限额是指为了保证企业日常零星开支的需要,允许单位留存现金的最高数额。这一限额由开户银行根据单位的实际需要核定，一般按照单位3～5天日常零星开支的需要确定，边远地区和交通不便地区开户单位的库存现金限额，可按多于5天但不超过15天的日常零星开支的需要确定。

3）库存现金收支的规定

①开户单位收入的库存现金应当于当日送存开户银行，当日送存确有困难的，由开户银行确定送存时间。

②开户单位支付现金可以从本单位库存现金中支付或从开户银行提取，不得"坐支"库存现金，因特殊情况需要坐支库存现金的单位，应当事先报经有关部门审查批准，并在核定的范围和限额内进行。同时收支的库存现金必须入账。

③不准用不符合财务制度的凭证顶替库存现金，即不得"白条顶库"。

④不准用银行账户代其他单位和个人存入或支取库存现金；不准用单位收入的现金以个人名义存入储蓄。

⑤不得"公款私存"；不得设置"小金库"。

子任务2　库存现金收付核算

○任务分析

企业应当设置"库存现金"科目，用于核算企业库存现金的收入、支出和结存情况。该科目借方登记现金收入数，贷方登记现金的付出数，余额在借方，反映库存现金的实有数。企业内部各部门周转使用的备用金属于企业的库存现金，也可以单独设置"备用金"账户核算。

企业应当设置"库存现金"总账和"现金日记账"，分别进行企业库存现金的总分类核算和明细分类核算。有外币现金业务的企业，应按照外币现金的币种设置现金账户进行明细分类核算。现金日记账由出纳人员根据收付款凭证，按照业务发生顺序逐笔登记。

○职业判断与账务处理

1）库存现金收入的核算

【工作资料1-1】:2012年6月2日，重庆市长江有限责任公司财务人员签发支票一张，从银行提取现金4 000元备用。

会计根据支票存根编制会计分录：

借：库存现金　　4 000

　贷：银行存款　　4 000

中国银行
现金支票存根
30109810
00023328
附加信息
出票日期2012年05月02日
收款人：长江有限责任公司
金 额：¥4000.00
用 途：备用
单位主管 会计

中国银行 现金支票 1043510
00664926
出票日期（大写）贰零壹贰年 零陆月 零贰日 付款行名称：中国银行重庆江北支行
收款人：重庆市长江有限责任公司 出票人账号：11000123456789
付款期限自出票之日起十天
人民币（大写）肆仟元整 ¥400000
用途 备用 密码 2467-8901-1321-7619
上列款项请从
我账户内支付
出票人签章 重庆长江有限责任公司 财务专用章 文张印华
复核 记账

图1.2 现金支票票样（二）

【工作资料1-2】:2012年6月5日,重庆市长江有限责任公司发生如下现金收入业务:收到零星销售收入585元(其中应交增值税85元)。

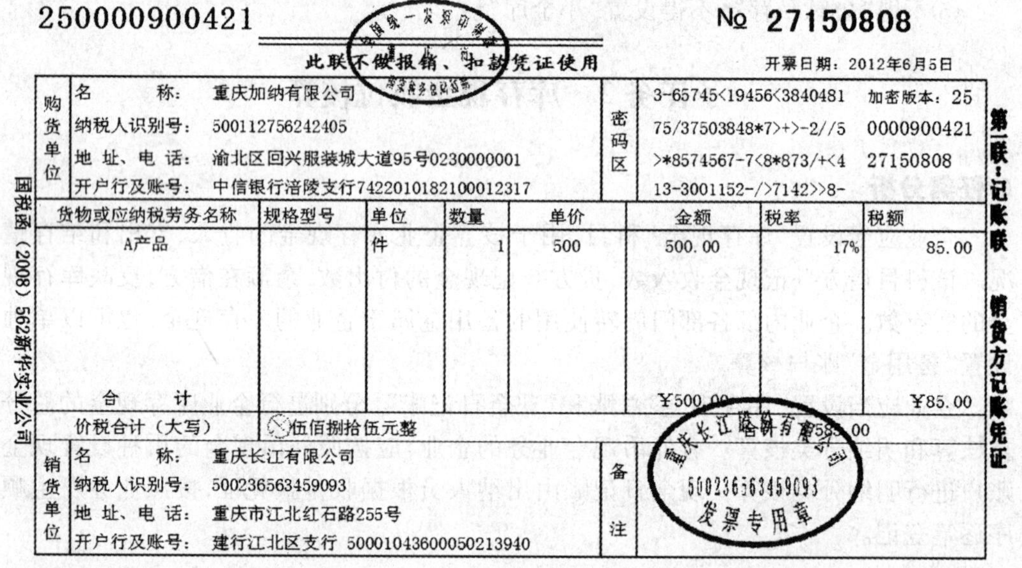

250000900421 № 27150808

此联不做报销、扣税凭证使用

开票日期：2012年6月5日

购货单位
名 称：重庆加纳有限公司
纳税人识别号：500112756242405
地 址、电 话：渝北区回兴服装城大道95号0230000001
开户行及账号：中信银行涪陵支行7422010182100012317

密码区
3-65745<19456<3840481 加密版本：25
75/37503848*7>+>-2//5 0000900421
>*8574567-7<8*873/+<4 27150808
13-3001152-/>7142>>8-

货物或应纳税劳务名称	规格型号	单位	数量	单价	金额	税率	税额
A产品		件	1	500	500.00	17%	85.00
合 计					¥500.00		¥85.00
价税合计（大写）	⊗伍佰捌拾伍元整				（小写）¥585.00		

销货单位
名 称：重庆长江有限公司
纳税人识别号：500236563459093
地 址、电 话：重庆市江北红石路255号
开户行及账号：建行江北区支行 50001043600050213940

备注 重庆长江路钢有限公司 500236563459093 发票专用章

国税函（2008）562新华实业公司

第一联：记账联 销货方记账凭证

图1.3 增值税专用发票

现金汇总收款凭证编制如下：

借:库存现金 585

　贷:主营业务收入 500

　　应交税费——应交增值税(销项税额) 85

收　据

2012年6月5日

20120609

客户名称：金华物资公司

商品名称	规格型号	数量	单位	单价		金额 十	万	仟	佰	拾	元	角	分	备注
工程废料		100	千克	5.85	¥				5	8	5	0	0	
合计									5	8	5	[illegible]	0	

金额大写：人民币 零 拾 零 万 零 仟 伍 佰 捌 拾 伍 元 零 角 零 分

开票人：黄羽　　收款人：李正林　　单位名称（盖章）：

图1.4　收据

实践总结：

库存现金收入的内容主要有：从银行提取现金；职工出差报销时交回的剩余借款；收取结算起点以下的零星收入款；收取对个人的罚款；无法查明原因的现金溢余等。收取现金时，借记"库存现金"科目，贷记有关科目。

2）库存现金支出的核算

【工作资料1-3】：2012年6月7日，重庆市长江有限责任公司发生如下现金支出业务：支付职工李强差旅费600元，购买办公用品现金支出200元，发放职工工资65 800元，现金送存银行1 200元。现金汇总付款凭证编制如下：

借：其他应收款　　600

　　管理费用　　200

　　应付工资　　65 800

　　银行存款　　1 200

　贷：库存现金　　67 800

实践总结：

库存现金企业应当严格按照国家有关现金管理制度的规定，在允许的范围内，办理现金支出业务。企业按照现金开支范围的规定支付现金时，借记有关科目，贷记"库存现金"科目。

3）备用金的核算

【工作资料1-4】：2012年6月7日，重庆市长江有限责任公司营销部核定的备用金定额为20 000元，会计部门支付现金做备用金，编制的会计分录如下：

借：备用金——营销部　　20 000

　贷：银行存款　　20 000

【工作资料1-5】：2012年6月10日，重庆市长江有限责任公司营销部备用金经管人员持相关单据报销日常办公经费及业务招待费支出，合计13 250元，根据报销清单编制的会计分录如下：

借：销售费用　　13 250

　贷：备用金——营销部　　13 250

实践总结：

定额备用金的核算：发生预支备用金时，借记"备用金"账户，贷记"库存现金"或"银行存款"账户；平时因使用而到会计部门实际报销时借记"制造费用""管理费用"等账户，贷记"库存现金"或"银行存款"账户，以保持定额。

子任务3　库存现金清查核算

○任务分析

现金的清查是指对库存现金的盘点与核对，包括出纳人员每日终了前进行的现金账款核对和清查小组进行的定期或不定期的现金盘点。现金清查一般采用实地盘点法。除出纳人员每日营业终了时进行清点核对外，清查小组进行定期和不定期的盘点和核对。按照现金管理有关规定，检查账款是否相符及是否有"白条顶库"、超限额留存现金等现象。对于清查的结果应当编制现金盘点报告单。有溢余或短缺的应先通过"待处理财产损溢"科目，经批准后再作出最后的处理。

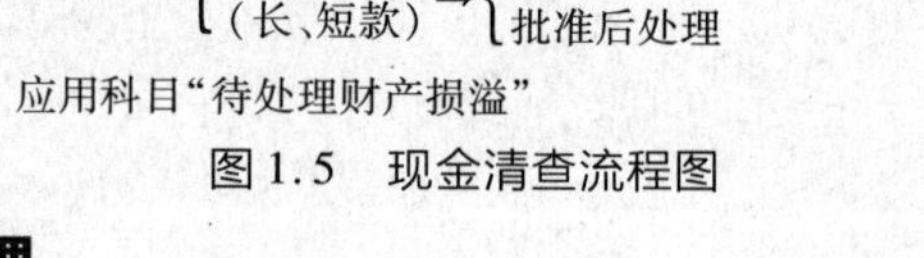

清查结果
- 账实相符⇒不处理
- 账实不相符（长、短款）⇒
  - 批准前调账，账实相符
  - 批准后处理

应用科目"待处理财产损溢"

图1.5　现金清查流程图

○职业判断与账务处理

1）现金短缺的处理

【工作资料1-6】：2012年6月30日，重庆市长江有限责任公司在现金清查中，发现现金短缺120元，原因待查，根据"库存现金盘点表"（见图1.6），编制会计分录如下：

库存现金盘点表

2012 年06月 30日 编号

账存金额	实存金额	盘盈	盘亏	备注
6 120	6 000		120	原因待查

监盘人(签章): 盘点人(签章):

图 1.6 库存现金盘点表

借:待处理财产损溢——待处理流动资产损溢 120

贷:库存现金 120

以后查明短缺原因,其中 50 元是出纳员陈林工作失职造成的,应由其负责赔偿;另外 70 元无法查明原因,经批准后转做管理费用。编制会计分录如下:

借:其他应收款——出纳员陈林 50

管理费用 70

贷:待处理财产损溢——待处理流动资产损溢 120

实践总结:

如为现金短缺,属于应由责任人赔偿的部分,借记"其他应收款"或"库存现金"等科目,贷记"待处理财产损溢——待处理流动资产损溢"科目;属于应由保险公司赔偿的部分,借记"其他应收款"科目,贷记"待处理财产损溢——待处理流动资产损溢"科目;属于无法查明的其他原因,根据管理权限,经批准后处理,借记"管理费用"科目,贷记"待处理财产损溢——待处理流动资产损溢"科目。

2)现金溢余的处理

【工作资料 1-7】:2012 年 7 月 30 日,重庆市长江有限责任公司,在对现金进行清查时,发生溢余 80 元。

借:库存现金 80

贷:待处理财产损溢——待处理流动资产损溢 80

经查现金溢余原因不明,经批准转作营业外收入。

借:待处理财产损溢——待处理流动资产损溢 80

贷:营业外收入 80

实践总结:

如为现金溢余,属于应支付给有关人员或单位的,应借记"待处理财产损溢——待处理流动资产损溢"科目,贷记"其他应付款"科目;属于无法查明原因的现金溢余,经批准后,借记"待处理财产损溢——待处理流动资产损溢"科目,贷记"营业外收入——现金溢余"科目。

任务2　银行存款业务

◎**预备知识**

银行存款是指企业存放在银行或其他金融机构的货币资金。企业暂时闲置待用的货币资金除保留一定限额的库存现金外，大多应以银行存款的形式存在。一般企业的银行存款是指人民币存款，而对于涉外企业，其存款不仅有人民币存款，往往还有各种外币存款，如美元存款、日元存款等。

企业收入的一切款项，除留存限额内的现金之外，都必须送存银行。企业的一切支出除规定可用现金支付之外，都必须遵守银行结算办法的有关规定，通过银行办理转账结算。

子任务1　银行存款认知

○**任务分析**

1）银行存款开户的有关规定

《人民币银行结算账户管理办法》规定，凡是独立核算的企业都必须在当地银行开立账户，用来办理货币资金的存取以及各种收支的转账的结算业务。

银行结算账户分为四类：基本存款账户、一般存款账户、专用存款账户和临时存款账户。

①基本存款账户是企业办理日常结算和现金收付业务的账户，企业的工资、奖金等现金的支取只能通过本账户办理。

②一般存款账户是企业在基本存款账户以外的银行借款转存以及与基本存款账户的企业不在同一地点的附属非独立核算的单位的账户，企业可以通过本账户办理转账结算和现金缴存，但不能支取现金。

③临时存款账户是企业因临时经营活动需要而开立的账户，企业可以通过本账户办理转账结算和根据国家现金管理的规定办理现金收付。

④专用存款账户是企业因特殊用途需要而开立的账户。

一个企业只能在一家银行开立一个基本账户；不得在同一家银行的几个分支机构开立一般存款账户。企业在办理存款账户以后，在使用账户时应严格执行银行结算纪律的规定。

2）银行结算纪律

单位和个人办理支付结算，不准签发没有资金保障的票据或远期支票，套取银行信用；不准签发、取得和转让没有真实交易和债权债务的票据，套取银行和他人资金；不准无理拒绝付款，任意占用他人资金；不准违反规定开立和使用账户。

子任务2 银行存款收付核算

○任务分析

企业的一切收付款项，除制度规定可用现金支付的部分外，都必须通过银行办理支付结算。目前企业可以采用的支付结算方式主要有：银行汇票、商业汇票、银行本票、支票、信用卡、汇兑、托收承付、委托收款等。

1）银行汇票结算方式

银行汇票是指由出票银行签发的，由其在见票时按照实际结算金额无条件支付给收款人或者持票人的票据。银行汇票的出票银行为银行汇票的付款人。企业与异地单位和个人的各种款项结算，均可使用银行汇票。银行汇票可以用于转账，填明“现金”字样的银行汇票也可以用于支取现金，其中现金银行汇票的申请人与收款人必须均为个人。银行汇票的提示付款期限自出票日起1个月。持票人超过付款期限提示付款的，代理付款人不予受理。

收款人受理申请人交付的银行汇票时，应在出票金额以内，根据实际需要的款项办理结算，并将实际结算金额和多余金额准确、清晰地填入银行汇票和解讫通知的有关栏内。未填明实际结算金额和多余金额或实际结算金额超过出票金额的，银行不予受理。银行汇票的实际结算金额不得更改，更改实际结算金额的银行汇票无效。银行汇票的实际结算金额低于出票金额的，其多余金额由出票银行退交申请人。

银行汇票可以背书转让给被背书人。银行汇票的背书转让以不超过出票金额的实际结算金额为准。未填写实际结算金额或实际结算金额超过出票金额的银行汇票不得背书转让。

申请人因银行汇票超过付款提示期限或其他原因要求退款时，应将银行汇票和解讫通知同时提交到出票银行。申请人缺少解讫通知要求退款的，出票银行应于银行汇票提示付款期满一个月后办理。银行汇票丧失，失票人可以凭人民法院出具的其享有票据权利的证明，向出票银行请求付款或退款。

2）商业汇票结算方式

商业汇票是指由收款人或付款人签发，由承兑人承兑，并于到期日内向收款人或持票人无条件支付确定的款项的票据。在银行开立存款账户的法人及其他组织之间须具有真实的交易关系或债权债务关系，才能使用商业汇票。商业汇票的付款期限一般由交易双方商定，但最长不能超过六个月。商业汇票的提示付款期限为自汇票到期日起10日内。

商业汇票一律记名，持票人应在提示付款期限内通过开户银行委托收款或直接向付款人提示付款。对异地委托收款的，持票人可匡算邮程，提前通过开户银行委托收款。持票人超过提示付款期限提示付款的，持票人开户银行不予受理。商业汇票可以背书转让，符合条件的商业汇票在尚未到期前可以向银行申请贴现，并按银行规定的贴现息率向银行支付贴现息。

按承兑人的不同，商业汇票可分为商业承兑汇票和银行承兑汇票两种。

商业承兑汇票由银行以外的付款人承兑，属于商业信用范畴。商业承兑汇票可以由付款人签发并承兑，也可以由收款人签发交由付款人承兑。收款人或者持票人在提示付款期限内应填写委托收款凭证，并连同商业承兑汇票送交银行办理收款。在收到银行转来的收款通知后，就可办理收款的账务处理。付款人收到开户银行转来的付款通知，应在当日通知银行付款。付款人在接到通知日的次日起3日内（遇法定休假日顺延）未通知银行付款的，银行视同付款人承诺付款，并应于付款人接到通知日的次日起第4日（法定休假日顺延）上午开始营业时，将票款划给持票人。银行在办理划款时，付款人存款账户不足支付的，应填制付款人未付票款通知书，连同商业承兑汇票邮寄持票人开户银行转交持票人。

银行承兑汇票由银行承兑，属于银行信用。银行承兑汇票应由在承兑银行开立存款账户的存款人签发。存款人应与承兑银行具有真实的委托付款关系，而且资信状况良好，具有支付汇票金额的可靠资金来源。银行承兑汇票的出票人应于汇票到期前将票款足额交存其开户银行。承兑银行应在汇票到期日或到期日后的见票当日支付票款。如出票人于汇票到期日未能足额交存票款时，承兑银行除凭票向持票人无条件付款外，对出票人尚未支付的汇票金额按照每天万分之五计收利息。

3）银行本票结算方式

银行本票是银行签发的，承诺自己在见票时无条件支付确定的金额给收款人或持票人的票据。单位和个人在同一票据交换区域需要支付的各种款项，均可以使用银行本票。

银行本票分为定额本票和不定额本票两种，定额本票为1 000元，5 000元，10 000元和50 000元，不定额本票无金额起点。银行本票适用于单位或个人支付款项，可以用于转账，在票面上划去转账字样的，为现金本票。银行本票的提示付款期限自出票日起最长不得超过两个月。在付款期限内银行本票见票即付。银行本票可以背书转让给被背书人。

银行本票若丢失,失票人可以凭人民法院出具的其享有票据权利的证明,向出票银行请求付款或退款。

4）支票结算方式

支票是指单位或个人签发的,委托办理支票存款业务的银行在见票时无条件支付确定的金额给收款人或持票人的票据。

支票分为现金支票、转账支票和普通支票三种。在支票上印有“现金”字样的支票为现金支票,现金支票只能用于支取现金;在支票上印有“转账”字样的支票为转账支票,转账支票只能用于转账;在支票上未印有“现金”或“转账”字样的为普通支票,普通支票可以用于支取现金,也可以用于转账。在普通支票左上角划两条平行线的,为划线支票,划线支票只能用于转账,不得支取现金。支票适用于单位和个人在同一票据交换区域的各种款项的结算。

支票的出票人为在经中国人民银行当地分支行批准办理支票业务的银行机构开立可以使用支票的存款账户的单位和个人。

支票的提示付款期限自出票日起 10 日,中国人民银行另有规定的除外。超过提示付款期限提示付款的,持票人开户银行不予受理,付款人不予付款。

支票一律记名,单位和个人签发支票的金额不得超过付款时在付款人处实有的存款金额,同时不得签发空头支票、与预留银行签章不符的支票以及支付密码错误的支票。否则,银行应予以退票,并按票面金额处以 5% 但不低于 1 000 元的罚款;持票人有权要求出票人赔偿支票金额 2% 的赔偿金。对屡次签发的,银行应停止其签发支票。支票结算方式是同城结算中使用比较广泛的一种结算方式。

5）信用卡结算方式

信用卡是指商业银行向个人和单位发行的,凭此向特约单位购物、消费和向银行存取现金,且具有消费信用的特制载体卡片。

利用单位卡进行结算的商品交易、劳务供应款项的金额不能高于 10 万元。信用卡可以透支,但不能恶意透支,而且透支金额有明确的规定,金卡不能超过 1 万元,普通卡不能超过5 000元。信用卡透支期限最长为 60 天。

信用卡按使用对象分为单位卡和个人卡,按信誉等级分为金卡和普通卡。单位卡可申领若干张,单位卡账户的资金一律从其基本存款账户转入(包括续存资金),不得交存现金或将销货存入。单位卡不得用于 10 万元以上的商品交易、劳务供应款项的结算,不得支取现金。单位卡销户时账户余额要转入其基本存款账户,不能提取现金。信用卡在规定的期限和限额内允许善意透支。

6）汇兑结算方式

汇兑是汇款人委托银行将其款项支付给收款人的结算方式。单位和个人各种款项的结算，均可使用汇兑结算方式。汇兑分为信汇、电汇两种。

汇款人委托银行办理汇兑，应向汇出银行填写信汇、电汇凭证。汇款人和收款人均为个人，需要在汇入银行支取现金的，应在信汇或电汇凭证上填写“现金”字样；对汇出款项可以“留行待取”；需分次支取的，应以收款人姓名开立临时存款户。临时存款户只付不收，付完清户，不记利息；汇入银行对于收款人拒收的款项，应立即办理退汇；对于发出取款通知、经过两个月仍无法交付的汇款，应主动办理退汇。

7）托收承付结算方式

托收承付结算方式是指收款人根据购销合同发货后，委托银行向异地付款人收取款项，由付款人向银行承认付款的结算方式。分为邮寄和电报划回两种。托收承付是指根据购销合同由收款人发货后委托银行向异地付款人收取款项，由付款人向银行承认付款的结算方式。

托收承付结算每笔的金额起点为10 000元（新华书店系统每笔金额起点为1 000元）。

承付货款分为验单付款和验货付款两种，其中验单付款的承付期为3天，验货付款的承付期为10天。

办理托收承付结算的款项，必须是商品交易，以及因商品交易而产生的劳务供应的款项。代销、寄销、赊销商品的款项，不得办理托收承付结算。托收承付是一种先发货后付款的异地结算方式，收款人和付款人双方一般需要有较高的信用度且有较长期的合作关系。

8）委托收款结算方式

委托收款是指标收款人委托银行向付款人收取款项的结算方式。委托收款结算款项的划转方式有邮寄和电报两种，由收款人选用。委托收款便于收款人主动收款，在同城、异地均可办理。

委托收款付款期限为3天，从付款银行发出付款通知的次日算起，到期日遇节假日顺延。付款人在付款期内未向银行提出异议的，银行视作同意付款。付款人需拒付时，应在付款期内向银行办理拒付。银行不负责审查拒付理由，将拒付理由书和有关凭证退交收款人。

○职业判断与账务处理

【工作资料1-8】：2012年6月12日，重庆市长江有限责任公司向新世纪百货销售产品500 000元，增值税85 000元，收到对方交来转账支票一张金额58 500元，填制进账单，连同支票一并送存银行，根据银行盖章退回的进账单回单联（见图1.7），编制会计分录如下：

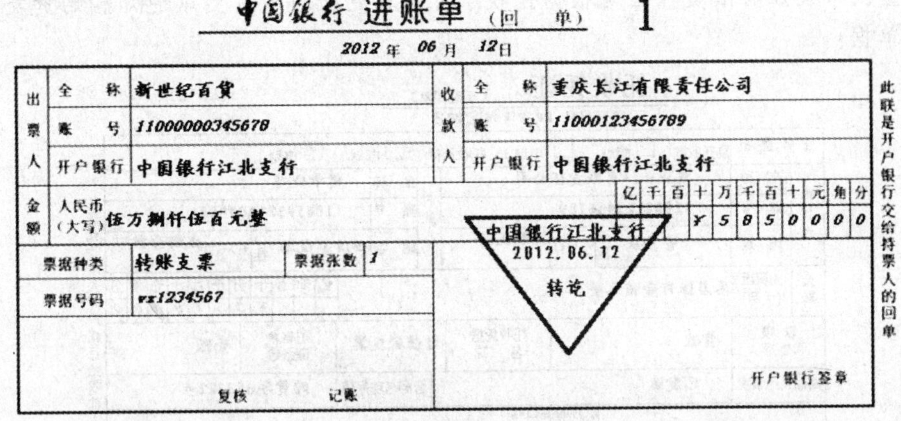

中国银行 进账单 （回 单） 1

2012 年 06 月 12 日

出票人	全　称	新世纪百货	收款人	全　称	重庆长江有限责任公司
	账　号	11000000345678		账　号	11000123456789
	开户银行	中国银行江北支行		开户银行	中国银行江北支行
金额	人民币（大写）	伍万捌仟伍百元整		亿千百十万千百十元角分	¥ 5 8 5 0 0 0 0
票据种类	转账支票	票据张数	1		
票据号码	vx1234567				
	复核　记账			开户银行签章	

中国银行江北支行 2012.06.12 转讫

此联是开户银行交给持票人的回单

图1.7　中国银行进账单

250000900421　重庆市增值税专用发票　№ 27150810

此联不做报销、扣款凭证使用　开票日期：2012年6月12日

购货单位	名　　称：新世纪百货有限公司 纳税人识别号：500103663572106 地 址、电 话：渝中区上清寺路9号环球广场21层0230000002 开户行及账号：招商银行重庆分行6182641710001	密码区	3-65745<19456<3840481　加密版本：25 75/37503848*7>+>-2//5　0000900421 >*8574567-7<8*873/+<4　27150810 13-3001152-/>7142>>8-

货物或应纳税劳务名称	规格型号	单位	数量	单价	金额	税率	税额
B产品		件	100	500	50000.00	17%	8500.00
合　　计					¥58,500.00		¥8,500.00
价税合计（大写）	⊗伍万捌仟伍佰元整				（小写）¥58500.00		

销货单位	名　　称：重庆长江有限公司 纳税人识别号：500236563459093 地 址、电 话：重庆市江北红石路255号 开户行及账号：建行江北区支行 50001043600050213940	备注	重庆长江股份有限公司 500236563459093 发票专用章

第一联：记账联　销货方记账凭证

国税函（2008）562新华实业公司

图1.8　增值税专用发票

借：银行存款　585 000

　贷：主营业务收入　500 000

　　应交税费——应交增值税（销项税额）　85 000

【工作资料1-9】：2012年6月22日，重庆市长江有限责任公司向新华公司采购

材料一批，价款30 000元，增值税5 100元，采用托收承付结算方式，验单付款。现收到银行转来的托收承付结算凭证和所附单据，经审核无误，承付货款，材料尚未收到。重庆市长江有限责任公司根据托收承付结算凭证的承付支款通知和购货发票等所附单据：

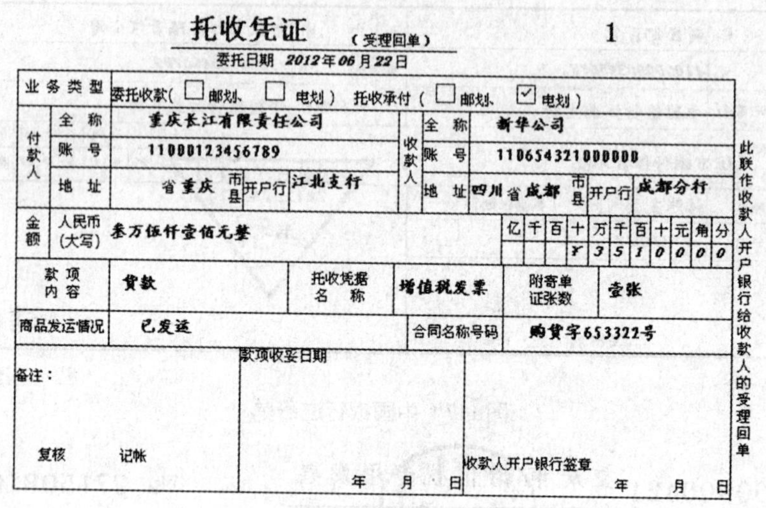

托收凭证（受理回单） 1

委托日期 2012年06月22日

业务类型	委托收款（□邮划、□电划） 托收承付（□邮划、☑电划）				
付款人 全称	重庆长江有限责任公司		收款人 全称	新华公司	
付款人 账号	11000123456789		收款人 账号	110654321000000	
付款人 地址	省重庆市县	开户行 江北支行	收款人 地址	四川省成都市县	开户行 成都分行
金额 人民币（大写）	叁万伍仟壹佰元整		亿千百十万千百十元角分	¥3510000	
款项内容	货款	托收凭据名称	增值税发票	附寄单证张数	壹张
商品发运情况	已发运		合同名称号码	购货字653322号	
备注： 复核 记帐	款项收妥日期 年 月 日		收款人开户银行签章 年 月 日		

此联作收款人开户银行给收款人的受理回单

图1.9 托收凭证

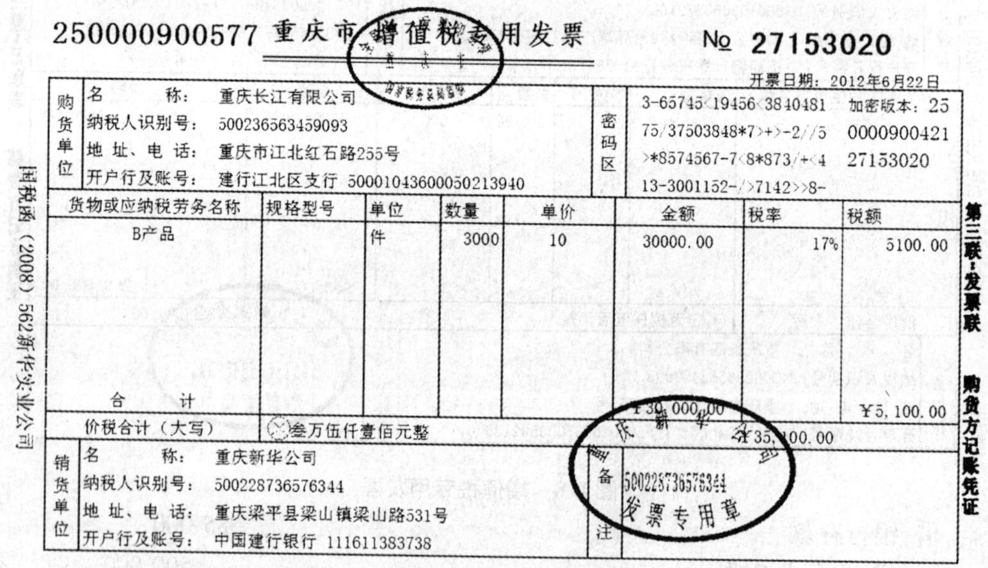

2500000900577 重庆市增值税专用发票 № 27153020

开票日期：2012年6月22日

购货单位	名称：重庆长江有限公司 纳税人识别号：500236563459093 地址、电话：重庆市江北红石路255号 开户行及账号：建行江北区支行 50001043600050213940	密码区	3-65745<19456<3840481 加密版本：25 75/37503848*7>+>-2//5 0000900421 >*8574567-7<8*873/+<4 27153020 13-3001152-/>7142>>8-

货物或应纳税劳务名称	规格型号	单位	数量	单价	金额	税率	税额
B产品		件	3000	10	30000.00	17%	5100.00
合计					¥30,000.00		¥5,100.00
价税合计（大写）	⊗叁万伍仟壹佰元整				（小写）¥35,100.00		

销货单位	名称：重庆新华公司 纳税人识别号：500228736576344 地址、电话：重庆梁平县梁山镇梁山路531号 开户行及账号：中国建行银行 111611383738	备注	重庆新华公司 500228736576344 发票专用章

国税函（2008）562新华实业公司

第三联：发票联 购货方记账凭证

图1.10 增值税专用发票发票联

编制会计分录如下：

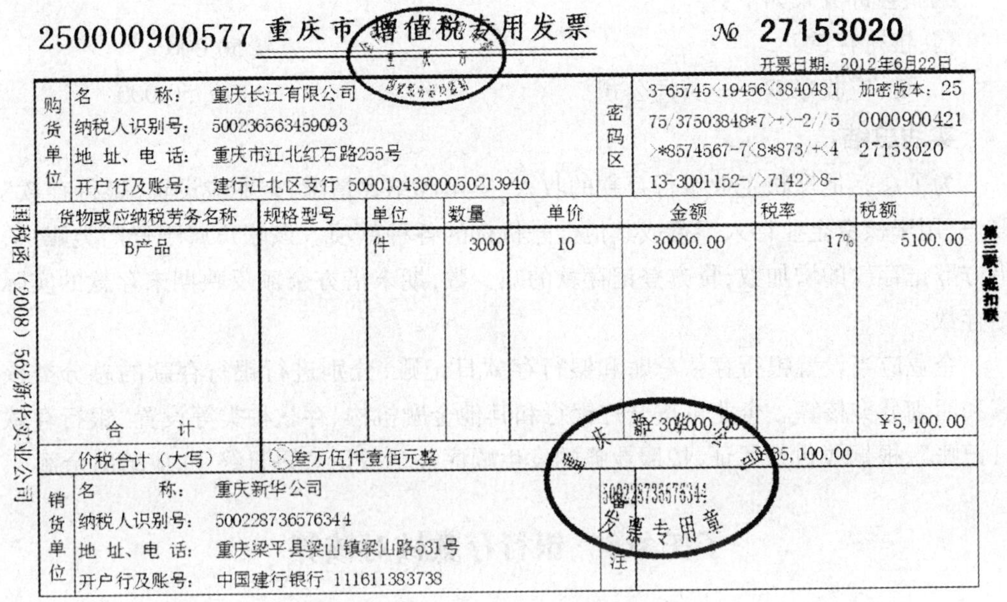

250000900577 重庆市增值税专用发票 № 27153020

开票日期：2012年6月22日

购货单位	名称：重庆长江有限公司 纳税人识别号：500236563459093 地址、电话：重庆市江北红石路255号 开户行及账号：建行江北区支行 50001043600050213940	密码区	3-65745<19456<3840481 75/37503848*7>+>-2//5 >*8574567-7<8*873/+<4 13-3001152-/>7142>>8-	加密版本：25 0000900421 27153020

货物或应纳税劳务名称	规格型号	单位	数量	单价	金额	税率	税额
B产品		件	3000	10	30000.00	17%	5100.00
合计					¥30000.00		¥5,100.00
价税合计（大写）	⊗叁万伍仟壹佰元整				（小写）¥35,100.00		

销货单位	名称：重庆新华公司 纳税人识别号：500228736576344 地址、电话：重庆梁平县梁山镇梁山路531号 开户行及账号：中国建行银行 111611383738	备注	重庆新华公司 500228736576344 发票专用章

国税函（2008）562新华实业公司

第三联：抵扣联

图 1.11　增值税专用发票抵扣联

借：在途物资（或材料采购）——新华公司　　30 000

　　应交税费——应交增值税（进项税额）　　5 100

　贷：银行存款　　35 100

【工作资料 1-10】：2012 年 6 月 23 日重庆市长江有限责任公司销售产品给黄河公司，前已采用托收承付结算方式委托银行向黄河公司收取款项 50 000 元，2012 年 6 月 25 日现收到银行转来的托收承付收账通知。重庆市长江有限责任公司根据托收承付收账通知及有关单据编制记账凭证（见图 1.12）。

中国工商银行托收承付结算凭证（收账通知）

委托日期：2012年06月23日　　托收号码：　　NO:0789124

<table>
<tr><td rowspan="3">收款单位</td><td>全称</td><td colspan="3">重庆长江股份有限公司</td><td rowspan="2">汇款单位</td><td>全称</td><td>黄河公司</td></tr>
<tr><td>账号</td><td colspan="3">11000123456789</td><td>账号</td><td>45678932111000</td></tr>
<tr><td>开户银行</td><td>重庆江北支行</td><td>行号</td><td>8432</td><td>开户银行</td><td colspan="2">太原金城支行</td></tr>
<tr><td>金额</td><td colspan="5">人民币（大写）伍万元整</td><td colspan="2">千 百 十 万 千 百 十 元 角 分
¥ 5 0 0 0 0 0 0</td></tr>
<tr><td>附件</td><td colspan="2"></td><td colspan="2">商品发运情况</td><td colspan="3">合同名称</td></tr>
<tr><td>附单证张数</td><td colspan="2">4</td><td colspan="2">已发运</td><td colspan="3">货物购销合同：2222010</td></tr>
<tr><td rowspan="2">备注</td><td colspan="4">款项收妥日期</td><td colspan="3" rowspan="2">收款单位开户行盖章2012年6月25日
中国工商银行江北支行
2012.06.25
业务清讫</td></tr>
<tr><td colspan="4">2012年6月25日</td></tr>
</table>

图 1.12　托收承付结算凭证

编制会计分录如下:

借:银行存款　　　　50 000

　贷:应收账款——黄河公司　　　　50 000

实践总结:

为了总括地反映企业银行存款的收入、支出和结存情况,企业应设置"银行存款"账户,用于核算企业存入银行或其他金融机构的各种款项。该账户属于资产类账户,借方登记存款的增加数,贷方登记存款的减少数,期末借方余额反映期末存款的实际结存数。

企业应当设置银行存款总账和银行存款日记账,分别进行银行存款的总分类核算和明细分类核算。企业可按开户银行和其他金融机构、存款种类等设置"银行存款日记账",根据收付款凭证,按照业务的发生顺序逐笔登记。每日终了,应结出余额。

子任务3　银行存款核对核算

○任务分析

"银行存款日记账"应定期与"银行对账单"核对,至少每月核对一次。企业银行存款账面余额与银行对账单余额之间如有差额,应编制"银行存款余额调节表"调节相符,如没有记账错误,调节后的双方余额应相等。在实际工作中,企业"银行存款日记账"的记录与银行对账单往往不一致,其原因主要有以下两种情况:

①企业或银行记账发生错误。

②存在未达账项。

企业已收,银行未收(企业银行存款日记账大于银行对账单余额)。

企业已付,银行未付(企业银行存款日记账小于银行对账单余额)。

银行已收,企业未收(企业银行存款日记账小于银行对账单余额)。

银行已付,企业未付(企业银行存款日记账大于银行对账单余额)。

上述任何一种未达账项的存在,都会导致企业的"银行存款日记账"和"银行对账单"双方余额不一致。为了消除未达账项对企业和银行双方存款余额的影响,企业应将"银行存款日记账"和"银行对账单"逐笔核对,并对未达账项编制"银行存款余额调节表"进行调整。

表 1.1 中国工商银行(江北支行)对账单

2012 年 12 月 账号：11000000123456 第 18 页

日 期	操作员	凭证 种类 号数	摘 要	贷 方	借 方	余 额
12.1			承前页			597 280.00
12.1		现支 7668			800.00	
12.10		转支 2678			123 000.00	
12.19		托收 5386			250 000.00	
12.25		转支 2679			390.00	223 090.00

表 1.2 银行存款日记账

账号:11000000123456

日 期	摘 要	凭证 种类 号数	摘 要	借 方	贷 方	余 额
12.1	承前页		承前页			597 280.00
12.1	支付货款	转支 2678			123 000.00	474 280.00
12.15	残值收入	转支 2679		1 200.00		475 480.00
12.19	支付货款	托收 5386			250 000.00	225 480.00
12.25	利息	转支 2679		390		225 090.00

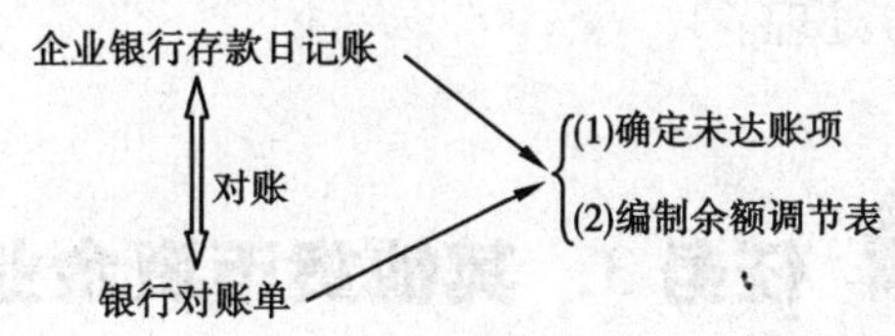

图 1.13 银行存款对账流程

其调节公式为：

企业银行存款日记账余额 + 银行已收企业未收账项 − 银行已付企业未付账项 = 银行对账单余额 + 企业已收银行未收账项 − 企业已付银行未付账项

○职业判断与账务处理

【工作资料 1-11】:重庆市长江有限责任公司 2012 年 12 月 31 日银行存款日记账的余额为 147 000 元,银行转来对账单的余额为 185 000 元。经逐笔核对,发现以下

未达账项:

①企业送存转账支票40 000 元,并已登记银行存款增加,但银行尚未记账。

②企业开出转账支票30 000 元,但持票单位尚未到银行办理转账,但银行尚未记账。

③企业委托银行代收某公司购货款50 000 元,银行已收妥并登记入账,但企业尚未收到收款通知,尚未记账。

④银行代企业支付电话费2 000 元,银行已登记企业银行存款减少,但企业未收到银行付款通知,尚未记账,见表1.3。

表1.3 银行存款余额调节表 单位:元

项 目	金 额	项 目	金 额
企业银行存款日记账余额	147 000	银行对账单余额	185 000
加:银行已收、企业未收款	50 000	加:企业已收、银行未收款	40 000
减:银行已付、企业未付款	2 000	减:企业已付、银行未付款	30 000
调节后的存款余额	195 000	调节后的存款余额	195 000

实践总结:

调节后,双方余额如果不相等,表明记账有差错,需进一步查对,找到原因,更正错误的记录;双方余额如果相等,表明调整后的余额为企业可以动用的银行存款数。对于因未达账项而使双方账面余额出现的差异,不需要作账面调整,待结算凭证到达后再进行登记入账的账务处理。

任务3 其他货币资金业务

◎预备知识

其他货币资金是指企业除库存现金、银行存款以外的其他各种货币资金,包括外埠存款、银行汇票存款、银行本票存款、信用卡存款、信用证保证金存款和存出投资款等。

○任务分析

1）外埠存款

外埠存款是指企业到外地进行临时或零星采购时，汇往采购地银行开立采购专户的款项。

企业将款项委托当地银行汇往采购地开立采购专户，在采购时，借记“其他货币资金——外埠存款”科目，贷记“银行存款”科目；会计部门在收到采购员交来的供应单位的材料账单、货物运单等报销凭证时，借记“物资采购”“应交税费”等科目，贷记“其他货币资金——外埠存款”科目；采购员在离开采购地时，采购专户如有余额款项，应将剩余的外埠存款转回企业当地银行结算户，会计部门根据银行的收账通知，借记“银行存款”科目，贷记“其他货币资金——外埠存款”科目。

通过采购专户结算货款，采购结束后有结余款的，将其转回汇款企业开户银行。

2）银行汇票存款

银行汇票存款是指企业按照银行汇票结算方式的要求为取得银行汇票按规定存入银行的款项，适用于单位和个人各种款项的结算。

银行汇票分为转账银行汇票和现金银行汇票。申请人使用银行汇票，应向出票银行填写“银行汇票申请书”，填明收款人名称、汇票金额、申请人名称、申请日期等。

企业向银行提交“银行汇票申请书”并将款项交存开户银行，取得汇票后，根据银行盖章的申请书存根联，编制付款凭证，借记“其他货币资金——银行汇票存款”科目。

企业使用银行汇票支付款项后，应根据发票账单及开户行转来的银行汇票有关副联等凭证，经核对无误后编制会计分录，借记“物资采购”或“原材料”“库存商品”“应交税费——应交增值税（进项税额）”等科目，贷记“其他货币资金——银行汇票存款”科目。

银行汇票使用完毕，如果“其他货币资金——银行汇票存款”有余额，企业要求银行退回多余款项或汇票因超过付款期限等原因未曾使用而退还款项时，根据开户银行转来的银行汇票第四联（多余款收账通知），按退回的款项，借记“银行存款”科目，贷记“其他货币资金——银行汇票存款”科目。

3）银行本票存款

银行本票存款，是指企业为取得银行本票按规定存入银行的款项。

企业向银行提交“银行本票申请书”并将款项交存银行，取得银行本票后，根据银行盖章退回的申请书存根联，借记“其他货币资金——银行本票存款”科目，贷记“银行存款”科目。

企业使用银行本票后,根据发票账单等有关凭证,借记"物资采购"或"原材料""库存商品""应交税费——应交增值税(进项税额)"等科目,贷记"其他货币资金——银行本票存款"科目。

因本票超过付款期等原因而要求退款时,应当填制进账单一式两联,连同本票一并送交银行,根据银行盖章退回的进账单第一联,借记"银行存款"科目,贷记"其他货币资金——银行本票存款"科目。

4)信用卡存款

信用卡存款是指企业为取得信用卡按照规定存入银行的款项。

企业申请使用信用卡时,应按规定填制申请表,并连同支票和有关资料一并送交发卡银行,根据银行盖章退回的进账单第一联,借记"其他货币资金——信用卡"科目,贷记"银行存款"科目。企业用信用卡购物或支付有关费用,借记有关科目,如"管理费用""物资采购"等,贷记"其他货币资金——信用卡"科目。企业信用卡在使用过程中,需要向其账户续存资金的,借记"其他货币资金——信用卡"科目,贷记"银行存款"科目。

5)信用证保证金存款

信用证保证金存款是指企业为取得信用证按规定存入银行的保证金。

企业申请使用信用证进行结算时,应向银行交纳保证金,根据银行退回的进账单,借记"其他货币资金——信用证保证金"科目,贷记"银行存款"科目。根据开证行交来的信用证来单通知书及有关单据列明的金额,借记"物资采购"或"原材料""库存商品""应交税费——应交增值税"等科目,贷记"其他货币资金——信用证保证金"科目。

6)存出投资款

存出投资款是指企业已存入证券公司但尚未进行短期投资的现金。

企业在向证券市场进行股票、债券投资时,应向证券公司申请资金账号并划出资金。会计部门应按实际划出的金额,借记"其他货币资金——存出投资款"科目,贷记"银行存款"科目;购买股票、债券时,应按实际支付的金额,借记"交易性金融资产"科目,贷记"其他货币资金——存出投资款"科目。

○职业判断与账务处理

【工作资料1-12】:2012年9月20日重庆市长江有限责任公司派采购员到成都大江公司采购B材料,委托开户银行汇款100 000元到采购地中国工商银行开立采购专户。根据收到的银行汇款回单联,编制会计分录如下:

ICBC 中国工商银行　　　　业务委托书

委托日期：2012年09月20日　　　　渝F

<table>
<tr><td>银行填写</td><td colspan="14">略</td></tr>
<tr><td rowspan="9">客户填写</td><td colspan="2">业务类型</td><td colspan="8">□电汇　□信汇　M/T　□汇票申请书P/D　□其他</td><td colspan="2">汇款方式</td><td colspan="2">□普通 □加急</td></tr>
<tr><td rowspan="4">汇款人</td><td>全称</td><td>重庆长江股份有限公司</td><td rowspan="4">收款人</td><td>全称</td><td colspan="9">重庆长江股份有限公司</td></tr>
<tr><td>账号</td><td>11000123456789</td><td>账号</td><td colspan="9">1102123456789450</td></tr>
<tr><td>汇出地点</td><td>重庆江北区</td><td>汇入地点</td><td colspan="9">四川成都</td></tr>
<tr><td>开户银行</td><td>江北区大庆村支行</td><td>开户银行</td><td colspan="9">中国银行成都峄城支行</td></tr>
<tr><td rowspan="2">金额</td><td colspan="3" rowspan="2">人民币（大写）壹拾万元整</td><td>千</td><td>百</td><td>十</td><td>万</td><td>千</td><td>百</td><td>十</td><td>元</td><td>角</td><td>分</td></tr>
<tr><td></td><td>¥</td><td>1</td><td>0</td><td>0</td><td>0</td><td>0</td><td>0</td><td>0</td><td>0</td></tr>
<tr><td colspan="2">支付密码</td><td>126935485</td><td colspan="11" rowspan="4">付出行签章：</td></tr>
<tr><td colspan="2">加急汇款签字</td><td></td></tr>
<tr><td></td><td colspan="2">用途</td><td>汇往成都，异地采购</td></tr>
<tr><td></td><td colspan="3">附加信息及用途：</td></tr>
</table>

图1.14　业务委托书

借:其他货币资金——外埠存款　　　　100 000

　　贷:银行存款　　　　100 000

上述采购完成,收到采购员交来供应单位发票账单,共支付 B 材料价款 80 000 元,增值税 13 600 元,价税合计 93 600。根据收到的有关发票账单,编制会计分录如下:

借:在途物资(或材料采购)——大江公司(B 材料)　　　　80 000

　　应交税费——应交增值税(进项税额)　　　　13 600

　　贷:其他货币资金——外埠存款　　　　93 600

2012 年 10 月 21 日接到开户银行通知,收到成都采购地工商银行转回采购专户结算多余款 6 400 元,已收妥入账。根据银行的收账通知,编制会计分录如下:

借:银行存款　　　　6 400

　　贷:其他货币资金——外埠存款　　　　6 400

【工作资料 1-13】:2012 年 11 月 26 日重庆市长江有限责任公司向银行提交“银行汇票申请书”,并交存款项 25 000 元,银行受理后签发银行汇票和解讫通知,根据“银行汇票申请书”存根联记账。

借:其他货币资金——银行汇票存款　　　　25 000

　　贷:银行存款　　　　25 000

公司用银行签发的银行汇票支付采购材料货款 23 400 元,其中应交增值税 3 400 元,企业记账的原始凭证是银行转来的银行汇票第三联及所附发货票账单等凭证。

借:物资采购　　　　　　　　　　　　　　　　　　20 000

　应交税费——应缴增值税　　　　　　　　　　　　3 400

　贷:其他货币资金——银行汇票存款　　　　　　　　　23 400

2012 年 12 月 29 公司收到银行退回的多余款收账通知。

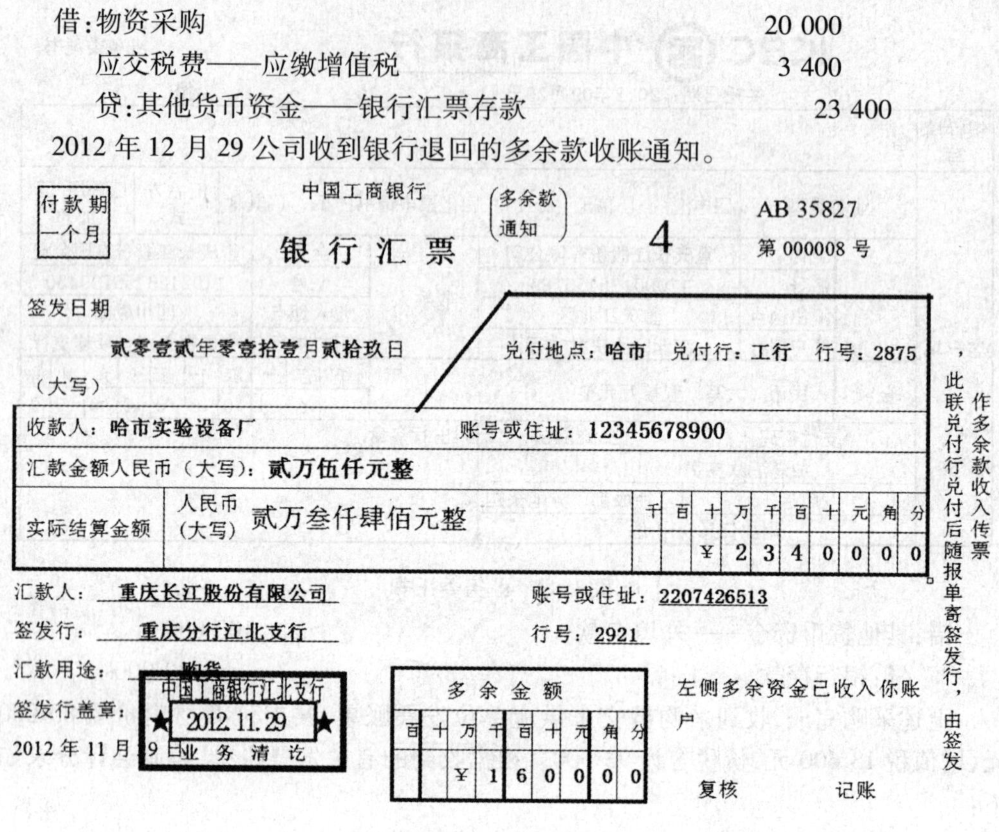

付款期一个月

中国工商银行 银行汇票（多余款通知） 4

AB 35827 第 000008 号

签发日期 贰零壹贰年零壹拾壹月贰拾玖日（大写）

兑付地点：哈市　兑付行：工行　行号：2875

收款人：哈市实验设备厂　账号或住址：12345678900

汇款金额人民币（大写）：贰万伍仟元整

实际结算金额	人民币（大写） 贰万叁仟肆佰元整	千	百	十	万	千	百	十	元	角	分
				¥	2	3	4	0	0	0	0

汇款人：重庆长江股份有限公司　账号或住址：2207426513

签发行：重庆分行江北支行　行号：2921

汇款用途：购货

签发行盖章：

2012 年 11 月 29 日

多余金额								
百	十	万	千	百	十	元	角	分
		¥	1	6	0	0	0	0

左侧多余资金已收入你账户

复核　　记账

此联兑付行兑付后随报单寄签发行，由签发作多余款收入传票

图 1.15　银行汇票（第四联）多余款通知

借:银行存款　　　　　　　　　　　　　　　　　　1 600

　贷:其他货币资金——银行汇票存款　　　　　　　　　1 600

【工作资料 1-14】:2012 年 10 月 10 重庆市长江有限责任公司申请办理银行本票 100 000 元,公司向银行提交"银行本票申请书"并交清款项,取得本票时应根据银行盖章退回的申请书存根联,编制如下分录:

借:其他货币资金——银行本票存款　　　　　　　　100 000

　贷:银行存款　　　　　　　　　　　　　　　　　100 000

2012 年 10 月 10 公司购入材料 80 000 元,取得发票并办理结算,根据账单等凭证作如下处理:

借:材料采购　　　　　　　　　　　　　　　　　　80 000

　应交税费——应交增值税(进)　　　　　　　　　　13 600

　贷:其他货币资金——银行本票存款　　　　　　　　　93 600

申请人因本票超过付期或其他原因未使用要求退款时,可持本票到签发银行办

理退款手续。并凭银行退回金额的进账单进行账务处理。

实践总结：

“其他货币资金”账户，用于核算各种其他货币资金。该账户属资产类账户，借方登记增加数，贷方登记减少数，期末借方余额反映其他货币资金的实存数。

“其他货币资金”账户应设置“外埠存款”“银行汇票”“银行本票”“信用卡”“信用证保证金”“存出投资款”“在途货币资金”等明细账。

学习情境 2 应收及预付款业务核算

任务导入

小张今天收到材料供应商发来的一个邮件，邮件内容如下：

企业询证函

重庆市长江有限责任公司：

本公司聘请的上海诚汇会计师事务所有限公司正在对本公司会计报表进行审计，按照中国注册会计师独立审计准则的要求，应当询证本公司与贵公司的往来账项等事项。下列数据出自本公司账簿记录，如与贵公司记录相符，请在本函下端"数据证明无误"处打"√"签章证明；如有不符，请在"数据不符"处打"√"并列明不符金额。回函请直接寄至上海诚汇会计师事务所有限公司收。

通信地址：上海市东方路 985 号一百杉杉大厦 9D 室

邮编：200122　电话：021-××××××××　传真：021-××××××××

截止日期	贵公司欠	欠贵公司	备　注
2012 年 6 月 6 日	1 000 000.00	0.0	
2012 年 9 月 21 日	1 200 000.00	0.0	

结论：1. 数据证明无误

（被询证企业签章）　年　月　日

2. 数据不符，请列明不符金额

（被询证企业签章）　年　月　日

请问小张该去哪个科目下去查找相关内容，并完成回复？

项目内容概述

1. 应收及预付款指企业在日常生产经营过程中发生的各种债权，包括应收账款、应收票据、预付账款、其他应收款。

2. 应收账款是指企业因销售商品、提供劳务等经营活动，应向购货单位或接受劳务的单位收取的款项。

3. 应收票据是指企业因销售商品、提供劳务等收到的商业汇票。

4. 预付账款是指企业按照购货合同规定预付给供应单位的货款。

5. 其他应收款是指企业除了应收账款、应收票据等以外的其他各种应收款项和暂付款项。

知识目标

1. 掌握应收账款的概念、计价及其核算。
2. 掌握应收票据的概念、计价及其核算。
3. 掌握预付账款的概念、计价及其核算。
4. 掌握其他应收款的概念、计价及其核算。
5. 掌握应收款项减值损失的核算。

能力目标

1. 能对销售商品、提供劳务过程中发生的应收账款或应收票据进行准确判断及账务处理;
2. 能对发生的预付账款进行准确判断及账务处理。
3. 能对发生的其他应收款进行准确判断及账务处理。
4. 能在期末对应收款项进行计价及账务处理。

任务1 应收账款业务

◎预备知识

应收账款是伴随企业的销售行为发生而形成的一项债权。因此,应收账款的确认与收入的确认密切相关。通常在确认收入的同时,确认应收账款。一般情况下,按应收账款的实际发生金额入账,具体包括货款和增值税,以及发生的运杂费等。该账户按不同的购货或接受劳务的单位设置明细账户。

为什么企业会存在应收账款呢?

第一,商业竞争。这是发生应收账款的主要原因。竞争机制的作用迫使企业以各种手段扩大销售。除了依靠产品质量、价格、售后服务、广告等外,赊销也是扩大销售的手段之一。对于同等的产品价格、类似的质量水平、一样的售后服务,实行赊销的产品或商品的销售额将大于现金销售的产品或商品的销售额。这是因为顾客将从赊销中得到好处。出于扩大销售的竞争需要,企业不得不以赊销或其他优惠方式招揽顾客,于是就产生了应收账款。由竞争引起的应收账款,是一种商业信用。

第二,销售和收款的时间差。商品成交的时间和收到货款的时间经常不一致,这也导致了应收账款。当然,现实生活中现金销售是很普遍的,特别是零售企业更常见。不过就一般批发和大量生产企业来讲,发货的时间和收到货款的时间往往不同。这是因为货款结算需要时间的缘故。结算手段越是落后,结算时间就越长,销售企业只能承认这种现实,并承担由此引起的资金垫支。由于销售和收款的时间差而造成的应收账款不属于商业信用。

◎知识拓展

应收账款的发生意味着企业有一部分资金被客户占用,同时企业持有应收账款也是有成本的。既然如此,企业为什么愿意持有应收账款呢?主要是因为应收账款有以下两个功能:

1)增加销售的作用

商业竞争是应收账款产生的直接原因。在市场竞争激烈的情况下,如果某家企业不采用商业信用销售方式,那么市场就会萎缩,销售收入和利润就会减少,最终可能导致企业亏损甚至倒闭。

2)减少存货的作用

在大部分情况下,企业持有应收账款比持有存货更有优势。①从财务角度看,存货除占用一部分资金外,其持有成本相对较高,诸如储存费用、保险费用、管理费用等;②从生产的目的来看,产品售出并因此获得利润是生产的目的,将生产出来的产品放在仓库里而未实现销售有违企业建立的目的;③从资信评级的角度看,存货的流动性要比应收账款差得多,虽然财务人员在计算流动比率时将存货和应收账款一视同仁,但在计算速动比率时将存货予以扣除。

○任务分析

1)应收账款的确认

应收账款是指企业因销售商品、提供劳务等经营活动,应向购货单位或接受劳务的单位收取的款项。主要包括企业出售商品、提供劳务等应向债务人收取的款项及代购货单位垫付的运杂费等。

应收账款核算范围如下:

①应收账款是指因销售商品或提供劳务而形成的债权,不包括应收职工欠款、应收债务人的利息等其他应收款。

②应收账款是流动资产性质债权,不包括长期的债权,如购买的长期债券等。

③应收账款是指本公司应收客户的款项,不包括本公司付出的各类存出保证金,如投标保证金和租入包装物保证金等。

2）应收账款的计量

应收账款通常按实际发生额计价入账，同时还要考虑商业折扣和现金折扣等因素。

①商业折扣，是指销货企业为了鼓励客户多购商品而在商品标价上给予的扣除。例如，企业规定，购买100件以上商品给予5%的折扣，或客户每买25件送1件，即通常所说的“薄利多销，量大从优”。另外，企业为了尽快出售一些残次、过季的商品，也可能降价（即打折）销售。由于商业折扣在销售发生时就已经确定，企业应按扣除商业折扣后的净额确认应收账款。

②现金折扣，是指企业为了鼓励客户提前偿付货款而向客户提供的债务扣除。企业为了鼓励客户提前偿付货款，通常与客户达成协议，即客户在不同的期限内付款可享受不同比例的现金折扣。现金折扣一般用“折扣率/付款期限”来表示。例如，“2/10”表示：买方在10天内付款，销货企业将按商品售价给客户2%的折扣；“1/20”买方在第11天至第20天内付款，企业将按售价给客户1%的折扣；“*n*/30”表示企业允许客户最长付款期限为30天，但客户在第21天至第30天内付款，将不能享受到现金折扣。

存在现金折扣的情况下，销货企业应收账款的实际数额将随客户的付款时间而不同，从而应收账款入账价值的确定有总价法和净价法之分，我国企业会计准则规定采用总价法核算。在总价法下，应将未扣除现金折扣前的实际售价（即总价）作为应收账款的入账价值，实际发生的现金折扣视为销货企业为了尽快回笼资金而发生的理财费用，在现金折扣实际发生时计入财务费用。

○职业判断与账务处理

1）不存在商业折扣和现金折扣时，应收账款取得及收回的会计处理

【工作资料2-1】：重庆市长江有限责任公司于2012年3月5日向成都东方股份有限公司销售一批商品，增值税发票上注明产品售价200 000元，增值税税额34 000元，以现金代垫运杂费1 000元，货已发出，款项尚未收到。4月4日，公司收到相关款项，总金额为235 000元。

重庆长江有限公司账务处理如下：

①3月5日，销售商品时

借：应收账款——成都东方股份有限公司	235 000
贷：主营业务收入	200 000
应交税费——应交增值税（销项税额）	34 000
库存现金	1 000

②4月4日，回收货款时

250000900421　重庆市增值税专用发票　№ 27150795

此联不做报销、扣税凭证使用

开票日期：2012年03月05日

购货单位	名　　称：成都东方股份有限公司 纳税人识别号：511229800900009678 地址、电话：四川省成都市青白江区弥牟镇长城路8号 开户行及账号：交通银行成都城东支行 511229800900009678	密码区	3-65745<19456<3840481　加密版本：25 75/37503848*7>->-2/5　0000900421 >*8574567-7<8*873-<4　27150795 13-3001152-/>7142>>8-

货物或应纳税劳务名称	规格型号	单位	数量	单价	金额	税率	税额
A产品		件	1000	200.00	200000.00	17%	34000.00
合　　计					¥200,000.00		¥34,000.00
价税合计（大写）	⊗贰拾叁万肆仟元整				¥234,000.00		

销货单位	名　　称：重庆长江有限公司 纳税人识别号：500236563459093 地址、电话：重庆市江北红石路255号 开户行及账号：建行江北区支行　50001043600050213940	备注

国税函（2008）562号华安实业公司

第一联：记账联　销货方记账凭证

图2.1　增值税专用发票

重庆铁路运输货运票

发站	重庆	到站	成都	车种车号		火车标重		铁路/发货人装车
发货人	全称	重庆市长江有限责任公司				施封号码		铁路/发货人施封
	住址		电话	60121354		铁路火车篷布号码		
收货人	全称	成都东方股份有限公司				集装箱号码		
	住址	江北大石坝	电话	60121354		经由	运输里程	300

货物名称	件数	包装	货物重量（发货人确定）	货物重量（铁路确定）	计费重量	类　项	运价号	运价率	现付费用（费别）	现付费用（金额）
I商品				15	15				运费	600
									基金	200
									保价费	50
									电气化费	100
									新路均摊	50
合计									合计	1000.00

备注：代购货方垫支　　　发运站承运日期：2012年03月05日　　　经办人：黄榕

图2.2　重庆铁路运输发票

借：银行存款　　235 000

　贷：应收账款——成都东方股份有限公司　　235 000

【工作资料2-2】：重庆市长江有限责任公司于2012年3月2日向重庆物资有限公司出售一批不再使用的材料，增值税发票上注明材料售价10 000元，增值税税额1 700元，材料已发出，款项尚未收到。3月18日，公司收到材料款，总金额为11 700元。

重庆长江有限公司账务处理如下：

①3 月 2 日，销售材料时

借：应收账款——重庆物资有限公司　　11 7000

　贷：其他业务收入　　10 000

　　应交税费——应交增值税(销项税额)　　1 700

②3 月 18 日，收回材料款

借：银行存款　　11 700

　贷：应收账款——重庆物资有限公司　　11 700

实践总结：

"应收账款"是与销售实现密不可分的。产品销售实现时，企业应按已收或应收的合同或协议价款，加上应收取的增值税额，借记"应收账款"科目，按确定的收入金额，贷记"主营业务收入""其他业务收入"等科目，按应收取的增值税额，贷记"应交税费——应交增值税(销项税额)"科目等。

2）存在销售折扣条件下，应收账款取得和收回的处理

【工作资料 2-3】：重庆市长江有限责任公司在 2012 年 3 月 12 日向乙公司销售一批商品，该商品市场价格为 234 000 元，因对方公司为重要大客户，公司本次给予 10% 的商业折扣，开具的增值税专用发票上注明的销售价格为 180 000 元，增值税税额为 30 600 元，产品已发出，款项尚未收到。3 月 22 日，公司收到 210 600 元货款。

重庆市长江有限责任公司的账务处理如下：

①3 月 12 日，销售实现时

借：应收账款——乙公司　　210 600

　贷：主营业务收入　　180 000

　　应交税费——应交增值税(销项税额)　　30 600

②3 月 22 日，收到银行收账通知，乙公司汇来货款时

借：银行存款　　210 600

　贷：应收账款——乙公司　　210 600

实践分析：

销售业务在发生时，尽管市场总价为 234 000 元，但双方公司已确定该批商品最终款项为 210 600，所以，会计处理时，价款直接表现为折扣后数额，应按实际货款计价核算。

3）存在现金折扣条件下，应收账款取得和收回的处理

【工作资料 2-4】：重庆市长江有限责任公司在 2012 年 7 月 1 日向乙公司销售一批商品，开出的增值税专用发票上注明的销售价款为 100 000 元，增值税税额为

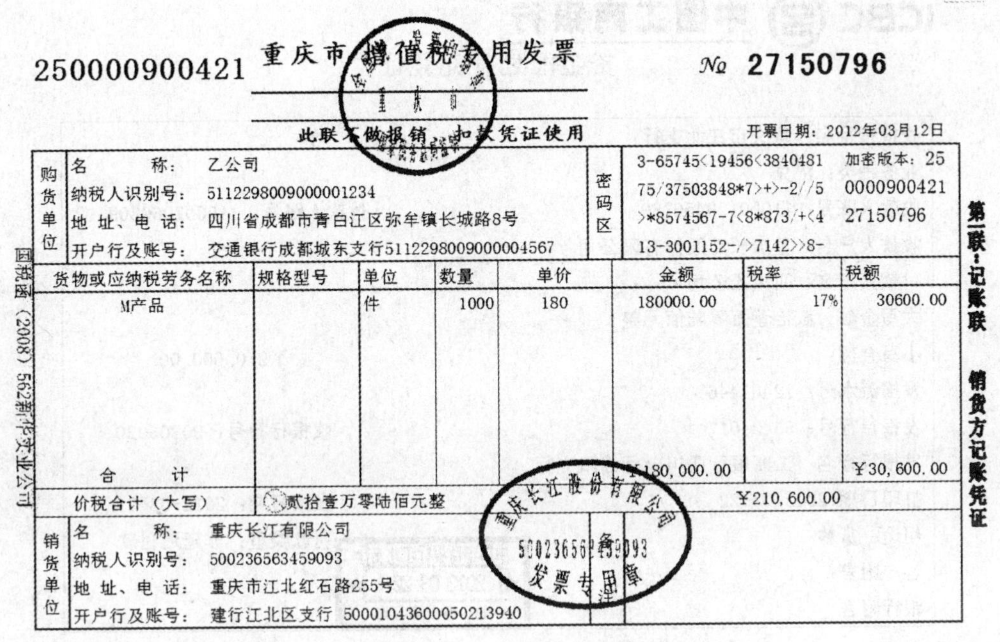

250000900421　重庆市增值税专用发票　№ 27150796

此联不做报销、扣税凭证使用　　开票日期：2012年03月12日

购货单位	名　称：乙公司 纳税人识别号：511229800900001234 地址、电话：四川省成都市青白江区弥牟镇长城路8号 开户行及账号：交通银行成都城东支行511229800900004567			密码区	3-65745<19456<3840481 75/37503848*7>+>-2//5 >*8574567-7<8*873/+<4 13-3001152-/>7142>>8-	加密版本：25 0000900421 27150796	
货物或应纳税劳务名称	规格型号	单位	数量	单价	金额	税率	税额
M产品		件	1000	180	180000.00	17%	30600.00
合　计					￥180,000.00		￥30,600.00
价税合计（大写）	⊗贰拾壹万零陆佰元整				￥210,600.00		
销货单位	名　称：重庆长江有限公司 纳税人识别号：500236563459093 地址、电话：重庆市江北红石路255号 开户行及账号：建行江北区支行 50001043600050213940			备注			

国税函（2008）562新华实业公司

第一联：记账联　销货方记账凭证

重庆长江股份有限公司 500236563459093 发票专用章

图2.3　增值税专用发票

17 000元。为及早收回货款，重庆市长江有限责任公司和乙公司约定的现金折扣条件为：2/10，1/20，n/30。

重庆市长江有限责任公司的账务处理如下：

①7月1日销售实现时

借：应收账款——乙公司　　117 000

　贷：主营业务收入　　100 000

　　应交税费——应交增值税（销项税额）　　17 000

②如果乙公司在7月4日付清货款时

借：银行存款　　114 660

　财务费用　　2 340

　贷：应收账款——乙公司　　117 000

③如果乙公司在7月14日付清货款

借：银行存款　　115 830

　财务费用　　1 170

　贷：应收账款——乙公司　　117 000

④如果乙公司在8月4日付清货款

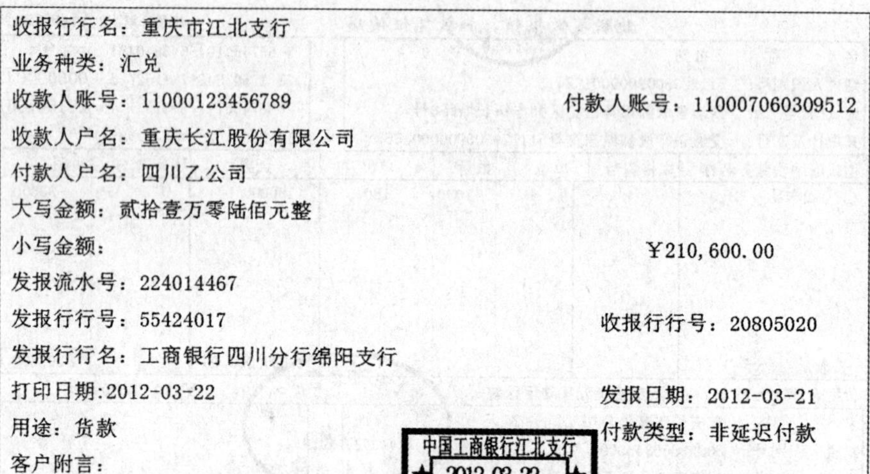
ICBC 中国工商银行
资金汇划补充凭证

收报行行名：重庆市江北支行
业务种类：汇兑
收款人账号：11000123456789　　付款人账号：110007060309512
收款人户名：重庆长江股份有限公司
付款人户名：四川乙公司
大写金额：贰拾壹万零陆佰元整
小写金额：　　¥210,600.00
发报流水号：224014467
发报行行号：55424017　　收报行行号：20805020
发报行行名：工商银行四川分行绵阳支行
打印日期:2012-03-22　　发报日期：2012-03-21
用途：货款　　付款类型：非延迟付款
客户附言：
银行附言

图 2.4　资金汇划补充凭证

借:银行存款　　117 000

　　贷:应收账款——乙公司　　117 000

实践总结：

如果乙公司在 7 月 4 日付清货款时,则按销售总价 117 000 元的 2% 享受现金折扣 2 340(117 000 ×2%)元,实际付款 114 660(117 000 - 2 340)元。

如果乙公司在 7 月 14 日付清货款,则按销售总价 117 000 元的 1% 享受现金折扣 1 170(117 000 ×1%)元,实际付款 115 830(117 000 - 1 170)元:

如果乙公司在 8 月 4 日付清货款,则按全额付款,没有折扣。

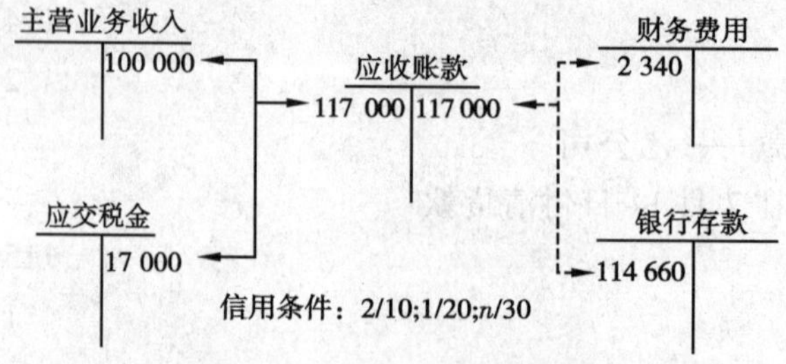

图 2.5　应收账款核算流程图

任务2 应收票据业务

◎预备知识

对许多企业来说,获得银行的信贷资金支持是保持正常生产经营和壮大的重要因素。随着市场的发展,企业对资金的需求越来越大,越来越快,商业汇票的推广使用范围逐步扩大,参与的市场主体逐步增加。商业汇票作为一种支付结算工具对加速资金周转和商品流通,受到了银企双方的共同青睐。

○任务分析

1)应收票据的概念

应收票据是指企业因销售商品、提供劳务等经营活动而收到的商业汇票,包括银行承兑汇票和商业承兑汇票。由于法律规定商业汇票的付款期限不得超过6个月,因此我国的应收票据是一种流动资产。

2)应收票据的分类

①按票据是否带息可分为带息票据和不带息票据。

②按票据承兑人不同可分为商业承兑汇票和银行承兑汇票两种。

◎知识拓展

银行承兑汇票因其由银行签发,由银行兑付,对持有者而言,具有低风险、安全的特性。

3)应收票据的计量

应收票据入账价值的确定有两种方法:

①按票据面值入账。这种方法简单、实用。

②按票据到期值的现值入账。这种方法科学、合理。

为了简化会计核算手续,企业收到商业汇票时通常以票据面值入账。

○职业判断与账务处理

1)不带息应收票据的会计处理

【工作资料2-5】:重庆市长江有限责任公司于2012年8月7日向成都东方股份有限公司销售一批商品,增值税发票上注明商品售价200 000元,增值税税额34 000元,货已发出,收到成都东方股份有限公司交来的商业承兑汇票一张,付款期限为3

个月。按合同规定采用商业承兑汇票结算。

重庆长江有限公司账务处理如下：

①8 月 7 日，取得商业汇票

商业承兑汇票　　2

39008791

出票日期（大写）贰零壹贰年　零捌月　零柒日

付款人	全称	成都东方股份有限公司	收款人	全称	重庆市长江有限责任公司
	账号	1100000001234		账号	11000123456789
	开户银行	四川成都新城支行		开户银行	重庆市江北支行
出票金额		人民币（大写）贰拾万元整		亿千百十万千百十元角分	¥20000000
汇票到期日（大写）		贰零壹贰年零壹拾月零柒日	付款人开户行	行号	18581
交易合同号码		120803		地址	成都新城路122号
本汇票已经承兑，到期无条件支付票款。 成都东方股份有限公司财务专用章　平张印和 承兑人签章 承兑日期2012年08月07日			本汇票请予以承兑于到期日付款 成都东方股份有限公司财务专用章 出票人签章		

此联持票人开户行随托收凭证寄付款人开户行作借方凭证附件

图 2.6　商业承兑汇票

借：应收票据——商业承兑汇票——成都东方公司　　234 000

　贷：主营业务收入　　200 000

　　　应交税费——应交增值税（销项税额）　　34 000

②若票据到期，收回款项

借：银行存款　　234 000

　贷：应收票据——商业承兑汇票——成都东方公司　　234 000

③若票据到期，成都东方股份有限公司无力偿还票款

借：应收账款——成都东方公司　　234 000

　贷：应收票据——商业承兑汇票——成都东方公司　　234 000

实践总结：

产品销售实现时，企业应按已收到的商业汇票票面金额，借记“应收票据”科目，按确定的收入金额，贷记“主营业务收入”“其他业务收入”等科目，按应收取的增值税额，贷记“应交税费——应交增值税（销项税额）”科目。商业承兑汇票到期，承兑人违约或无力偿还票款，收款企业应将到期票据的票面金额转入“应收账款”账户。银行承兑汇票出票人未能于汇票到期前足额交存票款时，承兑银行应无条件向持票人付款，所以，持有银行承兑汇票的债权人不存在到期无法收回票款的情况。

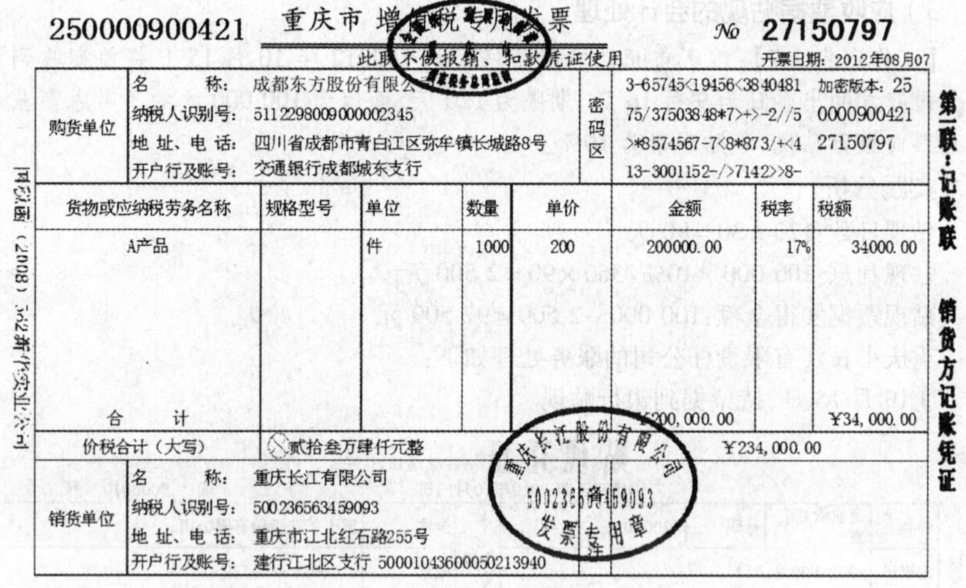
250000900421 重庆市增值税专用发票 № 27150797

此联不做报销、扣款凭证使用 开票日期：2012年08月07

购货单位	名 称：成都东方股份有限公司 纳税人识别号：511229800900002345 地 址、电 话：四川省成都市青白江区弥牟镇长城路8号 开户行及账号：交通银行成都城东支行	密码区	3-65745<19456<3840481 加密版本：25 75/37503848*7>+>-2//5 0000900421 >*8574567-7<8*873/+<4 27150797 13-3001152-/>7142>>8-

货物或应纳税劳务名称	规格型号	单位	数量	单价	金额	税率	税额
A产品		件	1000	200	200000.00	17%	34000.00
合 计					￥200,000.00		￥34,000.00
价税合计（大写）	⊗贰拾叁万肆仟元整				￥234,000.00		

销货单位	名 称：重庆长江有限公司 纳税人识别号：500236563459093 地 址、电 话：重庆市江北红石路255号 开户行及账号：建行江北区支行 50001043600050213940

第一联：记账联 销货方记账凭证

国税函（2008）352新华实业公司

图 2.7 增值税专用发票

2）带息应收票据的会计处理

【工作资料 2-6】：重庆市长江有限责任公司 2012 年 3 月 22 日向乙公司销售一批商品，开具的增值税专用发票上注明的销售价格为 100 000 元，增值税税额为 17 000 元，货已发出，收到乙公司交来的商业承兑汇票一张，付款期限为 6 个月，票面年利率为 5%。

重庆长江有限公司账务处理如下：

①3 月 22 日，收到商业汇票时

借：应收票据——商业承兑汇票——乙公司 117 000

　贷：主营业务收入 100 000

　　应交税费——应交增值税（销项税额） 17 000

②9 月 21 日，收回款项，利息处理（1950 = 117 000 × 5%/12 × 4）

借：银行存款 118 950

　贷：应收票据——商业承兑汇票——乙公司 117 000

　　财务费用 1 950

实践分析：

带息承兑汇票的利息收入，冲减"财务费用"。利息计算公式为：

应收票据利息 = 应收票据票面金额 × 票面利率 × 期限

3）应收票据贴现的会计处理

【工作资料 2-7】：重庆市长江有限责任公司于 2012 年 10 月 15 日将前期收到的乙公司签发的出票日为 9 月 16 日、期限为 120 天、面值为 100 000 元的不带息商业承兑汇票向银行贴现，年贴现率为 10%。

实践分析：

贴现日数：120 − 30 = 90 天

贴现利息：100 000 × 10% / 360 × 90 = 2 500 元

贴现票据实得金额：100 000 − 2 500 = 97 500 元

重庆市长江有限责任公司的账务处理如下：

①10 月 15 日，持票据到银行贴现。

贴现凭证（收款通知）④

填写日期 2012年10月15日　　　　第　0000010　号

<table>
<tr><td rowspan="3">贴现汇票</td><td>种类</td><td>商业承兑汇票</td><td>号码</td><td>22000011</td><td rowspan="3">申请人</td><td>全称</td><td>重庆长江股份有限公司</td></tr>
<tr><td>出票日</td><td colspan="3">2012年09月16日</td><td>账号</td><td>11000123456789</td></tr>
<tr><td>到期日</td><td colspan="3">2013年1月16日</td><td>开户银行</td><td>重庆市分行江北支行</td></tr>
<tr><td>汇票承兑人（或银行）</td><td>名称</td><td colspan="2">重庆长江股份有限公司</td><td>账号</td><td>11002220007890</td><td>开户银行</td><td>中国银行重庆江北支行</td></tr>
<tr><td rowspan="2">汇票金额</td><td rowspan="2">人民币（大写）</td><td rowspan="2" colspan="4">壹拾万元整</td><td colspan="2">千 百 十 万 千 百 十 元 角 分</td></tr>
<tr><td colspan="2">　 ¥ 1 0 0 0 0 0 0 0</td></tr>
<tr><td rowspan="2">贴现利率</td><td rowspan="2">10‰</td><td rowspan="2">贴现利息</td><td>千 百 十 万 千 百 十 元 角 分</td><td rowspan="2" colspan="2">实付贴现金额</td><td colspan="2">千 百 十 万 千 百 十 元 角 分</td></tr>
<tr><td>　 　 ¥ 2 5 0 0 0 0 0</td><td colspan="2">　 　 ¥ 9 7 5 0 0 0 0</td></tr>
<tr><td colspan="4">上述款项已入你单位账号
此致
贴现申请人</td><td colspan="2">中国工商银行重庆分行江北支行
2012.10.15
转讫章
银行盖章</td><td colspan="2">备注：</td></tr>
</table>

图 2.8　贴现凭证

借：银行存款　　　　　　　　　　　　　　　　97 500

　　财务费用　　　　　　　　　　　　　　　　　2 500

　　贷：应收票据——商业承兑汇票——乙公司　　　100 000

②若票据到期时，乙公司无力支付票据款项，银行将票据退还重庆长江有限责任公司，同时将票面金额划走。

借：应收账款——乙公司　　　　　　　　　　　100 000

　　贷：银行存款　　　　　　　　　　　　　　　100 000

③若票据到期时，乙公司无力支付票据款项，银行将票据退还给重庆长江有限责任公司，但长江公司账面余额不足支付票据金额：

借：应收账款——乙公司　　100 000

　贷：短期借款　　100 000

实践总结：

如果贴现的商业承兑汇兑人的银行账户不足支付，银行应将已贴现的票据退回申请贴现的企业，同时从该企业的账户中将票款划回。此时，贴现企业应将所付票据本息转入"应收账款"账户，货记"银行存款"账户。如果申请贴现企业的银行存款账户余额不足，银行将作为逾期贷款处理，贴现企业应借记"应收账款"账户，贷记"短期借款"账户。

【工作资料2-8】：重庆市长江有限责任公司于2012年4月10日向将前期收到的乙公司签发的出票日为1月1日、6月1日到期、年利率10%、面值为100 000元的带息商业汇票向银行贴现，年贴现率为15%。

实践分析：

①票据到期价值

票据到期价值：100 000×(1+10%)=110 000元

②贴现天数计算

a. 算头不算尾法：

贴现日数计算：4月10日—4月30日汇总21天(算头)；5月汇总31天；6月1日0天(不算尾)；贴现日数：21+31+0=52

b. 算尾不算头法

贴现日数计算：4月10日—4月30日汇总20天(不算头)；5月汇总31天；6月1日1天(算尾)；贴现日数：20+31+1=52

③贴现息及贴现票据实得金额

贴现息：110 000×15%/360×52=1 059.26元

贴现票据实得金额：110 000−1 059.26=108 940.74元

重庆市长江有限责任公司的账务处理如下：

借：银行存款　　108 940.74

　贷：应收票据——商业承兑汇票——乙公司　　100 000.00

　　　财务费用　　8 940.74

实践总结：

应收票据贴现是指企业以未到期应收票据向银行融通资金，银行按票据的应收金额扣除一定期间的贴现利息后，将余额付给企业的筹资行为。

贴现日数计算原则:算头不算尾或算尾不算头。

贴现日数 = 票据期限 - 已持有票据期限

贴现金额 = 到期值 × 贴现率 ÷ 360 × 贴现日数

贴现实行金额 = 到期值 - 贴现利息

4)应收票据背书转让的会计处理

【工作资料 2-9】:重庆市长江有限责任公司 2012 年 2 月 19 日向甲公司采购材料一批,收到对方开具的增值税专用发票一份,发票上注明的价款为 100 000 元,增值税税额为 17 000 元,材料已入库,由于资金紧张,将一张面值为 90 000 元的乙公司开具的无息商业承兑汇票背书转让,同时银行支付 27 000 元。

重庆市长江有限责任公司的账务处理如下:

借:原材料　　100 000

　应交税费——应交增值税(进项税额)　　17 000

　贷:应收票据 ——商业承兑汇票——乙公司　　90 000

　　银行存款　　27 000

任务 3　预付账款业务

◎预备知识

预付账款指买卖双方协议商定,由购货方预先支付一部分货款给供应方而发生的一项债权。预付账款是预先付给供货方客户的款项,也是公司债权的组成部分。

预付账款属于会计要素中的资产,通俗点就是你暂存在别人那里的钱,如果没有买别人东西前,这钱还是你的,所有权还是归你,所以是资产。作为流动资产,预付账款不是用货币抵偿的,而是要求企业在短期内以某种商品、提供劳务或服务来抵偿。

○任务分析

1)预付账款的概念

预付账款是指企业按照购货合同或劳务合同规定,预先支付给供货单位或劳务提供单位的款项。预付账款按实际支付的金额记账。

预付款项情况不多的企业,也可以将预付的款项直接记入"应付账款"科目的借方,不设置"预付账款"科目。

"预付账款"科目应按供应单位设置明细账,进行明细核算。

2）预付账款的确认和计量

预付账款的确认与计量取决于供货单位签订的购货合同，一般按履行合同时实际支付的金额确认和计量。

“预付账款”科目期末借方余额，反映企业实际预付的款项；期末如为贷方余额，反映企业尚未补付的款项。

○**职业判断与账务处理**

【工作资料2-10】：重庆市长江有限责任公司于2012年1月10日向甲公司采购材料一批，总金额为234 000元。按合同规定，先预付货款50 000元，待收到材料及发票时，支付余款。预付款已于2011年12月13日用银行存款支付。

重庆长江有限公司账务处理如下：

①2011年12月13日，编制预付款申请单并支付预付款

预付款申请单

2011年12月13日

申请金额：￥50000.00	批准金额：￥50000.00	预付方式：信汇
收款单位：甲公司	收款单位开户行：陕西西安古城街支行营业部	账号：2368267313
预付内容： 购t-02钢材 合同（协议）总金额：￥234000.00　　已预付0.00元 附合同1份，书面协议0份，合同号：002561		
预计到货或工程完工时间：2012年1月10日		
批准人：杨晓军　　会计主管：赵娜		
执行情况		

申请人：萧红　　财务经办：李丽

图2.9　预付款申请书

借：预付账款——甲公司　　50 000

　贷：银行存款　　50 000

②若1月10日，收到材料及增值税发票（发票注明增值税额34 000元），以银行存款支付184 000元

借：原材料　　200 000

　应交税费——应交增值税（进项税额）　　34 000

　贷：预付账款——甲公司　　50 000

　　银行存款　　185 000

③若1月10日，甲公司破产，无法提供材料时

中国工商银行信汇凭证（回单）

汇款单位编号　　委托日期：2011年12月13日　　第0789124号

<table>
<tr><td rowspan="3">收款单位</td><td>全称</td><td colspan="3">甲公司</td><td rowspan="3">汇款单位</td><td>全称</td><td colspan="3">重庆长江股份有限公司</td></tr>
<tr><td>账号</td><td colspan="3">123456789000002</td><td>账号</td><td colspan="3">11000123456789</td></tr>
<tr><td>汇入地点</td><td>西安市</td><td>汇入行名</td><td>古城街支行</td><td>汇入地点</td><td>重庆市</td><td>汇出行名</td><td>江北支行</td></tr>
<tr><td>金额</td><td>人民币（大写）</td><td colspan="3">伍万元整</td><td colspan="5">千 百 十 万 千 百 十 元 角 分
¥ 5 0 0 0 0 0 0</td></tr>
<tr><td colspan="5" rowspan="2">汇款用途：预付货款</td><td colspan="2">支付密码</td><td colspan="3"></td></tr>
<tr><td colspan="5">中国工商银行江北支行
★2012.12.13★
务 清 讫
收款人开户行签章</td></tr>
</table>

图2.10　信汇回单

借：其他应收款——甲公司预付账款转入　　50 000

　　贷：预付账款——甲公司　　50 000

实践总结：

企业的预付账款，如有确凿证据表明其不符合预付账款性质，或者因供货单位破产、撤销等原因已无望再收到所购货物的，应将原计入预付账款的金额转入“其他应收款”。企业应按预计不能收到所购货物的预付账款账面余额，借记“其他应收款——预付账款转入”科目，贷记“预付账款”科目。

任务4　其他应收款业务

◎预备知识

企业生产经营过程中，除正常的赊销业务处，还会有其他债权产生。如采购人员外出时，企业会预先支付一部分差旅费，这部分费用预支时，所有权属于企业，所以企业对该笔款项要进行相应的会计处理，此时，就会应用到“其他应收款”科目。

其他应收款是预先付给特定对象的款项，也是公司债权的组成部分。

○任务分析

1）其他应收款的概念

其他应收款是企业应收款项的另一重要组成部分，是指企业发生的非购销业务的应收债权。其他应收款科目主要核算企业除应收票据、应收账款、预付账款以外的其他各种应收及暂付款项。

2）其他应收款的内容

①应收的各种赔款、罚款。如因职工失职造成一定损失而应向该职工收取的赔款，或因企业财产等遭受意外损失而应向有关保险公司收取的赔款等；

②应收出租包装物租金；

③应向职工收取的各种垫付款项，如为职工垫付的水电费、应由职工负担的医药费、房租费等；

④备用金（向企业各职能科室、车间、个人周转使用等拨出的备用金）；

⑤存出保证金，如租入包装物支付的押金；

⑥预付账款转入；

⑦购买股票后应收的包括在股票价格中的已宣告发放的股利；

⑧其他各种应收、暂付款项。

○职业判断与账务处理

1）定额备用金的会计处理

【工作资料 2-11】：重庆市长江有限责任公司给生产一车间核定的备用金金额为3 000 元，该车间办事员小王于 2012 年 1 月 4 日自财务部领取现金 3 000 元。

有限重庆长江公司账务处理如下：

①1 月 4 日，支付定额备用金

借：其他应收款——定额备用金——车间　　3 000

　　贷：库存现金　　3 000

②1 月 31 日，小王到财务报销日常办公费用支出 2 780 元

借：制造费用　　2 780

　　贷：库存现金　　2 780

③12 月 31 日，小王归还当年定额备用金

借：库存现金　　3 000

　　贷：其他应收款——定额备用金——车间　　3 000

实践总结：

定额备用金制度是指企业根据使用部门和人员工作的实际需要，先核定其备用金定额，并依此拨付，使用以后再以现金补足其备用金的制度。定额备用金制度可减少工作量，提高工作效率，缺点是占用了公司资金，不利于公司资金周转。

2）其他情况下的会计处理

【工作资料 2-12】：重庆市长江有限责任公司财务部员工赵富强外出学习，2012

年 5 月 7 日自财务部借支差旅费 5 000 元，领取人填写借据并签字，财务部审核后以现金支付，并编制记账凭证：

借　　据

2012年 05月 07日

借款部门：财务部	部门负责人签字：胡小鹏		主管领导签字：刘金华	财务主管签字：金成玉								
今　借：伍仟元整		借款金额¥：5000.00										
事由	列支事项	数量	金额/天	金额								
				百	十	万	千	百	十	元	角	分
外出学习	学习费用	10	300				3	0	0	0	0	0
外出学习	住宿	10	150				1	5	0	0	0	0
外出学习	餐饮补助	10	50					5	0	0	0	0
合计金额：	零佰 零拾 零万 伍仟 零佰 零拾 零元 零角 零分					¥	5	0	0	0	0	0
借款时间：2012年 05月 07日	还款时间：2012年 09月 31日			借款人签字：赵富强								

（印章：重庆长江股份有限公司 财务专用章）

图 2.11　借款借据

重庆长江公司账务处理如下：

①5 月 7 日，支付借款

借：其他应收款——赵富强　　　　5 000

　贷：库存现金　　　　5 000

②6 月 6 日，赵富强学习归来，根据差旅费报销单，报销相关费用 4 752 元，交还现金 248 元开具收据，编制记账凭证。

差旅费报销单

2012 年 6 月 6 日

姓　名		赵富强	职级	采购员		出差事由		采　购	出差时间	计划 10 天 实际 7 天
日期		起止地点		飞机、车、船票		其他费用				
月	日	起	止	类别	金额	项目		标准	计算天数	核报金额
5	9	重庆	成都	机票	700	住宿费	包干报销	100	21	2100
5	12		成都	汽车	202		限额报销			
5	30	成都	重庆	机票	700	伙食补助		50	21	1050
						其他杂支				
小计					1602	小计				3150
总计金额（大写）		伍仟柒佰伍拾贰元整				预支 5000		核销 4752	退回 248	

图 2.12　差旅费报销单

借:管理费用　　4 752

　库存现金　　248

　贷:其他应收款——赵富强　　5 000

实践总结:

对非经常使用备用金的内部各部门或工作人员,根据每次业务所需备用金的数额填制借款凭证向出纳员预借现金,使用后凭发票等原始凭证一次性到财务部门报销 ,多退少补,一次结清, 下次再用时重新办理领借手续。

任务5　应收款项减值

◎**预备知识**

企业取得的各项资产,应当严格按照国家统一的会计制度的规定,准确地进行期末计价,合理地确定其账面价值。为避免企业高估资产、虚增利润的现象发生,企业应定期或者至少于每年年度终了,对各项资产进行全面检查,合理地预计各项资产可能发生的损失,对可能发生的各项资产损失合理地计提资产减值准备。

○**任务分析**

1）坏账准备的概念

坏账是指企业无法收回或收回的可能性极小的应收款项。商业信用的高度发展是市场经济的重要特征之一。商业信用的发展在为企业带来销售收入的增加的同时,不可避免地导致坏账的发生。

坏账损失是由于实际发生坏账而产生的损失。

对于应收款项,企业应对"应收账款""其他应收款"两个账户进行检查,预计其可能发生的坏账损失,并计提坏账准备。

"坏账准备"科目,用以核算企业提取的坏账损失准备。企业应当定期或者至少每年年度终了,对应收款项进行全面检查,预计各项应收款项可能发生的坏账,对于没有把握收回的应收款项和其他应收款,应当计提坏账准备。

企业计提坏账准备时,按应计提的金额,借记"资产减值损失—计提的坏账准备"账户,贷记"坏账准备"账户。

2）坏账准备的计提

计提坏账准备的方法由企业自行确定。企业应当列出目录,具体注明计提坏账准备的范围、提取方法、账龄的划分和提取比例，按照管理权限，经股东大会或董事会，或经理(厂长)会议或类似机构批准。坏账准备提取方法一经确定，不得随意变更。

企业在确定坏账准备的计提比例时，应当根据企业以往的经验、债务单位的实际财务状况和现金流量的情况，以及其他相关信息合理地估计。

除有确凿证据表明该项应收款项不能收回，或收回的可能性不大外(如债务单位撤销、破产、资不抵债、现金流量严重不足、发生严重的自然灾害等导致停产而在短时间内无法偿付债务等，以及应收款项逾期3年以上)，下列各种情况一般不能全额计提坏账准备：

①当年发生的应收款项。

②已逾期，但无确凿证据证明不能收回的应收款项。

坏账准备计提公式：

当期应计提的坏账准备＝当期应收款项计算应计提坏账准备金额－(或＋)“坏账准备”账户的贷方(或借方)余额

3）坏账准备的冲销

企业对于不能收回的应收款项应当查明原因，追究责任。对有确凿证据表明确实无法收回的应收款项，如债务单位已撤销、破产、资不抵债、现金流量严重不足等，根据企业的管理权限，经股东大会或董事会，或经理(厂长)办公会或类似机构批准作为坏账损失，冲销提取的坏账准备。经批准作为坏账的应收账款、其他应收款，借记“坏账准备”科目，贷记“应收账款”“其他应收款”科目。

已确认并转销的坏账损失，如果以后又收回，有以下两种处理方法：

①按实际收回的金额，借记“应收账款”“其他应收款”科目，贷记“坏账准备”科目；同时，借记“银行存款”科目，贷记“应收账款”“其他应收款”科目。

②按实际收回的金额，借记“银行存款”账户，贷记“坏账准备”账户。

○职业判断与账务处理

【工作资料2-13】：重庆市长江有限责任公司于2012年12月31日，对乙公司的账款进行减值测试，应收乙公司账款余额500 000元，按10%计提坏账准备，坏账准备账户计提前无余额。

表 2.1　坏账准备计算表

2012 年 12 月 31 日

<table>
<tr><td colspan="2">项　目</td><td>行　次</td><td>金　额</td></tr>
<tr><td colspan="2">应收账款期末余额</td><td>1</td><td>500 000.00</td></tr>
<tr><td colspan="2">提取比例</td><td>2</td><td>10%</td></tr>
<tr><td colspan="2">期末应有“坏账准备”贷方余额</td><td>3</td><td>50 000</td></tr>
<tr><td rowspan="2">“坏账准备”账户现有余额</td><td>借方</td><td>4</td><td>0</td></tr>
<tr><td>贷方</td><td>5</td><td>0</td></tr>
<tr><td colspan="2">期末应提坏账准备</td><td>6</td><td>50 000</td></tr>
<tr><td colspan="2">期末应冲坏账准备</td><td>7</td><td>0</td></tr>
</table>

会计主管: 蒋余成　　复核人:刘源　　制表人:张静

重庆长江有限责任公司账务处理如下:

12 月 31 日,计提坏账准备:

借:资产减值损失——计提坏账准备　　50 000

　贷:坏账准备　　50 000

实践总结:

本例采用个别计算法进行坏账准备计提。坏账损失并未发生,因此计提的金额借记“资产减值损失—计提坏账准备”,贷记“坏账准备”。

【工作资料 2-14】:重庆市长江有限责任公司于 2012 年 12 月 31 日,对乙公司的账款进行减值测试,应收乙公司账款余额 500 000 元,按 10% 计提坏账准备,坏账准备账户计提前有贷方余额 20 000 元。

重庆长江有限责任公司账务处理如下:

应收账款注销单

2013年3月7日　　编号: 2012001

<table>
<tr><td>欠款单位</td><td colspan="2">欠款金额</td><td>欠款年限</td><td>备注</td></tr>
<tr><td>乙公司</td><td colspan="2">100000.00</td><td>四年</td><td>2008年产品销售款项</td></tr>
<tr><td>注销原因</td><td colspan="4">因时间太长，且该公司已经破产</td></tr>
<tr><td rowspan="2">处理意见</td><td>供销处</td><td>财务处</td><td>会计主管</td><td>厂长审批（签名）</td></tr>
<tr><td>属实</td><td>属实</td><td>赵娜</td><td>杨晓军</td></tr>
</table>

图 2.13　应收账款注销凭证

①2012 年 12 月 31 日,计提坏账准备

借：资产减值损失——计提坏账准备 30 000

贷：坏账准备 30 000

②若 2013 年 3 月 7 日，实际发生乙公司坏账 100 000 元，以注销单为记账依据确认坏账损失时

借：坏账准备 100 000

贷：应收账款——乙公司 100 000

③若 2014 年 4 月 5 日，前期已转销的乙公司坏账 100 000 元又收回时

借：银行存款 100 000

贷：坏账准备 100 000

实践总结：

本例因期初有贷方余额 20 000 元，所以只需要补提差额部分即可。坏账准备是针对期末应收款项余额计算的，所以本例账务处理金额为 30 000 元（500 000 × 10% − 20 000）。

学习情境3 存货业务核算

引言

当我们走进一家正在生产的一个制造企业时，你总能看到诸如："库房重地，请勿吸烟"或者"未经允许，不得擅自入内"等警示牌。也许你会很好奇，这里面到底存放着什么呢？另外，现在大家都喜欢在网上购物，听说一位文艺青年为了让女朋友开心，把购物网站上购物车里所有货物一次性全买了下来送给她。如果你是网店老板，那么购物车里显示的所有宝贝，在会计上又是如何称呼呢？企业在日常核算时又是如何核算上述业务的呢？

项目内容概述

存货是指企业在日常活动中持有以备出售的产成品或商品、处在生产过程中的在产品，以及在生产过程或提供劳务过程中耗用的材料、物料等。通常企业持有存货的最终目的一般都是为了出售，不论是可供直接出售，如企业的产成品、商品等；还是需经过进一步加工后才能出售，如原材料等。

企业的存货通常包括：各类原材料；包装物和低值易耗品等周转材料；在产品；半成品；产成品以及委托代销商品等。存货是企业的一项重要的流动资产，其正确的确认与计量对企业的财务状况、经营成果都有重大影响。

本项目主要包含原材料业务核算、库存商品业务核算、周转材料业务核算以及委托加工物资业务核算等任务。

知识目标

1. 理解存货的相关知识，掌握原材料的取得、领用、出售、期末计价以及对其清查时的账务处理程序和基本会计核算方法；

2. 熟悉周转材料的基本分类，掌握不同情况下领用包装物及低值易耗品摊销的账务处理流程和基本会计核算方法；

3. 掌握库存商品的入库、销售、清查和期末计价等业务的账务处理流程和基本会计核算方法。

4. 熟悉委托加工物资业务的账务处理流程和基本会计核算方法。

能力目标

1. 能准确地填制和审核企业的收料单、领料单、出库单和入库单等业务单据；

2. 能根据原材料、库存商品、周转材料以及委托加工物资等业务准确地编制记账凭证；

3. 能准确地登记原材料、库存商品、周转材料等明细账和总账。

任务1　原材料业务

○任务分析

原材料是指企业在生产过程中经过加工改变其形态或性质并构成产品主要实体的各种原料、主要材料和外购半成品（外购件），以及不构成产品实体但有助于产品形成的辅助材料。它包括原料、主要材料、外购半成品（外购件）、辅助材料、修理用备件（备品备件）、包装材料、燃料等。

◎预备知识

原材料核算内容及方法

1. 核算内容：企业通过购买或其他方式获得的用于制造产品并构成产品实体主要部分的物品，以及供生产耗费但不构成产品实体的辅助材料、修理用备品备件、燃料、外购半成品等均属于企业的原材料核算内容；

2. 核算方法：原材料的日常收发和结存，可以采用以下两种方法进行核算：

①实际成本核算方法。

②计划成本核算方法。

◎知识拓展

一般制造企业所设立的各种材料库房，其存放的物资在会计上就是用原材料这个科目来核算的，同时企业还可以根据库房的地点或材料的属性对原材料进行明细划分，库房保管人员还要对其保管的材料进行归类和设置库房台账，这些都是为财务人员进行原材料核算的监督提供了原始依据。

思考：

为建造厂房或其他固定资产等各项工程而采购或储备的各种材料，属于原材料吗？

子任务1 原材料概述

◎预备知识

1）原材料定义

原材料从字面意思上解释就是原料和材料组成，但实际工作和生产中对原料和材料的划分不一定非常清晰，所以一般就用原材料一词来统称。

通常原材料是针对本企业的生产加工活动而言的，只要是物件需要经过本企业加工后变成可以销售出去的另外一个产品，那么这个物件就是原材料。从这个角度出发我们可以看出原材料与后面讲述的库存商品是完全不同的，库存商品是附加了本区企业价值的物件，而原材料是等待附加价值的物件。原材料是企业存货的重要组成部分，其品种、规格较多，为加强对原材料的管理和核算，需要对其进行科学的分类。原材料按其存放地点可分为三类：在途物资（即在路上或未验收入库）、库存的材料（已经在自己公司库房里）、委托加工物资（在别人公司里）。按其形态可以分为：原材料及主要材料、辅助材料、外购半成品、修理用备件、包装材料、燃料等。

2）关于原材料会计科目的设置

①在对原材料进行核算时，首先要设置"原材料"会计科目，本科目核算企业库存的各种材料，包括原料及主要材料、辅助材料、外购半成品（外购件）、修理用备件（备品备件）、包装材料、燃料等的计划成本或实际成本。

另外，对已经采购未入库的原材料，可以通过"在途物资"（实际成本核算方法下）、"材料采购"（计划成本核算方法下）会计科目核算。

②本科目可按材料的保管地点（仓库）、材料的类别、品种和规格等进行明细核算。

③原材料的主要账务处理。

a. 企业购入并已验收入库的材料，按计划成本或实际成本，均借记本科目。

b. 自制并已验收入库的材料，按计划成本或实际成本，借记本科目，另外在委托外单位加工完成并已验收入库的材料，按计划成本或实际成本，也是借记本科目。

c. 企业日常经营领用材料，根据用途借记"生产成本""制造费用""销售费用""管理费用"等科目，贷记本科目。出售材料时，在结转成本时借记"其他业务成本"科目，贷记本科目。发出委托外单位加工的材料，借记"委托加工物资"科目，贷记本科目。采用计划成本进行材料日常核算的，发出材料还应结转材料成本差异，将发出材料的计划成本调整为实际成本。采用实际成本进行材料日常核算的，发出材料的实际成本，还可以采用先进先出法、加权平均法或个别认定法等方法来计算确定。

d. 本科目期末借方余额，反映企业库存材料的计划成本或实际成本。

子任务2 实际成本核算

◎预备知识

企业会计制度规定:存货的日常核算可以按实际成本,也可以按计划成本来进行。采用计划成本进行核算时,应当按期结转其成本差异,将计划成本调整为实际成本。故在对原材料日常核算时可以按实际成本,也可以按计划成本来进行。那么原材料的实际成本就是取得时实际所支付的现金或其他等价物。

1)原材料外购成本一般包括以下内容

①采购价格,是指企业购入原材料的发票账单上列明的价款,但不包括按规定可以抵扣的增值税税额。

②相关税费,是指企业购买原材料时可能发生的进口关税、消费税、资源税和不能从增值税额中抵扣的进项税额等。

③运杂费,是指企业购买原材料时需要负担的运输费、装卸费、保险费、仓储费和包装费等。若是一般纳税人外购的原材料运费符合条件的可以准予按7%计算增值税进项税额。

另外还包括运输途中的各种合理损耗和入库前的挑选整理费用等。

2)实际成本法核算原材料的特点

从原材料的收发凭证到明细分类账和总分类账均按其实际成本计价。一般适用于规模较小、品种简单、采购业务不多的企业。实际成本法所强调的是"实际",即要求在每批原材料的收发存中实际成本都应形影不离地相随。当然由此而带来的记录和计量的繁重也是显而易见的。

3)实际成本核算原材料一般经过以下环节和步骤

(1)设置会计科目

企业应设置"原材料"和"在途物资"会计科目进行核算,在原材料还没有验收或没有入库前均用"在途物资"来核算,等验收入库后应从该科目的贷方转到"原材料"科目的借方。

(2)购入原材料

①现购("钱"货两清),货未到

借:在途物资

应交税费——应交增值税(进项税额)

贷:银行存款(或者为其他货币资金)

此处假定为一般纳税人,若是小规模交纳的增值税则应直接计入采购成本,不得抵扣。

②赊购(先进货、后付款),货未到

借:在途物资

　　应交税费——应交增值税(进项税额)

　　贷:应付账款(或应付票据)

③预付账款(先付款、后收货),货未到

借:预付账款

　　贷:银行存款

借:在途物资

　　应交税费——应交增值税(进项税额)

　　贷:预付账款

④月末结算凭证仍未到

月末:

借:原材料(暂估价)

　　贷:应付账款

下月初红字:

借:原材料(暂估价)

　　贷:应付账款

下月在真正确认时候则:

借:原材料

　　应交税费——应交增值税(进项税额)

　　贷:应付账款

此处一般纳税人要注意运费的抵扣问题,即运费金额×7% =可抵扣的进项税额。

⑤材料验收入库

A.材料全部入库:

借:原材料

　　贷:在途物资

B.材料入库时发生短缺:

借:原材料

　　待处理财产损溢——待处理流动财产损溢

　　贷:在途物资

借:原材料(修复)

其他应收款(赔偿)

营业外支出(损失)

贷:待处理财产损溢——待处理流动财产损溢

应交税费——应交增值税(进项转出)

C. 材料入库时发生溢余:只作为代保管物资处理,不入账。

(3)原材料发出的核算

在实际发出原材料时,为了解决原材料的采购成本在销售成本与期末成本之间的分配问题,《企业会计准则——存货》规定可以采用的计价方法包括:个别计价法、先进先出法、加权平均法、移动平均法。这几种计价方法的选择对企业损益的计算、资产负债表中有关项目的计算以及所要交纳所得税数额的计算都有直接的影响,也增加了财务部门工作的复杂性和不稳定性。所以企业根据自身的特点和要求选择一种稳健而准确的成本核算方法仍是企业不懈的追求。

企业领用原材料可以按其领用的用途入账:

借:生产成本

制造费用

管理费用

销售费用

在建工程

贷:原材料

○职业判断与账务处理

1)通常情况下原材料采用现购方式的处理

【工作资料 3-1】:2012 年 11 月 2 日,重庆市长江有限责任公司购入 C 材料一批,增值税专用发票上记载的货款为 500 000 元,增值税税额 85 000 元,对方代垫包装费 1 000 元,全部款项已用转账支票付讫,材料已验收入库。

表 3.1 收料单(记账联)

2012 年 11 月 2 日

材料名称	单 位	单 价	应收数量	材料价款	包装费	实收数量	金 额
C 材料	kg	100	5 000	500 000	1 000	5 000	501 000

验收人: 保管人:

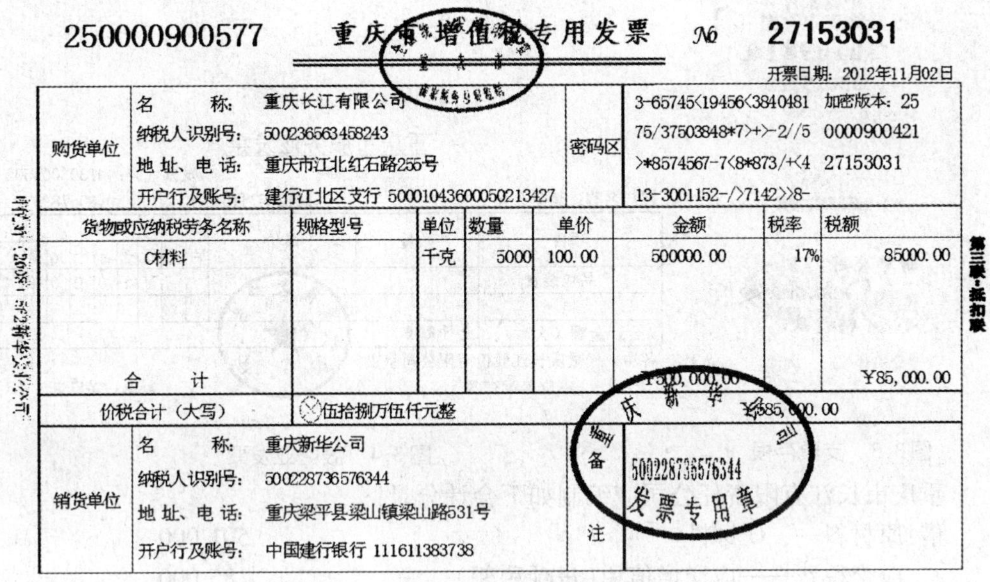

250000900577　　**重庆市增值税专用发票**　　№ 27153031

开票日期：2012年11月02日

购货单位	名　　称：重庆长江有限公司 纳税人识别号：500236563458243 地 址、电 话：重庆市江北红石路255号 开户行及账号：建行江北区支行 50001043600050213427	密码区	3-65745<19456<3840481 加密版本：25 75/37503848*7>+>-2//5 0000900421 >*8574567-7<8*873/+<4 27153031 13-3001152-/>7142>>8-

货物或应纳税劳务名称	规格型号	单位	数量	单价	金额	税率	税额
C材料		千克	5000	100.00	500000.00	17%	85000.00
合　　计					￥500,000.00		￥85,000.00
价税合计（大写）	⊗伍拾捌万伍仟元整				￥585,000.00		

销货单位	名　　称：重庆新华公司 纳税人识别号：500228736576344 地 址、电 话：重庆梁平县梁山镇梁山路531号 开户行及账号：中国建行银行 111611383738	备注	重庆新华公司 500228736576344 发票专用章

国税函〔2008〕562号新华实业公司

第三联：抵扣联

图 3.1　增值税专用发票抵扣联

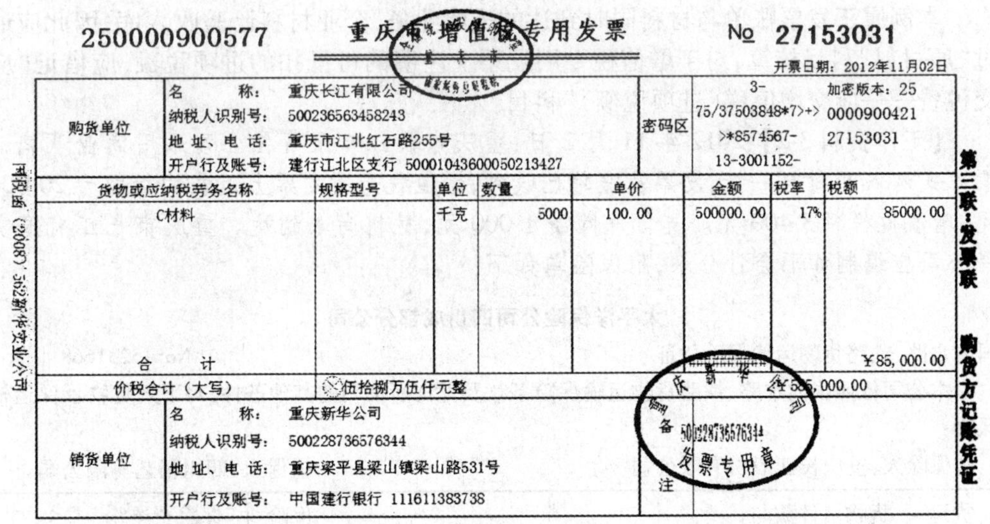

250000900577　　**重庆市增值税专用发票**　　№ 27153031

开票日期：2012年11月02日

购货单位	名　　称：重庆长江有限公司 纳税人识别号：500236563458243 地 址、电 话：重庆市江北红石路255号 开户行及账号：建行江北区支行 50001043600050213427	密码区	3- 加密版本：25 75/37503848*7>+> 0000900421 >*8574567- 27153031 13-3001152-

货物或应纳税劳务名称	规格型号	单位	数量	单价	金额	税率	税额
C材料		千克	5000	100.00	500000.00	17%	85000.00
合　　计							￥85,000.00
价税合计（大写）	⊗伍拾捌万伍仟元整				￥585,000.00		

销货单位	名　　称：重庆新华公司 纳税人识别号：500228736576344 地 址、电 话：重庆梁平县梁山镇梁山路531号 开户行及账号：中国建行银行 111611383738	备注	重庆新华公司 500228736576344 发票专用章

国税函〔2008〕562号新华实业公司

第三联：发票联　购货方记账凭证

图 3.2　增值税专用发票发票联

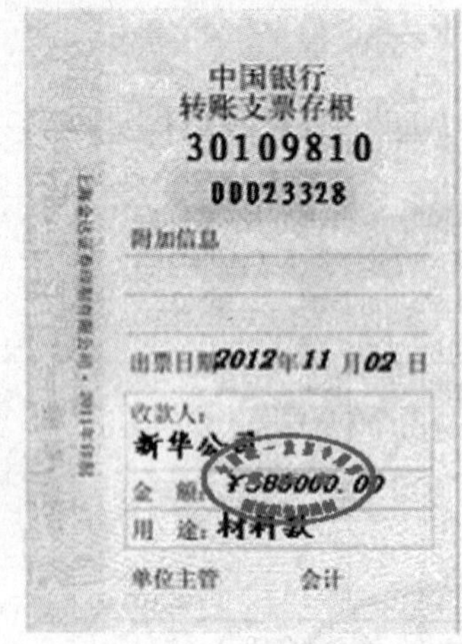

中国银行
转账支票存根
30109810
00023328
附加信息

出票日期 2012 年 11 月 02 日
收款人：新华公司
金　额：¥585000.00
用　途：材料款
单位主管　　会计

图 3.3　支票存根

重庆市服务业发票

发票联　　发票代码：21303004502

客户名称：新华公司　　2012年7月5日　　N0:0067890

项目	数量	单价	金额								
			百	十	万	千	百	十	元	角	分
产品包装费					¥	1	0	0	0	0	0
合计金额（大写）	壹仟元整										

备注：代重庆长江股份有限公司垫支

单位盖章有效　　制单：黄跃新

图 3.4　服务业发票

重庆市长江有限责任公司应编制如下会计分录：

借：原材料——C 材料　　501 000

　应交税费——应交增值税（进项税额）　　85 000

　贷：银行存款　　586 000

实践总结：

本例属于发票账单与材料同时到达的采购业务，企业材料已验收入库，因此应通过"原材料"科目核算，对于增值税专用发票上注明的可抵扣的进项税额，应借记"应交税费——应交增值税（进项税额）"科目。

【工作资料 3-2】：2012 年 11 月 2 日，重庆市长江有限责任公司采用商业承兑汇票方式购入 F 材料一批，发票及账单已收到，增值税专用发票上记载的货款为 20 000 元，增值税税额 3 400 元。支付保险费 1 000 元，材料尚未到达。重庆市长江有限责任公司应编制如下会计分录，附保险单如下：

太平洋保险公司四川成都分公司

国内水路、铁路货物运输保险凭证　　No　5231668

本公司依照国内水路、铁路货物运输保险条款及凭证所证明的其他条件，对下列货物承保运输保险：

被保险人：重庆长江股份有限公司　　投保人：四川精艺有限公司

货运单号	货物名称	件数与重量	中转地	目的地	运输工具起运日期	保险金额	保险费率‰		保险费
							综合险	基本险	
62435	F 材料	5 吨		四川成都	火车 10 月 30 日	20 000	5		1 000

图 3.5　保险单

企业根据增值税专用发票、保险单、商业承兑汇票第一联编制记账凭证：

借：在途物资　　21 000

　　应交税费——应交增值税（进项税额）　　3 400

　　贷：应付票据　　24 400

实践总结：

本例属于已付款或已开出承兑商业汇票，但材料尚未到达或尚未验收入库的采购业务，应通过"在途物资"科目核算；待材料到达入库后，再根据收料单，由"在途物资"科目转入"原材料"科目核算。

承上例，上述购入的F材料已收到，并验收入库。

表3.2 收料单（记账联）

2012年11月10日

材料名称	单位	单价	应收数量	金额	实收数量	金额
F材料	kg	50	400	21 000	400	21 000

验收人：　　保管人：

甲公司应编制如下会计分录：

借：原材料　　21 000

　　贷：在途物资　　21 000

2）原材料采用赊购方式的处理

【工作资料3-3】：2012年11月2日，重庆市长江有限责任公司采用赊购方式购入M材料一批，发票及账单已收到，增值税专用发票上记载的货款为20 000元，增值税税额3 400元。支付保险费1 000元，材料尚未到达。甲公司应编制如下会计分录：

借：在途物资　　21 000

　　应交税费——应交增值税（进项税额）　　3 400

　　贷：应付账款　　24 400

实践总结：

本例属于赊购，但材料尚未到达或尚未验收入库的采购业务，也应通过"在途物资"科目核算；待材料到达入库后，再根据收料单，由"在途物资"科目转入"原材料"科目核算，同上例处理。

【工作资料3-4】：2012年11月2日，重庆市长江有限责任公司采用委托收款结算方式购入H材料一批，材料已验收入库，月末发票账单尚未收到也无法确定其实际成本，暂估价值为30 000元。重庆市长江有限责任公司应编制如下会计分录：

借:原材料　　30 000

　贷:应付账款——暂估应付账款　　30 000

下月初作相反的会计分录予以冲回:

借:应付账款——暂估应付账款　　30 000

　贷:原材料　　30 000

承上例,上述购入的H材料于次月收到发票账单,增值税专用发票上记载的货款为31 000元,增值税税额5 270元,对方代垫保险费2 000元,已用银行存款付讫。重庆市长江有限责任公司应编制如下会计分录:

借:原材料——H材料　　33 000

　应交税费——应交增值税(进项税额)　　5 270

　贷:银行存款　　38 270

3）原材料发出的处理

【工作资料3-5】:重庆市长江有限责任公司2012年3月1日结存B材料3 000千克,每千克实际成本为10元;3月5日和3月20日分别购入该材料9 000千克和6 000千克,每千克实际成本分别为11元和12元;3月10日和3月25日分别发出该材料10 500千克和6 000千克。

若按先进先出法核算时,发出和结存材料的成本如表3.3所示。

表3.3　原材料收发明细账

日期		凭证号	摘要	收入			发出			结存		
月	日			数量	单价	金额	数量	单价	金额	数量	单价	金额
3	1	略	期初结存							3 000	10	30 000
	5		购入	9 000	11	99 000				3 000 9 000	10 11	30 000 99 000
	10		发出				3 000 7 500	10 11	30 000 82 500	1 500	11	16 500
	20		购入	6 000	12	72 000				1 500 6 000	11 12	16 500 72 000
	25		发出				1 500 4 500	11 12	16 500 54 000	1 500	12	18 000
	31		合计	15 000		171 000	16 500		183 000	1 500	12	18 000

若采用月末一次加权平均法计算B材料的成本如下：

B材料平均单位成本＝(30 000＋171 000)/(3 000＋15 000)＝11.17元

本月发出存货的成本＝16 500×11.17＝184 305元

月末库存存货的成本＝30 000＋171 000－184 305＝16 695元

若采用移动加权平均法计算B材料的成本如下：

第一批收货后的平均单位成本＝(30 000＋99 000)/(3 000＋9 000)＝10.75元

第一批发货的存货成本＝10 500×10.75＝112 875元

当时结存的存货成本＝1 500×10.75＝16 125元

第二批收货后的平均单位成本＝(16 125＋72 000)/(1 500＋6 000)＝11.75元

第二批发货的存货成本＝6 000×11.75＝70 500元

当时结存的存货成本＝1 500×11.75＝17 625元

B材料月末结存1 500千克，月末库存存货成本为17 625元；本月发出存货成本合计为183 375(112 875＋70 500)元。

实践总结：

本例中，分别采用了先进先出法、月末一次加权平均法和移动加权平均法计算发出B材料的成本，通过以上分析，我们可以清楚地看到采用先进先出法计算比较烦琐，这种方法适合保鲜原材料的核算。相比先进先出法而言，月末一次加权平均法和移动加权平均法相对简单，其中一次加权平均法最为简单，但计算的准确性没有移动加权平均法高。企业可以根据自己的实际情况选用一种适合本企业的计算方法。

【工作资料3-6】：重庆市长江有限责任公司根据"发料凭证汇总表"的记录，2012年11月份基本生产车间领用了K材料500 000元，辅助生产车间领用K材料40 000元，车间管理部门领用K材料5 000元，企业行政管理部门领用K材料4 000元，计549 000元。

表3.4 发出材料汇总表 2012年11月30日

项 目	K材料		合 计
	数量/千克	金额/元	
基本生产车间领用	50 000	500 000	500 000
辅助生产车间领用	4 000	40 000	40 000
车间管理部门领用	500	5 000	5 000
行政管理部门领用	400	4 000	4 000
合 计	549 00	549 000	549 000

甲公司应编制如下会计分录：

借：生产成本——基本生产成本　　500 000
　　　　　　——辅助生产成本　　40 000
　　制造费用　　5 000
　　管理费用　　4 000
　贷：原材料——K 材料　　549 000

实践总结：

材料根据发出的用途选用正确的会计科目来核算，一般生产领用计入生产成本，车间管理部门领用计入制造费用，行政管理部门领用计入管理费用等。

小结：

原材料在按实际成本核算时，购入和发出时主要会计处理可以用以下流程图表示为：

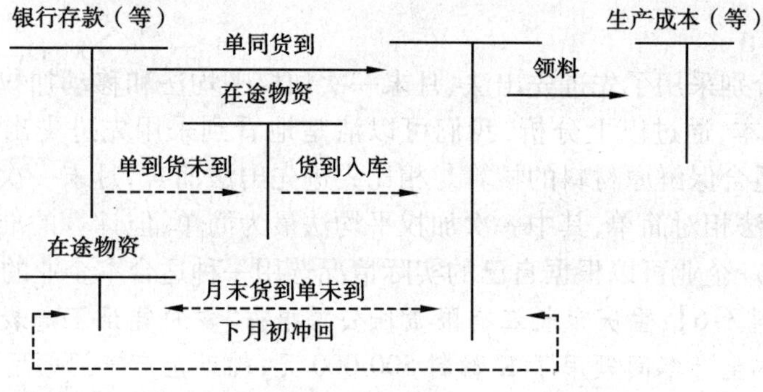

图 3.6　实际成本下原材料购入、收发示意图

子任务 3　计划成本核算

◎预备知识

计划成本法是指企业原材料的购入、发出和结余均按预先制订的计划成本计价，同时另设“材料成本差异”科目，作为计划成本和实际成本联系的纽带，用来登记实际成本和计划成本的差额，同时计划成本法下原材料的总分类和明细分类核算均按计划成本计价。因此这种方法适用于原材料品种繁多、收发频繁的企业。采用计划成本法，其首要问题是制订好一个合理的计划成本，我们可以从以下两个方面来考虑：

①计划成本与实际成本的构成内容必须保持一致。为保持计划成本和实际成本的可比性，以考核财务部门业绩，要求计划成本和实际成本的口径一致，包括买价、运

杂费和相关的税金等。

②计划成本应尽可能接近实际。虽然计划成本的高低可通过材料成本差异调整为实际成本,对发生和结存存货的实际成本并无影响,但如果计划成本脱离实际成本太多,则无法随时通过计划成本与实际成本的差异考核采购部门的成果。所以在制订计划成本时,应尽可能使计划成本接近实际成本。可由企业的采购部门联合财会等有关部门参照同类存货以往实际成本,并根据物价涨幅等相关因素共同研究制订。当实际成本和计划成本发生重大差异时,应及时作相应的调整。

采用计划成本法进行原材料的核算企业,其基本的核算程序如下:

首先,企业应考察与原材料成本相关的各种因素,规定其分类、名称、规格、计量单位和单位计划成本。除一些特殊情况外,计划单位成本在年度内一般不作调整。

其次,取得原材料时,应按计划单位成本计算取得原材料的计划成本填入收料单中,并按实际成本与计划成本的差额,作为"材料成本差异"进行登记。

最后,平时领用、发出原材料时都按计划成本计算,月份终了再将本月发出原材料应负担的成本差异进行分摊,随同本月发出原材料的计划成本记入有关账户,经发出原材料的计划成本调整为实际成本。发出原材料应负担的成本差异应按月分摊,不得在季末或年末一次分摊。

由此可知,原材料按计划成本核算其本质上还是实际成本,即将实际成本分为计划成本和差异两部分来进行核算和管理。

对原材料进行计划成本核算一般经过以下环节和步骤:

①设置会计科目。采用计划成本核算除了设置"原材料"会计科目外,还要设置"材料采购"和"材料成本差异"两个会计科目。

②采购原材料。

借:材料采购

　　应交税费——应交增值税(进项税额)

　　贷:银行存款(应付票据、预付账款、应付账款)

③材料入库。

借:原材料

　　贷:材料采购

④月末结转差异。

a. 超支差异。

借:材料成本差异

　　贷:材料采购

b.节约差异。

借:材料采购

贷:材料成本差异

⑤领用材料。

借:成本、费用等科目

贷:原材料

材料成本差异(红字或蓝字)

⑥成本差异的计算。

本月发出材料应承担的差异 = 发出材料计划成本 × 成本差异率

本月发出材料的实际成本 = 发出材料计划成本 ± 发出材料应承担的成本差异额

月末结存材料的实际成本 = 原材料账户的期末余额 ± 材料成本差异账户的期末余额

注:在计算材料成本差异时可以按照以下五个步骤进行:

第一,采购时,按实际成本付款,计入“材料采购”账户借方;

第二,验收入库时,按计划成本计入“原材料”的借方,“材料采购”账户贷方;

第三,期末结转,验收入库材料形成的材料成本差异超支差计入“材料成本差异”的借方,节约差计入“材料成本差异”的贷方;

第四,平时发出材料时,一律用计划成本;

第五,期末,计算材料成本差异率,结转发出材料应负担的差异额。

$$差异率 = \frac{差异额}{计划成本} \times 100\% = \frac{期初差异额 + 本期入库形成差异}{期初原材料计划成本 + 本期入库计划成本} \times 100\%$$

$$\text{发出材料计划成本应负担的差异额} = \text{发出材料计划成本} \times \text{差异率}$$

○职业判断与账务处理

1)原材料成本差异计算

【工作资料3-7】:2012年11月2日,重庆市长江有限责任公司对材料采用计划成本核算,月初“原材料”账户借方余额24 000元,本月收入原材料的计划成本为176 000元,本月发出原材料的计划成本为150 000元,“材料成本差异”月初贷方余额300元,本月收入材料的超支差4 300元,则本月发出材料应负担的材料成本差异是多少?本月结存的材料实际成本是多少?

当月材料成本差异率 =(-300 + 4 300)/(24 000 + 176 000)× 100% = 2%

本月发出材料应负担的材料成本差异额 = 150 000 × 2% = 3 000元

本月结存材料的实际成本 =(24 000 + 176 000 - 150 000)×(1 + 2%)=

51 000 元。

实践总结:

在本例中，我们首先要根据材料差异率公式计算出材料成本差异率，发出材料应负担的材料成本差异额计算出后，计算结存材料的实际成本可以按照公式计算，也可以用原材料科目月末余额加上材料成本差异月末余额即50 000 + 1 000 = 51 000 元

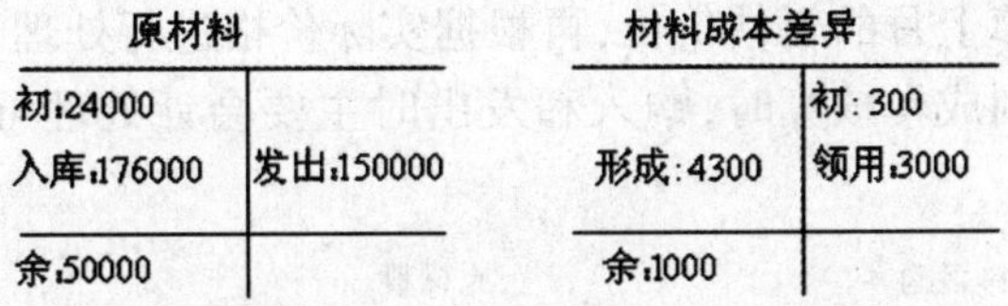

原材料	
初:24000	
入库:176000	发出:150000
余:50000	

材料成本差异	
	初:300
形成:4300	领用:3000
余:1000	

图 3.7 材料成本差异核算图示

2）原材料计划成本核算的账务处理

【工作资料 3-8】:2012 年 11 月 3 日，重庆市长江有限责任公司购入 L 材料一批，专用发票上记载的货款为 3 000 000 元，增值税税额 510 000 元，发票账单已收到，计划成本为 3 200 000 元，已验收入库，全部款项以银行存款支付。重庆市长江有限责任公司应编制如下会计分录:

借:材料采购　　3 000 000
　应交税费——应交增值税(进项税额)　　510 000
　贷:银行存款　　3 510 000
借:原材料　　3 200 000
　贷:材料采购　　3 200 000
借:材料采购　　200 000
　贷:材料成本差异　　200 000

实践总结:

在本例中，我们可以看出材料采购科目是根据实际支付的原材料货款入账，而原材料会计科目是根据计划成本来结转材料采购，这样有个差异就是属于材料成本差异，如果材料成本差异科目余额在贷方是节约，反之在借方就是超支。

【工作资料 3-9】:2012 年 11 月 2 日，重庆市长江有限责任公司购入 M3 材料一批，材料已验收入库，发票账单未到，月末应按照计划成本 600 000 元估价入账。甲公司应编制如下会计分录:

借:原材料　　600 000
　贷:应付账款——暂估应付账款　　600 000

下月初作相反的会计分录予以冲回:

借:应付账款——暂估应付账款　　　　600 000

　贷:原材料　　　　600 000

实践总结:

在本例中,我们可以看出材料采用计划成本核算时,若材料已经验收入库但发票账单还未到,月末应该根据账实相符的原则,可以暂估一个价格进行入账处理,到下个月首先要冲销掉上月的暂估价价,再根据实际价格进行处理。

原材料在按计划成本核算时,购入和发出时主要会计处理可以用以下流程图表示为:

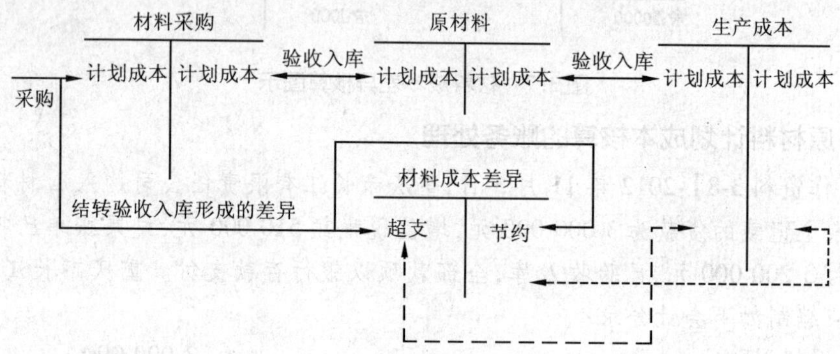

图 3.8　计划成本下材料收发图示

任务 2　库存商品业务

○任务分析

库存商品是指在企业已经完成全部生产过程并已验收入库,可以作为商品直接对外出售的产品以及企业从外部购入直接出售的商品,包括库存产成品、外购商品、存放在门市部准备出售的商品、寄存在外库的商品、委托其他单位代管或代销的商品,以及发出展览的商品等。

◎预备知识

库存商品科目核算企业库存的各种商品的实际成本(或进价)或计划成本(或售价),包括库存产成品、外购商品等。接受来料加工制造的代制品和为外单位加工修理的代修品,在制造和修理完成验收入库后,视同企业的产成品,也通过本科目核算。

库存商品的核算方法可以按照实际成本核算也可以按照计划成本核算,工业企业的产成品一般按实际成本进行核算。除非产成品种类比较繁多的企业,也可以按计划成本进行日常核算。采用计划成本进行产成品日常核算的企业,除应设置“库存商品”科目外,还应设置“产品成本差异”科目,核算产成品实际成本与计划成本的差异。产成品的收入、发出和销售,平时可以用计划成本核算;月终,计算入库产成品的实际成本,并将实际成本与计划成本的差异额记入“产品成本差异”科目,然后再将产品成本差异在发出、销售和结存的产成品之间进行分配。

◎知识拓展

库存商品是企业的有形资产,也是企业直接实现经济利益的重要条件,尤其是生产制造企业,其销售的主要对象就是库存商品,故对库房商品的核算和管理非常重要,如何做好库存商品的管理和库存商品的结算呢?库房保管人员还要对其保管的库存商品进行归类和设置库房台账,这些也是管理库存商品的基础,同时也是财务人员核算库存商品的重要原始依据。

思考:

汽车制造厂生产的汽车是库存商品吗?房地产公司盖好的楼房是库存商品吗?

子任务1　工业企业库存商品核算

◎预备知识

工业企业的库存商品主要指产成品,即企业已经完成全部生产过程并已验收入库符合标准规格和技术条件,可以按照合同规定的条件送交订货单位,或者可以作为商品对外销售的产品。工业企业的库存商品还包括企业接受外来原材料加工制造完成的代制品和外单位委托加工修理完成的代修品。委托外单位加工的商品,属于委托加工物资,不在库存商品中核算。已经完成销售手续,但购买单位在月末未提取的库存商品,应作为代管商品处理,单独设置代管商品备查簿,不再在本科目核算。可以降价出售的不合格品,也作为库存商品核算,但应当与合格商品分开记账。

1)账户设置

为了总括反映产成品的收入、发出和结存情况,应当设置“库存商品”科目进行核算。该科目借方登记已经完成生产过程并验收入库的各种产成品的实际成本;贷方登记发出和销售产成品的实际成本;余额在借方,反映企业各种库存产成品的实际成本。该科目应按库存商品的种类、品种和规格设置明细账。

工业企业的产成品一般按实际成本进行核算。在这种情况下,产成品的收入、发出和销售,平时只记数量不记金额;月份终了,计算入库产成品的实际成本;对发出和销售的产成品,可以采用先进先出法、加权平均法、移动加权平均法或者个别计价法等确定其实际成本。

2）账务处理

企业生产完成验收入库的产成品，借记“库存商品”科目，贷记“生产成本”科目。企业销售商品，结转销售产品成本时，借记“主营业务成本”科目，贷记“库存商品”等科目。

○职业判断与账务处理

【工作资料 3-10】：重庆市长江有限责任公司 2012 年 11 月产成品入库单及产品成本计算单中显示：本月生产完工验收入库 A 产品 700 件，单位成本 1 500 元；验收入库 B 产品 800 件，单位成本 1 000 元。本月销售 A 产品 600 件，销售 B 产品 900 件，按加权平均法计算的销售 A 产品的单位成本为 1 520 元，销售 B 产品的单位成本为 1 000元。企业应编制如下会计分录：

①结转完工验收入库产品成本

表 3.5　库存商品入库单

交货部门：生产车间　　　　2012 年 11 月 29 日

编　号	规　格	品　名	单　位	数　量	单　价	金　额	备　注
01		A 产品	件	700	1 500	1 050 000	
02		B 产品	件	800	1 000	800 000	

会计：　　验收：　　仓管：　　制单：

借：库存商品——A 产品　　1 050 000
　　　　　　——B 产品　　800 000
　贷：生产成本——基本生产成本——A 产品　　1 050 000
　　　　　　　　　　　　　　　——B 产品　　800 000

②结转已经销售产品成本

表 3.6　库存商品发货单

用途：销售　　　　2012 年 11 月 29 日

编　号	规　格	品　名	单　位	数　量	单　价	金　额	备　注
01		A 产品	件	600	1 520	912 000	
02		B 产品	件	900	1 000	900 000	

会计：　　保管：　　检验：　　制单：

借:主营业务成本——A 产品　　912 000
　　　　　　　——B 产品　　900 000
　贷:库存商品——A 产品　　912 000
　　　　　　——B 产品　　900 000

实践总结:

在本例中,我们可以看到一般工业企业的库存商品的收发是处于不同的环节,在生产完工时是入库,入库需要结转生产成本;在销售出库时是出库,出库需要结转销售成本。可以用下面的流程图来表示:

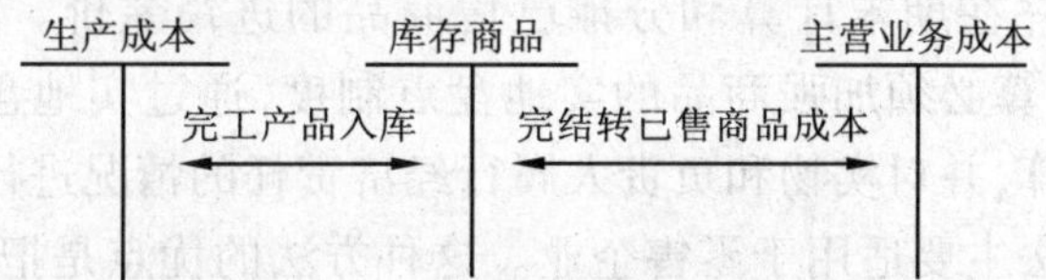

图 3.9　库存商品核算流程图

子任务2　企业库存商品核算

◎预备知识

1）商业企业库房商品的核算

不同类型的商品流通企业,可以根据本企业的经营特点及经营管理的要求来选择确定采用不同的库存商品核算方法。下面分别介绍这四种核算方法:

(1)数量进价金额核算法

数量进价金额核算法的主要特点是:①库存商品的总账和明细账都按商品的原购进价格记账;②库存商品明细账按商品的品名分户,分别核算各种商品收进、付出及结存的数量和金额。

这种方法主要适用于大中型批发企业、农副产品收购企业及经营品种单纯的专业商店和经营贵重商品的商店。其优点是能够同时提供各种商品的数量指标和金额指标,便于加强商品管理。缺点是要按品种逐笔登记商品明细账,核算工作量较大。

(2)数量售价金额核算法

数量售价金额核算法的特点是:①库存商品的总账和明细账都按商品的销售价格记账,并同时核算商品实物数量和售价金额;②对于库存商品购进价与销售价之间的差额需设置"商品进销差价"科目进行调整,以便于计算商品销售成本。

(3)售价金额核算法

售价金额核算法又称“售价记账、实物负责制”,这是在建立实物负责制的基础上按售价对库存商品进行核算的方法,其主要特点如下:①建立实物负责制,企业将所经营的全部商品按品种、类别及管理的需要划分为若干实物负责小组,确定实物负责人,实行实物负责制度。实物负责人对其所经营的商品负全部经济责任。②售价记账、金额控制,库存商品总账和明细账都按商品的销售价格记账,库存商品明细账按实物负责人或小组分户,只记售价金额不记实物数量。③设置“商品进销差价”科目,由于库存商品是按售价记账,对于库存商品售价与进价之间的差额应设置“商品进销差价”科目来核算,并在期末计算和分摊已售商品的进销差价。④定期实地盘点商品,实行售价金额核算必须加强商品的实地盘点制度,通过实地盘点,对库存商品的数量及价值进行核算,并对实物和负责人履行经济责任的情况进行检查。

售价金额核算法主要适用于零售企业。这种方法的优点是把大量按各种不同品种开设的库存商品明细账归并为按实物负责人来分户的少量的明细账,从而简化了核算工作。

(4)进价金额核算法

进价金额核算法又称为“进价记账、盘存记销”。其特点是:①建立实物负责制,库存商品明细账都按实物负责人分户;②库存商品的总账和明细账都按商品进价记账,只记进价金额,不记数量;③商品销售后按实收销货款登记销售收入,平时不计算结转商品销售成本,也不注销库存商品;④对于商品的升溢、损耗和所发生的价格变动,平时不作账务处理;⑤定期进行实地盘点商品,期末按盘存商品的数量乘最后一次进货单价或原进价求出期末结存商品金额,再用“以存记销”的方法倒计出商品销售成本并据以转账。

这种方法主要适用于经营鲜货商品的零售企业。其优点是平日对商品购销业务的会计处理非常简单,但对于商品所发生的损溢都挤入商品销售成本而平时不予反映,也可看出这种方法从管理上讲是不够严密的,极易出现漏洞。

企业购入商品可以采用进价或售价核算。采用售价核算的,商品售价和进价的差价额,可以通过“商品进销差价”科目核算。月末应分摊已销商品的进销差价,将已销商品的销售成本调整为实际成本,借记“商品进销差价”科目,贷记“主营业务成本”科目。

商品流通企业的库存商品还可以采用毛利率法进行日常核算。

毛利率法:是指根据本期销售净额乘以上期实际(或本期计划)毛利率匡算本期销售毛利,并据以计算发出存货和期末存货成本的一种方法。

其计算公式如下:

$$毛利率=\frac{销售毛利}{销售净额}\times 100\%$$

销售净额 = 商品销售收入 - 销售退回与折让

销售净额 = 商品销售收入 - 销售退回与折让

销售毛利 = 销售净额 × 毛利率

销售成本 = 销售净额 - 销售毛利

期末存货成本 = 期初存货成本 + 本期购货成本 - 本期销售成本

这一方法是商品流通企业,尤其是商品批发企业常用的计算本期商品销售成本和期末库存商品成本的方法。

2)工业企业库房商品的核算

工业企业的库房商品一般按照实际成本进行核算,平时产品的收入和发出只按照数量登记"库存商品"明细账。月度终了,按计算确定的入库成品的实际成本,借记"库存商品"账户,贷记"生产成本"账户。对销售发出的产成品,按先进先出法、加权平均法或个别计价法等方法确定的实际成本,借记"主营业成本"等账户,贷记"库存商品"账户。

○职业判断与账务处理

【工作资料3-11】:某商场采用毛利率法进行核算,2012 年 10 月 1 日针织品存货 1 800 万元,本月购进 3 000 万元,本月销售收入 3 400 万元,上季度该类商品毛利率为 25%,本月已销售商品和月末库存商品的成本计算如下:

本月销售收入 = 3 400 万元

销售毛利 = 3 400 × 25% = 850 万元

本月销售成本 = 3 400 - 850 = 2 550 万元

月末库存商品成本 = 1 800 + 3 000 - 2 550 = 2 250 万元

【工作资料3-12】:某商场采用售价金额核算法进行核算,2012 年 10 月期初库存商品的进价成本为 100 万元,售价总额为 110 万元,本月购进该商品的进价成本为 75 万元,售价总额为 90 万元,本月销售收入为 120 万元。有关计算如下:

商品进销差价率 = (10 + 15)/(110 + 90) × 100% = 12.5%

已销商品应分摊的商品进销差价 = 120 × 12.5% = 15 万元

本期销售商品的实际成本 = 120 - 15 = 105 万元

期末结存商品的实际成本 = 100 + 75 - 105 = 70 万元

任务3　周转材料业务

○任务分析

周转材料是指企业能够多次使用，不符合固定资产定义，逐渐转移其价值但仍保持原有形态不确认为固定资产的材料，如包装物和低值易耗品，以及建筑工程施工企业的可多次利用使用的钢架杆、扣件、模板、支架等其他周转材料等。一般企业而言的周转材料主要是指包装物和低值易耗品等。

◎预备知识

包装物是指为包装本企业的产品或商品，并随同它们一起出售、出借或出租给购货方的各种包装容器装，如桶、箱、瓶、坛、袋等。

低值易耗品是指没有达到“固定资产”标准的，经过多次使用仍能保持原来形状性能的物品，低值易耗品按其用途一般可以分为以下几种：

一般工具：直接用于生产过程的各种工具，如刀具、夹具、模具及其他各种辅助工具。

专用工具：指专门用于生产各种产品或仅在某道工序中使用的各种工具。如专门模具、夹具等。

替换设备：指容易磨损、更换频繁或为生产不同产品需要替换使用的各种设备。如轧制钢材用的轧辊、浇铸钢锭的锭模。

劳动保护用品：指发给工人用于劳动保护的安全帽、工作服和各种防护用品。

管理用具：指管理部门和管理人员用的各种家具和办公用品。如文件柜、打字机等。

◎知识拓展

一般周转材料在使用中不改变实物形态，而原材料一般在使用后直接构成产品的一部分，库房保管人员要对其保管的周转材料进行归类和设置库房台账，建立收发存明细台账，监控周转材料的使用。

思考：

周转材料是原材料进行周转使用吗？

子任务1　周转材料概述

○任务分析

为监督核算周转材料，应设置会计科目“周转材料”，本科目应按照周转材料的种类设立明细账。如可以设置包装物低值易耗品等明细科目，另外还可以分别用在库、在用和摊销进行明细核算。

1）包装物的概念和内容

包装物是为包装本企业的产品而储备的各种包装容器，如桶、箱、瓶、坛、袋等。其范围包括：

①生产经营过程中用于包装产品并作为产品组成部分的包装物；

②随同成品出售而不单独计价的包装物；

③随同成品出售并单独计价的包装物；

④出租或出借给购买单位使用的包装物。

但是，下列各项在会计上不作为包装物进行核算：

①各种包装材料，如纸、绳、铁丝等，这类一次性使用的包装材料作为原材料进行核算；

②用于储存和保管产品、材料而不对外出售的包装物，这类包装物应按照其价值高低和使用年限长短，分别作为固定资产或低值易耗品进行核算；

③单独列作企业商品的自制包装物，这类包装物应作为库存商品进行核算。

2）低值易耗品的概念和内容

低值易耗品通常是指不能作为固定资产的各种用具物品，如工具、管理用具、玻璃器皿和劳保用品等，这些用品在经营过程中可以多次使用，其价值随其磨损程度逐渐转移到有关成本和费用中去。

低值易耗品核算内容主要包括低值易耗品的取得以和低值易耗品的摊销两大部分。取得时的核算与原材料的账务处理基本相同；摊销时，由于其能多次使用而保持实物形态，所以其损耗的价值一般采用一定的摊销方法分期或分次计入成本和费用中，其摊销方法主要有一次摊销和五五摊销法。

子任务2　周转材料核算

○任务分析

周转材料核算一般经过取得、领用和摊销等环节。一般企业取得可以通过购入、自制和委托外单位加工完成，核算可以比照前述“原材料”的相关规定进行账务处理。领用周转材料时，应当采用一次转销法或者分次摊销法进行摊销。

1）一次摊销法

一次摊销法是将其价值在领用时一次计入有关资产成本或当期损益。企业采用一次转销法的，领用时按其账面价值，借记“管理费用”“生产成本”“销售费用”“工程施工”等科目，贷记“周转材料”科目。周转材料报废时，应按报废周转材料的残料价值，借记“原材料”等科目，贷记“管理费用”“生产成本”“销售费用”“工程施工”等科目。

2）分次摊销法

采用分次摊销方法，领用时应按其账面价值，借记“周转材料——在用”科目，贷记“周转材料——在库”科目。摊销时应按其摊销额，借记“管理费用”“生产成本”“销售费用”“工程施工”等科目，贷记“周转材料——摊销”科目。周转材料报废时应补提摊销额，借记“管理费用”“生产成本”“销售费用”“工程施工”等科目，贷记“周转材料——摊销”科目；同时，按报废周转材料的残料价值，借记“原材料”等科目，贷记“管理费用”“生产成本”“销售费用”“工程施工”等科目；并转销全部已提摊销额，借记“周转材料——摊销”科目，贷记“周转材料——在用”科目。

对于包装物，其核算的内容一般如下：

①生产过程中用于包装产品组成部分的包装物；

②随同商品出售而不单独计价的包装物；

③随同商品出售而单独计价的包装物；

④出租或出借给购买单位使用的包装物。

一般来说，生产领用的包装物成本计入“生产成本”科目；随同产品出售但不单独计价的计入“销售费用”科目；随同产品出售且单独计价的计入“其他业务成本”科目。低值易耗品的核算与原材料核算相似，企业应该设置“周转材料——低值易耗品”科目进行核算。

○职业判断与账务处理

【工作资料 3-13】：某施工企业 2012 年 3 月 10 日领用周转材料竹竿 1 000 根，做厂房脚手架，每根价格 20 元，金额 20 000 元于领用时一次计入工程施工成本，领料单如下：

领料单

用途:生产用　　领料部门:云都花园项目部　　2012 年 3 月 10 日　　凭证编号:023

材料编号	材料名称及规格	计量单位	数量		价格	
			请领	实发	单价	金额
1101	周转材料——竹竿	根	1 000	1 000	20	20 000

记账:　　审批人:　　领料人:　　发料人:

图 3.10　工程领料单

根据领料单编制记账凭证:

借:工程施工——合同成本　　20 000

　　贷:周转材料(脚手架)　　20 000

实践总结:

采用一次摊销法比较简单,但不利于监督,所以企业为了更好地管理周转材料,必须配合建立台账进行管理。一般一次摊销法其账务流程如下:

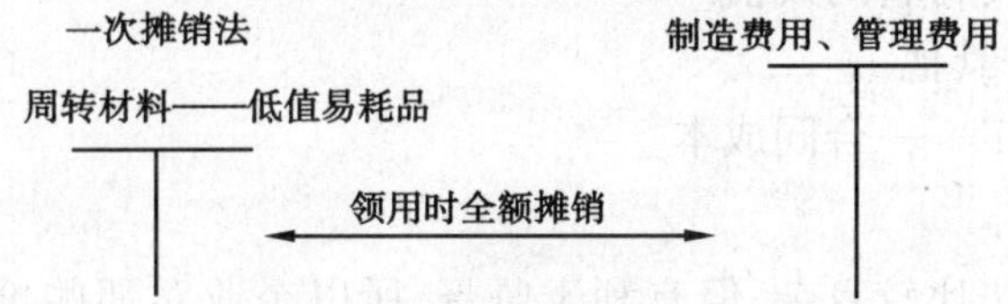

图 3.11　一次摊销法示意图

【工作资料 3-14】:某施工企业 2012 年 4 月 1 日领用周转材料木模板 1 000 块,每块价格 200 元,领用钢模板 1 000 块,每块价格 360 元,共计 560 000 元。该模板可以多次使用,该企业使用分次摊销法核算如下:

借:周转材料——在用(木模板)　　200 000

　　贷:周转材料——在库(木模板)　　200 000

借:周转材料——在用(钢模板)　　360 000

　　贷:周转材料——在库(钢模板)　　360 000

上述木模板按预计使用 5 次计算摊销额,2012 年 4 月使用一次应摊销 40 000 元(200 元×1 000 块/5 次):

借:工程施工——合同成本　　40 000

　　贷:周转材料——摊销　　40 000

上述钢模板按预计使用期限 3 年计算摊销额, 2012 年 4 月应摊销 10 000 元(360 元×1 000 块/36 个月):

借:工程施工——合同成本　　10 000
　　贷:周转材料——摊销　　10 000

上述钢模板 500 块 2012 年 10 月 1 日退库,计 180 000 元:

借:周转材料——在库(钢模板)　　180 000
　　贷:周转材料——在用(钢模板)　　180 000

上述领用的竹竿 2012 年 10 月全部报废,报废后出售收回 500 元:

借:银行存款　　500
　　贷:工程施工——合同成本　　500

2012 年 10 月上述木模板有 600 块使用 4 次报废,应补提摊销额 24 000 元,收回残值 6 000 元。

①补提摊销额[200 元×600 块×(1-4 次/5 次)]

借:工程施工——合同成本　　240 00
　　贷:周转材料——摊销　　24 000

②结转报废周转材料的残值

借:原材料——其他　　6 000
　　贷:工程施工——合同成本　　6 000

实践总结:

采用分次摊销法比较复杂,但有利于监督,所以企业对那些价值比较大,用途比较专一的周转材料一般采用分次摊销核算,其核算流程如下:

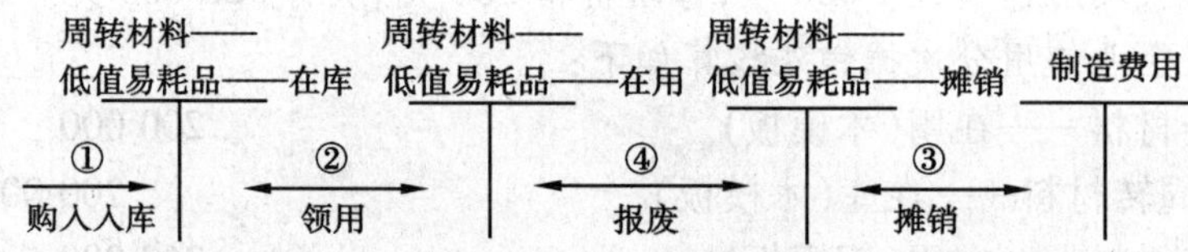

图 3.12　分次摊销法示意图

任务 4　委托加工物资业务

○任务分析

委托加工物资是指企业委托外单位加工成新的材料或包装物、低值易耗品等物资。委托加工物资的成本应当包括加工中实际耗用物资的成本、支付的加工费用及应负担的运杂费、支付的税金等。

◎预备知识

企业由于受工艺设备限制，有时需要把某些物资委托外单位加工制成另一种性能和用途的物料，我们把企业委托外单位加工的各种材料、商品等物资的实际成本，通过"委托加工物资"科目核算。企业应设置"委托加工物资"科目，核算委托加工物资增减变动及其结存情况。本科目核算企业委托外单位加工的各种物资的实际成本，本科目应按加工合同、受托加工单位以及加工物资的品种等进行明细核算。本科目期末借方余额，反映企业委托外单位加工尚未完成物资的实际成本。

◎知识拓展

一般企业委托加工物资最终还是归到原材料或库存商品中，说明委托加工物资仅仅是个过渡的物资，等到加工完成后就变成了企业的原材料或库存商品了。

思考：

委托加工的物资属于委托企业还是被委托企业呢？

子任务1　委托加工物资概述

对于委托加工物资一般要经过以上三步进行，其主要账务处理如下：

①发给外单位加工的物资，按实际成本，借记本科目，贷记"原材料""库存商品"等科目；按计划成本或售价核算的，还应同时结转材料成本差异或商品进销差价，借记本科目，贷记"产品成本差异" 或"商品进销差价"科目；实际成本小于计划成本的差异，做相反的会计分录。

②支付加工费、运杂费等，借记本科目等科目，贷记"银行存款"等科目；需要交纳消费税的委托加工物资，由受托方代收代交的消费税，借记本科目（收回后用于直接销售的）或"应交税费——应交消费税"科目（收回后用于继续加工的），贷记"应付账款""银行存款"等科目。

③加工完成验收入库的物资和剩余的物资，按加工收回物资的实际成本和剩余物资的实际成本，借记"原材料""库存商品"等科目，贷记本科目。采用计划成本或售价核算的，按计划成本或售价，借记"原材料" 或"库存商品"科目，按实际成本贷记本科目，实际成本与计划成本或售价之间的差额，借记或贷记"材料成本差异"或贷记"商品进销差价" 科目。

子任务2　委托加工物资核算

◎预备知识

企业对于委托加工物资进行核算时，分别用以下会计分录来处理：

1. 企业根据加工合同的规定，拨付给加工单位加工用原材料时，由供应部门根据加工合同，填制"委托加工物资发料单"，经审核后，由仓库据以发料。发出物资时，根据发出物资的实际成本借记"委托加工物资"账户，贷记"原材料"账户。如果采用计划成本法核算，还应结转材料成本差异，贷记"材料成本差异"账户。

借：委托加工物资

　　贷：原材料

2. 支付加工费及税金，企业除按照加工费标准支付加工费外，还应按加工费的17%计算交纳增值税。如果按税法规定需要交纳消费税的，还应计算交纳消费税。

①委托加工材料收回用于连续生产应税消费品

借：委托加工材料

　　应交税费——应交增值税（进项税额）

　　应交税费——应交消费税

　　贷：银行存款

②委托加工应税消费品收回直接销售

借：委托加工材料

　　应交税费——应交增值税（进项税额）

　　贷：银行存款

3. 委托加工物资收回时，应由供应部门填制"委托加工物资收料单"，通知仓库据以收料。

①收回委托加工材料用于连续生产应税消费品

借：原材料

　　贷：委托加工材料

②收回委托加工应税消费品直接销售

借：库存商品

　　贷：委托加工材料

注意事项：

第一，必须清楚"委托加工物资"账户结构。

该账户借方登记的是：领用加工物资的实际成本；支付的加工费用应负担的运杂

费以及支付的税金(包括应负担的增值税)该账户贷方登记的是:加工完成验收入库的物资的实际成本余额在借方:反映尚未完工的委托加工物资的实际成本和发出加工物等。

《关于增值税税金的说明》:关于凡属于加工物资用于非纳增值税项目、免征增值税项目、未取得增值税专用发票的一般及小规模纳税企业的加工物资,应将这部分增值税计入加工物资成本。

第二,掌握在不同情况下所发生的消费税,在账务处理上有所不同。

凡属于加工物资收回后直接用于销售的,其所负担的消费税计入加工物资成本。

借:委托加工物资(所负担的消费税)

　　贷:银行存款或应付账款

凡属于加工物资收回后用于连续生产的,其所付的消费税先计入"应交税费——应交消费税"科目的借方,按规定用以抵扣加工的商品销售后所负担的消费税。

会计分录:

借:应交税费——应交消费税(所负担的消费税)

　　贷:银行存款或应付账款

注意:受托单位则是代扣代缴,则做会计分录:

借:银行存款或应收账款

○职业判断与账务处理

【工作资料3-15】:2012年10月2日,重庆市长江有限责任公司将一批原材料委托外单位代加工H产品(属于应税消费品),发出原材料计划成本为100 000元,本月成本差用银行存款支付加工费用10 000元,支付应交纳的消费税5 842元和取得增值税发票上注明增值税额1 700元。加工完毕,验收入库成本为115 000元(H产品收回后直接用于销售)。

①领用加工物资时会计分录

借:委托加工物资	101 000	
贷:原材料		100 000
材料成本差异		1 000

②支付加工费的会计分录

(委托加工应税消费品加工收回后直接用于销售)

借:委托加工物资	15 842	
应交税费——应交增值税(进项税额)	1 700	
贷:银行存款		17 542

③加工完成后验收入库的会计分录

借:库存商品 115 000

材料成本差异 1 842

贷:委托加工物资 116 842

【工作资料3-16】:2012年3月2日,重庆市长江有限责任公司委托丁公司加工商品一批(属于应税消费品)100 000件,有关经济业务如下:

3月20日,发出材料一批,计划成本为6 000 000元,材料成本差异率为-3%;

4月20日,支付商品加工费120 000元,支付应当交纳的消费税660 000元,该商品收回后用于连续生产,消费税可抵扣,重庆市长江有限责任公司和丁公司均为一般纳税人,适用增值税税率为17%;

5月4日,用银行存款支付往返运费10 000元(不考虑运费抵扣的情况);

5月5日,上述商品100 000件(每件计划成本为65元)加工完毕,公司已办理验收入库手续。

①发出委托加工材料时

结转发出材料计划成本

借:委托加工物资 6 000 000

贷:原材料 6 000 000

②结转发出材料应分摊的材料成本差异时

借:材料成本差异 180 000

贷:委托加工物资 180 000

③支付商品加工费用

借:委托加工物资 120 000

应交税费——应交消费税 660 000

——应交增值税(进项税额) 20 400

贷:银行存款 800 400

④支付运输费用

借:委托加工物资 10 000

贷:银行存款 10 000

⑤收回委托加工商品

借:库存商品 6 500 000

贷:委托加工物资 5 950 000

材料成本差异 550 000

【工作资料3-17】:2012年3月9日,重庆市长江有限责任公司将一批原材料委托外单位代加工H产品(属于应税消费品),发出原材料计划成本为100 000元,本月材料成本差异率为1%，用银行存款支付加工费用10 000元，支付应交纳的消费税5 842元和取得增值税发票上注明增值税额1 700元。加工完毕，验收入成本为115 000元。（H产品收回后用于连续生产）

①领用加工物资时会计分录

借：委托加工物资　　101 000

　贷：原材料　　100 000

　　材料成本差异　　1 000

②支付加工费的会计分录：（委托加工应税消费品加工收回后用于连续生产）

借：委托加工物资　　10 000

　应交税费——应交增值税（进项税额）　　1 700

　应交税费——应交消费税　　5 842

　贷：银行存款或应付账款　　17 542

③加工完成后验收入库的会计分录

借：库存商品　　115 000

　贷：委托加工物资　　111 000

　　材料成本差异　　4 000

以上业务的账务处理流程可用图3.13来表示：

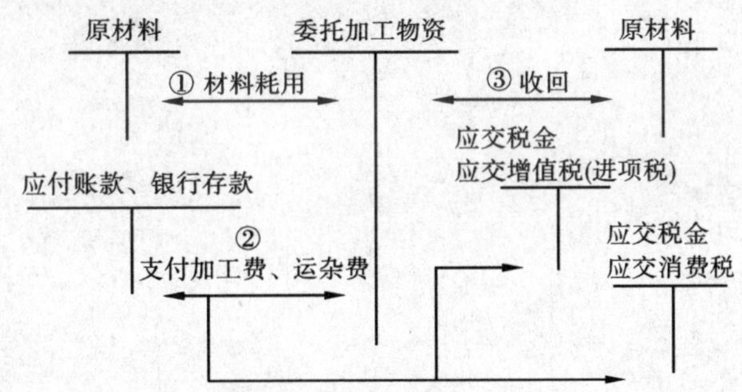

图3.13　委托加工核算示意图

学习情境 4 投资业务核算

任务导入

2012 年东方财富网评选 2012 年中报十大败家子，除了中铝中期巨亏 32 亿居首，华银电力（600744）位居第六，其中部分内容如下：

NO6. 华银电力（600744）

败家系数：亏 3.13 亿元

跨省砸钱难掩华银电力的业绩亏损。公司近日发布的财报显示，继 2011 年亏损 1.95 亿元之后，2012 年 1—6 月公司再次巨亏 3.13 亿元，陷入“越扩张越亏损”的怪圈中难以自拔。

自 2008 年巨亏 10.61 亿后，华银电力开始逆势扩张，先后投资锡东煤矿褐煤干燥、株洲攸县煤电一体化、怀化石煤发电等项目，但除了逐年攀升的资产负债率，这些项目更多是为公司的亏损“添砖加瓦”。

华银电力预计，2012 年三季度，湖南省处于夏季用电高峰期，虽然公司发电量和电力销售收入较二季度有所增长，但在上半年亏损 3.12 亿元的情况下，预计至下一报告期末累计净利润仍将亏损。

华银电力对煤炭、煤电企业投资应该属于哪种投资？应该如何理解这些项目更多是为公司的亏损“添砖加瓦”这句话呢？会计上对不同的金融资产如何进行账务处理呢？

项目内容概述

投资业务必然涉及各种金融资产，识别金融资产的种类是这部分的重要工作，这里的金融资产依托于经济中购买股票、债券，但是在会计上对金融资产分为交易性金融资产、持有至到期投资、可供出售金融资产、长期股权投资等。

本项目重要的内容就是对企业购置的金融资产进行分类初始确认及后续计量，完成金融资产的核算与账务处理。

知识目标

1. 理解、掌握金融资产的分类；
2. 掌握各种金融资产的账户设置方法及核算流程；

3. 掌握长期股权投资的两种核算方法；
4. 掌握金融资产包括长期股权投资账务处理流程。

能力目标

1. 能区分企业金融资产的分类；
2. 能对交易性金融资产进行初始、后续计量及账务处理；
3. 能对持有至到期投资进行初始、后续计量及账务处理；
4. 能对可供出售金融资产进行初始、后续计量及账务处理；
5. 能根据投资特征对长期股权投资正确选择成本法、权益法进行账务处理。

任务1 交易性金融资产业务

任务导入

2011年12月30日，重庆长江股份有限公司投资部制订投资计划，报董事会批准后，委托某证券公司购进上市公司股票，并获取股票交割单。

表4.1 证券交易过户单（买）

成交过户交割单

30/12/2011 买

股东编号	B143569775	成交证券	600051
电脑编号	12803	成交数量	10 000
公司名称	重庆长江股份有限公司	成交价格	20
申报编号	286	成交金额	200 000
申报时间	2011-12-30	佣金	100
成交时间	2011-12-30	过户费	
上次余额	20 000	印花税	200
本次成交	10 000	应付金额	200 300
本次余额	30 000	附加费用	
本次库存	30 000	实付金额	200 300

经办单位：上海证券中央结算中心 客户签章：王伟

该业务除了导致银行存款或者其他货币资金减少外，企业其他会计要素该如何变化？假定6个月后股票价格为26元，公司出售，并交纳印花税700元，取得证券交易交割单如表4.2所示。

表4.2 证券交易过户单(卖)

成交过户交割单

30/11/2012　　　　　　　　　　　　　　　　卖

股东编号	B143569775	成交证券	600051
电脑编号	12804	成交数量	10 000
公司名称	重庆长江股份有限公司	成交价格	26
申报编号	286	成交金额	260 000
申报时间	2012-11-30	佣金	500
成交时间	2012-11-30	过户费	
上次余额	20 000	印花税	260
本次成交	10 000	应收金额	259 300
本次余额	10 000	附加费用	
本次库存	10 000	实收金额	259 300

经办单位：上海证券中央结算中心　　　　　　　　客户签章：王伟

请说明该企业如何进行后续计量？

◎预备知识

交易性金融资产是指：企业为了近期内出售而持有的金融资产。通常情况下，以赚取差价收入为目的从二级市场购买的股票、债券和基金等，应分类为交易性金融资产，交易性金融资产与以股权控制或准备长期持有的股权投资有很大的区别。并且一旦确认为交易性金融资产及其直接指定为以公允价值计量且其变动计入当期损益的金融资产后，不得转为其他类别的金融资产进行核算。

交易性金融资产一般需要满足以下特点：

①企业持有的目的是短期性的，即在初次确认时即确定其持有目的是为了短期获利。一般不超过一年(包括一年)。

②该资产具有活跃市场，公允价值能够通过活跃市场获取。

③交易性金融资产持有期间不计提资产减值损失。

○任务分析

交易性金融资产的核算包括三个步骤:取得;持有期间;处置。

1)取得时初始成本计量

取得交易性金融资产时,应当按照该金融资产取得时的公允价值作为其初始确认金额;

取得交易性金融资产所支付价款中包含了已宣告但尚未发放的现金股利或已到付息期但尚未领取的债券利息的,应当单独确认为应收项目;

取得交易性金融资产所发生的相关交易费用应当在发生时计入投资收益。

分录如下:

借:交易性金融资产——成本

　　应收股利/利息

　　投资收益

　　贷:银行存款/其他货币资金——存出投资款

2)持有期间后续计量

①交易性金融资产持有期间取得的现金股利和利息。持有交易性金融资产期间被投资单位宣告发放现金股利或在资产负债表日按债券票面利率计算利息时,借记"应收股利"或"应收利息"科目,贷记"投资收益"科目。应收股利账务处理以投资企业的股票股利派发通知单或者利息清单为结算依据。

股息派发清单

重庆长江股份有限公司:

根据本公司股东大会决议,决定向2011年末在册的全体股东派发2010年现金股利人民币陆佰万元(含税),贵公司持股比例为10%,总计派发现金股利人民币陆拾万元整。

华冠有限责任公司

②交易性金融资产的期末计量。资产负债表日,交易性金融资产的公允价值高于其账面余额的差额,借记"交易性金融资产——公允价值变动"科目,贷记"公允价值变动损益"科目;公允价值低于其账面余额的差额,作相反的会计分录。公允价值变动调整一般以公允价值变动计算表做原始凭证,见表4.3。

表4.3　交易性金融资产公允价值变动计算表

项　目	账面价值	公允价值	利　得
三鑫股份	1 592.6	1 800	207.4
中铁债券	1 027.5	1 026.484	-1

3）终止确认

处置时，企业处置交易性金融资产时，将处置时的该交易性金融资产的公允价值与初始入账金额之间的差额确认为投资收益，同时调整公允价值变动损益。借记银行存款，贷记交易性金融资产——成本、交易性金融资产——公允价值变动、投资收益，同时借记公允价值变动损益，贷记投资收益，亏损者相反。

○职业判断与账务处理

1）购入股票作为交易性金融资产

交易性金融资产为股票的，在持有期间会发生分红、二级市场的价格变化。处理中以红利分配单、股利分配方案为记账依据，同时编制记账凭证，借记“应收股利”；贷记“投资收益”。

【工作资料4-1】：重庆市长江有限责任公司2012年3月10日从证券交易所购入丙公司发行的股票10万股准备短期持有，共以银行存款支付投资款458 000元，其中含有3 000元相关交易费用。2012年5月10日，丙公司宣告发放现金股利4 000元。2011年12月31日该股票的市价为5元/股，2013年2月18日，重庆市长江有限责任公司将所持的丙公司的股票的一半出售，共收取款项260 000元。假定重庆市长江有限责任公司无其他投资事项。

要求：

①编制重庆市长江有限责任公司取得投资、收取现金股利的会计分录。

②计算重庆市长江有限责任公司2013年出售的丙公司股票应确认的投资收益，并编制出丙公司股票的会计分录。

a. 取得时

借：交易性金融资产——成本　　455 000
　　投资收益　　3 000
　　贷：银行存款　　458 000

b. 确认持有期间享有的股利/利息

借：应收股利　　4 000
　　贷：投资收益　　4 000
借：银行存款　　4 000
　　贷：应收股利　　4 000

c. 2012年资产负债表日按公允价值(500 000)调整账面余额(455 000)

借：交易性金融资产——公允价值变动　　45 000
　　贷：公允价值变动损益　　45 000

甲公司2013年出售的丙公司股票应确认的投资收益＝260 000－（455 000/2）＝32 500

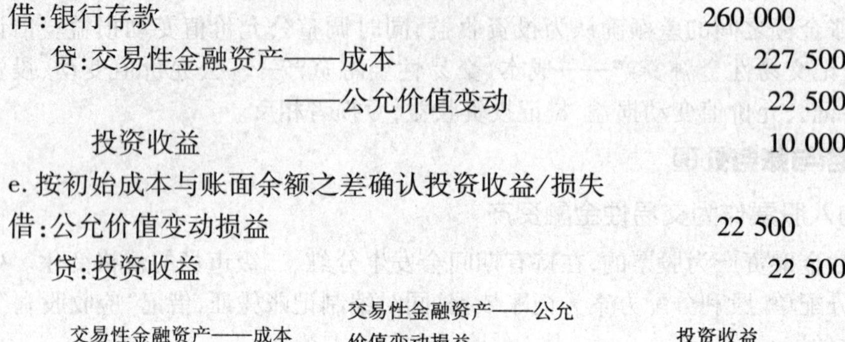

d. 按售价与账面余额之差确认投资收益

借：银行存款　　260 000

　　贷：交易性金融资产——成本　　227 500

　　　　　　　　　　——公允价值变动　　22 500

　　　　投资收益　　10 000

e. 按初始成本与账面余额之差确认投资收益/损失

借：公允价值变动损益　　22 500

　　贷：投资收益　　22 500

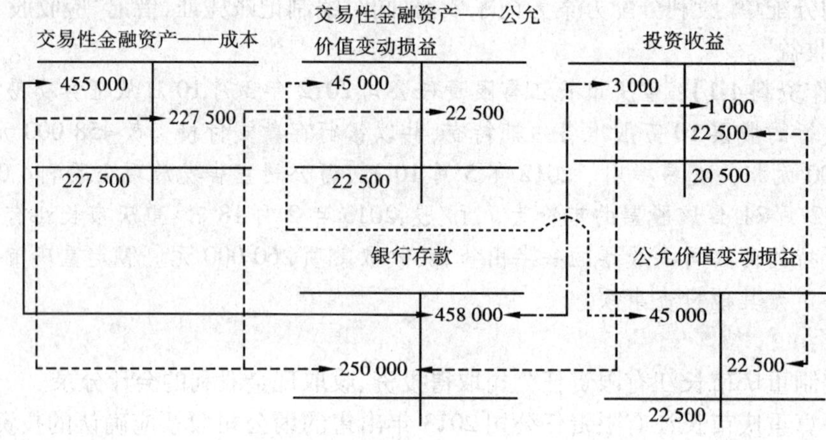

图4.1　交易性金融资产核算流程图

实践总结：

交易性金融资产交易费用直接计入当期损益，日常二级市场的变化计入公允价值损益，同时增加或减少交易性金融资产价值，处置时公允价值变动损益调整为投资收益，完成短期收益确认为长期收益。作为本年发放以前年度的股利的，只要是在购买时尚未宣布，后期发放股利的，不调整资金成本，直接计入当期投资收益。

2）购入交易性金融资产为债券

交易性金融资产为债券，与股票的区别在于，期间会收取利息而不是红利，其他和交易性金融资产核算方法一样。

【工作资料4-2】：2012年2月21日，重庆市长江有限责任公司购入一批债券，作为交易性金融资产进行管理和核算，买入价235 000元，其中含5 000元已经到期但尚未领取的债券利息，另外发生相关税费4 200元，均以银行存款支付。2012年2月

28 日该债券的市价为 237 000 元。2012 年 3 月 21 日收到 5 000 元利息。2012 年 4 月 5 日重庆市长江有限责任公司将该债券出售，扣除相关税费后，实际收到 237 800 元存入银行。

会计分录如下：

①2 月 21 日

借：交易性金融资产——成本　　230 000

　投资收益　　4 200

　应收利息　　5 000

　贷：银行存款　　239 200

②2 月 28 日 期末公允价值增加：237 000 − 230 000 = 7 000

借：交易性金融资产——公允价值变动　　7 000

　贷：公允价值变动损益　　7 000

③3 月 21 日

借：银行存款　　5 000

　贷：应收利息　　5 000

④4 月 5 日

实收款 = 237 800

账面价值 = 230 000 + 7 000 = 237 000

实收款高于账面价值 = 237 800 − 237 000 = 800

借：银行存款　　237 800

　贷：交易性金融资产——成本　　230 000

　　　　　　　　　——公允价值变动　　7 000

　　投资收益　　800

同时：

借：公允价值变动损益　　7 000

　贷：投资收益　　7 000

实践总结：

债券类交易性金融资产与股票类交易性金融资产只是表现为持有期间应收股利和应收利息的区别，其他核算相同，初始成本为市场公开报价，交易费用记入投资收益，处置时公允价值变动损益转投资收益，将暂时收益转为长期收益。

任务2　持有至到期投资业务

任务导入

2012年12月23日，横越科技有限公司根据投资部投资计划，购进三年期国库券，并准备持有至到期，那在这个过程中二级市场短期的波动不是企业所要考虑的问题，因此交易性金融资产的核算方法不再适用，请问该企业该如何进行核算？该笔业务核算应该分为几个步骤？

国库券投资收据

2012年12月23日　　　　NO:01842

收到：重庆长江股份有限公司投资款										
摘要	金额									
	千	百	十	万	千	百	十	元	角	分
国库券销售款资金		¥	1	0	0	0	0	0	0	0
合计：人民币（大写）：壹拾万元整										
备注：利率5%，到期一次支付利息										

收款单位：　会计：张万和　收款人：李悦　　经手人：周万民

（印章：中国人民银行重庆支行 财务专用章）

图4.2　国库券专用收据

◎预备知识

持有至到期投资，是指到期日固定、回收金额固定或可确定，且企业有明确意图和能力持有至到期的非衍生金融资产。持有至到期投资有以下几个特点：

1）到期日固定、回收金额固定或可确定

持有至到期意味着该项金融资产不是股票而应该是债券或者具有明确到期的金融品种，并且在债券或者金融品种发行时相关合同明确了投资者在确定的时间内获得或应收取现金流量的金额和时间。

2）有明确意图持有至到期

投资者在取得投资时意图明确，准备将投资持有至到期，除非遇到一些企业所不能控制、预期不会重复发生且难以合理预计的独立事件，否则将持有至到期。这意味

着一些短期可转会的涨跌不会影响企业到期收益。

3）有能力持有至到期

有能力持有至到期是指企业有足够的财力资源，并不受外部因素影响将投资持有至到期。

存在下列情况之一的，表明企业没有明确意图将金融资产持有至到期：①持有该金融资产的期限不确定；②发生市场利率变化、流动性需要变化、替代投资机会及其投资收益率变化、融资来源和条件变化、外汇风险变化等情况时，将出售该金融资产，但是，无法控制、预期不会重复发生且难以合理预计的独立事项引起的金融资产除外；③该金融资产的发行方可以按照明显低于其摊余成本的金额清偿；④其他表明企业没有明确意图将该金融资产持有至到期的情况。

据此，对于发行方可以赎回的债务工具，如发行方行使赎回权，投资者仍可收回其几乎所有初始净投资（含支付的溢价和交易费用），那么投资者可以将此类投资划分为持有至到期。但是，对于投资者有权要求发行方赎回的债务工具投资，投资者不能将其划分为持有至到期投资。

○任务分析

1）会计科目设置

对于持有至到期投资，企业应设置“持有至到期投资”会计科目，用来核算企业持有至到期投资的价值。此科目属于资产类科目，应当按照持有至到期投资的类别和品种，分别按“成本”“利息调整”“应计利息”等进行明细核算。其中，“利息调整”实际上反映企业债券投资溢价和折价的相应摊销。

2）持有至到期投资的主要账务处理

持有至到期投资应采用实际利率法，按摊余成本计量。实际利率法指按实际利率计算摊余成本及各期利息费用的方法，摊余成本为持有至到期投资初始金额扣除已偿还的本金和加上或减去累计摊销额以及扣除减值损失后的金额。

①企业取得的持有至到期投资，应按该投资的面值，借记本科目（成本），按支付的价款中包含的已到付息期但尚未领取的利息，借记“应收利息”科目，贷记“银行存款”等科目，按其差额，借记或贷记本科目（利息调整）。

②资产负债表日，持有至到期投资为分期付息、一次还本债券投资的，应按票面利率计算确定的应收未收利息，借记“应收利息”科目，按持有至到期投资摊余成本和实际利率计算确定的利息收入，贷记“投资收益”科目，按其差额，借记或贷记本科目（利息调整）。

③出售持有至到期投资时，应按实际收到的金额，借记“银行存款”等科目，已计

提减值准备的,借记“持有至到期投资减值准备”科目,按其账面余额,贷记本科目(成本、利息调整、应计利息),按其差额,贷记或借记“投资收益”科目。

④本科目期末借方余额,反映企业持有至到期投资的摊余成本。

○职业判断与账务处理

持有至到期投资相比较交易性金融资产来说,强调到期,也就是一般债券具有固定的到期日,因此持有至到期投资来说,按照债券的核算方法进行各个环节的核算。但是债券种类很多,各种债券在持有期间也有差异。所以持有至到期投资更多的是注意持有期间的核算。

1)持有至到期投资取得与常规计量

【工作资料4-3】:重庆市长江有限责任公司2012年1月1日购入不准备在年内变现的A公司债券一批,划分为持有至到期投资,债券票面利率8%,债券面值100 000元,期限5年,实际支付价款92 278元,无交易费用。该债券每半年付息一次,到期归还本金并付最后一次利息。重庆市长江有限责任公司购入债券时的实际市场利率为10%,赛博公司应作会计处理如下:

①2012年1月1日购入债券时。

借:持有至到期投资——A公司债券(成本)　　100 000

　贷:持有至到期投资——A公司债券(利息调整)　　7 722

　　银行存款　　92 278

②按期计算投资收益并摊销折价。采用实际利率法,持有至到期投资折价摊销表如表4.4所示。

表4.4　持有至到期投资成本摊销计算表

计息日期	应收利息	投资收益	利息调整	债券摊余成本
2012.1.1				92 278
2012.7.1	4 000	4 613.9	-613.9	92 892
2013.1.1	4 000	4 644.6	-644.595	93 536
2013.7.1	4 000	4 676.8	-676.825	94 213
2014.1.1	4 000	4 710.7	-710.666	94 924
2014.7.1	4 000	4 746.2	-746.199	95 670
2015.1.1	4 000	4 783.5	-783.509	96 454
2015.7.1	4 000	4 822.7	-822.685	97 276
2016.1.1	4 000	4 863.8	-863.819	98 140
2016.7.1	4 000	4 907	-907.01	99 047
2017.1.1	4 000	4 952.4	-952.36	100 000

③2012 年 7 月 1 日收到第一期利息并摊销折价时。

借:银行存款　　4 000

持有至到期投资——A 公司债券(利息调整)　　614

贷:投资收益　　4 614

④2012 年 12 月 31 日,确认第二期利息并摊销折价。

借:应收利息　　4 000

持有至到期投资——A 公司债券(利息调整)　　645

贷:投资收益　　4 645

⑤2016 年 11 月 1 日,赛博公司将 A 公司债券全部出售,所得价款为 102 417 元,其中包括 4 个月的未收利息 4/6 ×4 000 =2 667 元。

确认 4 个月的利息并摊销折价:

借:应收利息　　2 667

持有至到期投资——A 公司债券(利息调整)　　635

贷:投资收益　　3 302

出售债券时:

借:银行存款　　102 417

投资收益　　567

贷:持有至到期投资——A 公司债券(成本)　　100 000

持有至到期投资——A 公司债券(利息调整)　　317

应收利息　　2 667

实践总结:

持有至到期投资要充分考虑发行价格与面值之间的差异,因为这个差异应该由以后年度调整,所以要专设利息调整明细科目核算,也就是所谓“持有至到期投资——利息调整”。

2)持有至到期投资的非正常损失计量

持有至到期投资以摊余成本进行后续计量的,其发生减值时,应当在将该持有至到期投资的账面价值与预计未来现金流量现值之间的差额,确认为减值损失,计入当期损益。

为了核算企业持有至到期投资的减值准备,企业应设置“持有至到期投资减值准备”科目。本科目应当按照持有至到期投资类别和品种进行明细核算。资产负债表日,持有至到期投资发生减值的,按应减记的金额,借记“资产减值损失”科目,贷记本科目。已计提减值准备的持有至到期投资价值以后又得以恢复,应在原已计提的减

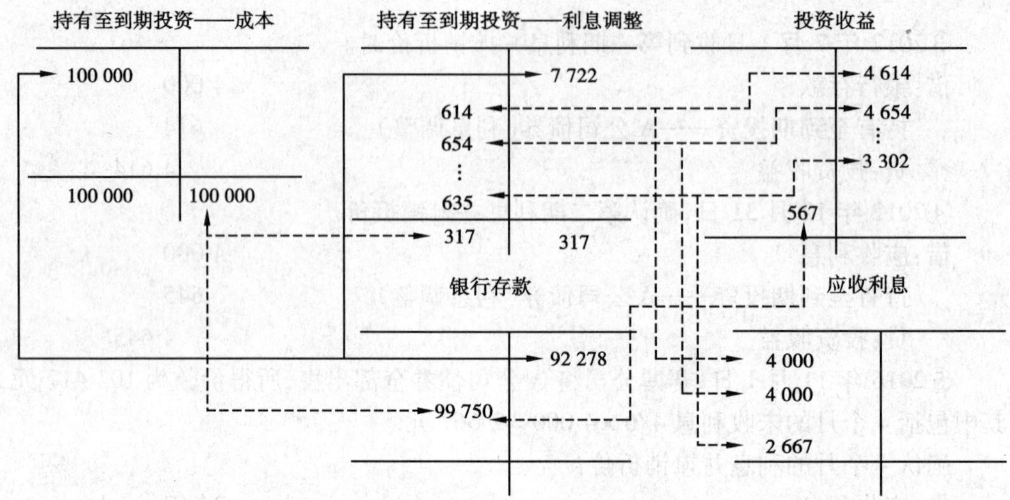

图 4.3 持有至到期投资核算流程

值准备金额内,按恢复增加的金额,借记本科目,贷记“资产减值损失”科目。本科目期末贷方余额,反映企业已计提但尚未转销的持有至到期投资减值准备。

3)持有至到期投资重分类

当市场状况发生改变,企业不准备继续持有,将持有至到期投资重分类为可供出售金融资产的,应在重分类日按其公允价值,借记“可供出售金融资产”科目,按其账面余额,贷记本科目(成本、利息调整、应计利息),按其差额,贷记或借记“资本公积——其他资本公积”科目。已计提减值准备的,还应同时结转减值准备。

出售持有至到期投资,应按实际收到的金额,借记“银行存款”等科目,按其账面余额,贷记本科目(成本、利息调整、应计利息),按其差额,贷记或借记“投资收益”科目。已计提减值准备的,还应同时结转减值准备。

【工作资料 4-4】:2012 年 3 月,由于贷款基准利率的变动和其他市场因素的影响,重庆市长江有限责任公司持有的、原划分为持有至到期投资的某公司债券价格持续下跌。为此,重庆市长江有限责任公司于 4 月 1 日对外出售该持有至到期债券投资 10% 收取价款 1 200 000 元(即所出售债券的公允价值)。

假定 4 月 1 日该债券出售前的账面余额(成本)为 10 000 000 元,不考虑债券出售等其他相关因素的影响,则重庆市长江有限责任公司相关的账务处理如下:

借:银行存款　　1 200 000

　贷:持有至到期投资——成本　　1 000 000

　　投资收益　　200 000

借:可供出售金融资产——成本　　10 800 000
　　贷:持有至到期投资——成本　　9 000 000
　　　　资本公积——其他资本公积　　1 800 000

假定4月23日,重庆市长江有限责任公司将该债券全部出售,收取价款11 800 000元,则重庆市长江有限责任公司相关账务处理如下:

借:银行存款　　11 800 000
　　贷:可供出售金融资产——成本　　10 800 000
　　　　投资收益　　1 000 000
借:资本公积——其他资本公积　　1 800 000
　　贷:投资收益　　1 800 000

实践总结:

重分类日,持有至到期投资剩余部分的账面价值与其公允价值之间的差额计入所有者权益"资本公积——其他资本公积",在该可供出售金融资产发生减值或者终止确认时转出,计入当期损益"投资收益"。

任务3 可供出售金融资产业务

任务导入

2012年,重庆长江有限责任公司购进三年期债券,并不准备持有至到期,而是准备在可能的情况下出售,如果不能出售就持有至到期,请问如何对该项金融资产分类。并确定该项金融资产该如何进行后续计量?

◎预备知识

可供出售金融资产通常是指企业初始确认时即被指定为可供出售的非衍生金融资产,以及没有划分为以公允价值计量且其变动计入当期损益的金融资产、持有至到期投资、贷款和应收款项的金融资产。比如,企业购入的在活跃市场上有报价的股票、债券和基金等,没有划分为以公允价值计量且其变动计入当期损益的金融资产或持有至到期投资等金融资产的,可归为此类。

○任务分析

企业因持有意图或能力发生改变,使某项投资不再适合划分为持有至到期投资的,应当将其重分类为可供出售金融资产,并以公允价值进行后续计量。重分类日,该投资的账面价值与公允价值之间的差额计入所有者权益，在该可供出售金融资产发生减值或终止确认时转出，计入当期损益。

可供出售金融资产的会计处理，与以公允价值计量且其变动计入当期损益的金融资产的会计处理有类似之处，但也有不同。具体而言：①初始确认时，都应按公允价值计量，但对于可供出售金融资产，相关交易费用应计入初始入账金额；②资产负债表日，都应按公允价值计量，但对于可供出售金融资产，公允价值变动不是计入当期损益，而通常应计入所有者权益。

企业在对可供出售金融资产进行会计处理时，还应注意以下方面：

①企业取得可供出售金融资产支付的价款中包含的已到付息期但尚未领取的债券利息或已宣告但尚未发放的现金股利，应单独确认为应收项目。

②可供出售金融资产持有期间取得的利息或现金股利，应当计入投资收益。资产负债表日，可供出售金融资产应当以公允价值计量，且公允价值变动计入资本公积（其他资本公积）。

③可供出售金融资产发生的减值损失，应计入当期损益；如果可供出售金融资产是外币货币性金融资产，则其形成的汇兑差额也应计入当期损益。采用实际利率法计算的可供出售金融资产的利息，应当计入当期损益；可出售权益工具投资的现金股利，应当在被投资单位宣告发放股利时计入当期损益。

④处置可供出售金融资产时，应将取得的价款与该金融资产账面价值之间的差额，计入投资损益；同时，将原直接计入所有者权益的公允价值变动累计额对应处置部分的金额转出，计入投资损益。可供出售金融资产的会计处理，与以公允价值计量且其变动计入当期损益的金融资产的会计处理有类似之处，但也有不同。具体而言：①初始确认时，都应按公允价值计量，但对于可供出售金融资产，相关交易费用应计入初始入账金额；②资产负债表日，都应按公允价值计量，但对于可供出售金融资产，公允价值变动不是计入当期损益，而通常应计入所有者权益。

可供出售金融资产发生减值的，应在本科目设置“减值准备”明细科目进行核算，也可以单独设置“可供出售金融资产减值准备”科目进行核算。

○职业判断与账务处理

1）可供出售的金融资产为权益类工具

【工作资料4-5】：重庆市长江有限责任公司于2012年3月1日从二级市场购入丙公司股票10 000股，每股市价19.6元。发生交易费用4 000元，款项均以银行存款支付，企业将其作为可供出售金融资产进行管理和核算。2012年6月30日，该股票市价为每股17元。2012年12月31日，该股票市价为每股15元。2013年3月10日，企业以每股16.5元的价格将其出售，款项收到存入银行。

①2012 年 3 月 1 日购入股票

借:可供出售金融资产——成本　　200 000

　贷:银行存款　　200 000

②6 月 30 日确认公允价值变动

借:资本公积——其他资本公积　　30 000

　贷:可供出售金融资产——公允价值变动　　30 000

③12 月 31 日减值

借:资产减值损失　　50 000

　贷:资本公积——其他资本公积　　30 000

　　可供出售金融资产——公允价值变动　　20 000

④2013 年 3 月 10 日出售该股票

借:银行存款　　165 000

　可供出售金融资产——公允价值变动　　50 000

　贷:可供出售金融资产——成本　　200 000

　　投资收益　　15 000

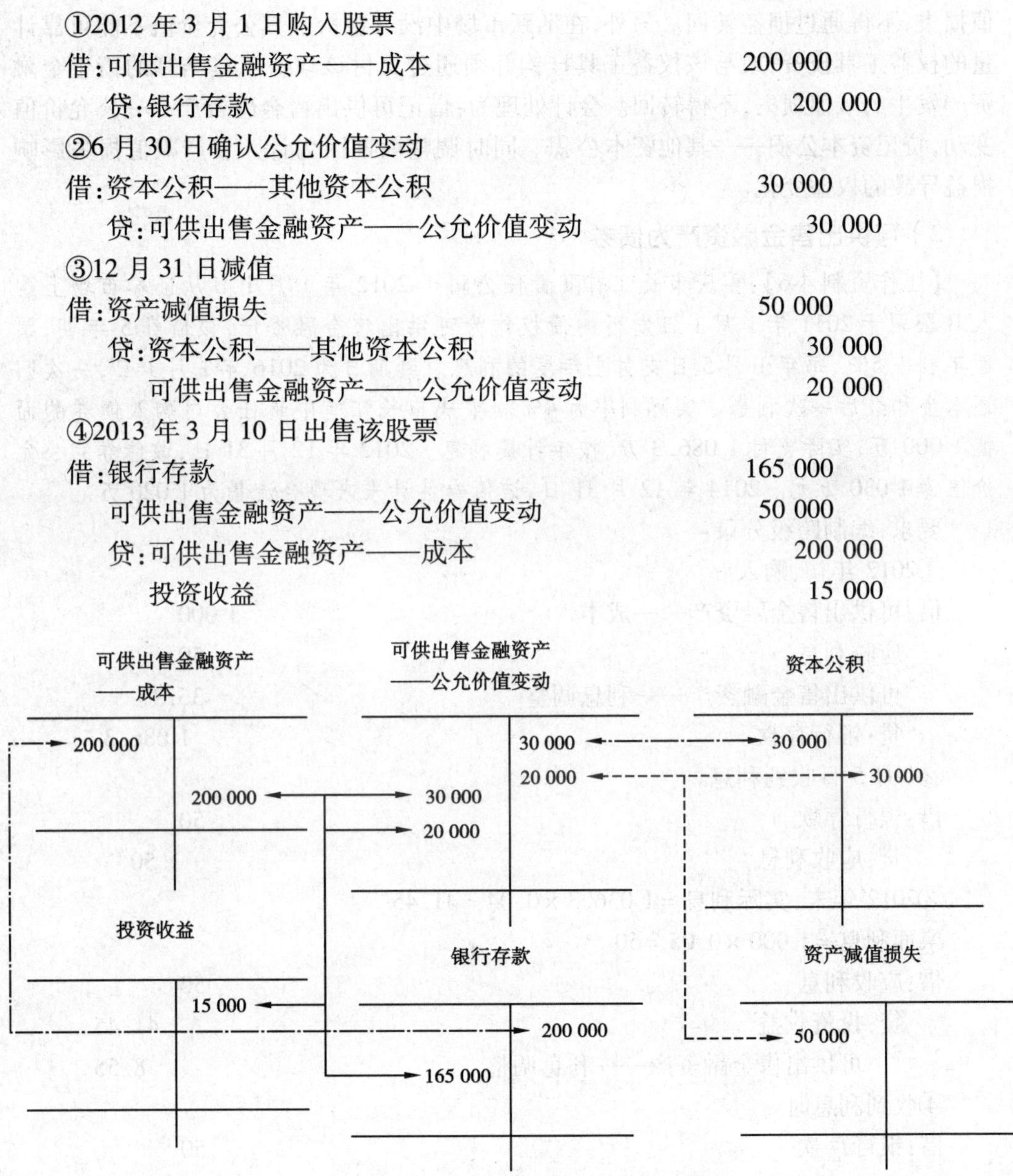

图 4.4　可供出售金融资产核算流程图

实践总结:

可供出售的金融资产发生非正常损失时,借记资产减值损失,贷记可供出售金融资产——公允价值变动,但后期发生公允价值回升可供出售权益工具投资发生的减值损失，不得通过损益转回。另外，在活跃市场中没有报价且其公允价值不能可靠计量的权益工具投资，或与该权益工具挂钩并须通过交付该权益工具结算的衍生金融资产发生的减值损失，不得转回。会计处理为：借记可供出售金融资产——公允价值变动，贷记资本公积——其他资本公积。同时调整前期因为计入资产减值损失影响损益导致的权益变化。

2）可供出售金融资产为债券

【工作资料 4-6】：重庆市长江有限责任公司于 2012 年 1 月 1 日从证券市场上购入 B 公司于 2011 年 1 月 1 日发行的债权作为可供出售金融资产，该债券 5 年期，票面年利率 5%，每年 1 月 5 日支付上年度的利息。到期日为 2016 年 1 月 1 日，一次归还本金和最后一次利息。实际利率为 4%。重庆市长江有限责任公司购入债券的面值 1 000 万，实际支付 1 086.3 万，按年计提利息。2012 年 12 月 31 日，该债券的公允价值为 1 030 万元。2014 年 12 月 31 日，该债券估计未来现金流量为 1 020 万。

要求，编制跨级分录：

①2012 年初，购入

借：可供出售金融资产——成本　　1 000
　　应收利息　　50
　　可供出售金融资产——利息调整　　36.3
　　贷：银行存款　　1 086.3

②1 月 5 日收到利息

借：银行存款　　50
　　贷：应收利息　　50

③2012 年末，实际利息 = 1 036.3 × 0.04 = 41.45

票面利息 = 1 000 × 0.05 = 50

借：应收利息　　50
　　贷：投资收益　　41.45
　　　　可供出售金融资产——利息调整　　8.55

④收到利息时

借：银行存款　　50
　　贷：应收利息　　50

⑤2012 年末公允价值 = 1 030

公允价值变动 = 1 030 − (1 036.3 − 8.55) = 2.25

借：可供出售金融资产——公允价值变动　　2.25
　　贷：资本公积——其他资本公积　　2.25

⑥2013 年,实际利息 =(1 036.3 - 8.55)×0.04 = 41.11

借:应收利息　　50

　贷:投资收益　　41.11

　　可供出售金融资产——利息调整　　8.89

⑦2013 年末资产账面价值 = 1 030 - 8.89 = 1 021.11

由于 2013 年末未来预计现金流量 = 1 020,则应确认减值,减值 = 1 020 - 1 021.11 = 1.11

借:资本公积——其他资本公积　　1.11

　贷:可供出售金融资产——公允价值变动　　1.11

实践总结:

作为债券投资初始计量时,面值计入"可供出售金融资产——成本",交易费用计入"可供出售金融资产——利息调整",实际支付的款项中包含的利息计入"应收利息"科目;在资产负债表日计提利息时,按票面利率和面值确认"应收利息",按实际利率和摊余成本确认"投资收益"。

3)持有至到期投资转换为可供出售的金融资产

【工作资料4-7】:2012 年 3 月,由于贷款基准利率的变动和其他市场因素的影响,重庆市长江有限责任公司持有的、原划分为持有至到期投资的某公司债券价格持续下跌。为此,重庆市长江有限责任公司于 4 月 1 日对外出售该持有至到期债券投资 10% 收取价款 1 200 000 元(即所出售债券的公允价值)。

假定 4 月 1 日该债券出售前的账面余额(成本)为 10 000 000 元,不考虑债券出售等其他相关因素的影响,则重庆市长江有限责任公司相关的账务处理如下:

借:银行存款　　1 200 000

　贷:持有至到期投资——成本　　1 000 000

　　投资收益　　200 000

借:可供出售金融资产——成本　　10 800 000

　贷:持有至到期投资——成本　　9 000 000

　　资本公积——其他资本公积　　1 800 000

假定 4 月 23 日,重庆市长江有限责任公司将该债券全部出售,收取价款 11 800 000元,则重庆市长江有限责任公司相关账务处理如下:

借:银行存款　　11 800 000

　贷:可供出售金融资产——成本　　10 800 000

　　投资收益　　1 000 000

借:资本公积——其他资本公积　　　　　　　　　1 800 000
　贷:投资收益　　　　　　　　　　　　　　　　　　1 800 000

实践总结：

持有至到期投资一旦转换为可供出售的金融资产后,不得转回。

4）可供出售金融资产的减值损失的计量

可供出售的金融资产为债券,发生无法转回的非正常损失,借记“资产减值损失”,贷记“可供出售金融资产”(资本公积——其他资本公积,前期确认的公允价值下降),对于已确认减值损失的可供出售债务工具,在随后的会计期间公允价值已上升且客观上与确认原减值损失确认后发生的事项有关的,原确认的减值损失应当予以转回,计入当期损益,借记可“供出售的金融资产——公允价值变动”,贷记“资产减值损失”。

在活跃市场中没有报价且其公允价值不能可靠计量的权益工具投资,发生减值时,应当将该权益工具投资或衍生金融资产的账面价值,与按照类似金融资产当时市场收益率对未来现金流量折现确定的现值之间的差额,确认为减值损失,计入当期损益。与该权益工具挂钩并须通过交付该权益工具结算的衍生金融资产发生减值的,也应当采用类似的方法确认减值损失。

任务4　长期股权投资业务

任务导入

投资协议书

今由中国横越科技股份有限公司以银行存款200万元对顺风有限公司投资,占顺风股份有限公司10%的股份。顺风股份有限公司应按中国横越科技股份有限公司所占股份,董事会决议比例予以分配红利;中国横越科技股份有限公司应按投资所占股份比例承担顺风股份有限公司的亏损额。

本协议自签字之日起生效,若一方违约,按有关法律条款处理。

投资方	接受投资方
单位名称:中国横越科技股份有限公司 单位地址:正阳路108号 法定代表人:袁玉伟 电话:5963652 开户银行:工行正阳支行 账号:2206065305-29	单位名称:顺风有限公司 单位地址:吉林路1047号 法定代表人:陈路军 电话:4368323 开户银行:工行远达支行 账号:220178025202-23

在长期股权投资中,有成本法和权益法核算的区别,请问在这个公司中,如何进行长期股权的核算?

◎预备知识

《企业会计准则第2号——长期股权投资》应用指南规定,长期股权投资适用于以下几种类型的权益性投资:

第一,企业持有的能够对被投资单位实施控制的权益性投资;

第二,企业持有的能够与其他合营方一同对被投资单位实施共同控制的权益性投资;

第三,企业持有的能够对被投资单位施加重大影响的权益性投资;

第四,企业对被投资单位不具有控制、共同控制或重大影响,并且在活跃市场中没有报价、公允价值不能可靠计量的权益性投资。

子任务1　股权投资的取得核算

知识分析

1)控制

控制,是指有权决定一个企业的财务和经营政策,并能据此从该企业的经营活动中获取利益。企业能够对被投资单位实施控制的,被投资单位为本企业的子公司。通常,当投资企业直接拥有被投资单位50%以上的表决权资本,或虽然直接拥有被投资单位50%或以下的表决权资本,但具有实质控制权时,也说明投资企业能够控制被投资单位。

2)共同控制

共同控制,是指按合同约定对某项经济活动所共有的控制。共同控制,仅在与该项经济活动相关的重要财务和经营决策需要分享控制权的投资方一致同意时存在。投资企业与其他方对被投资单位实施共同控制的，被投资单位为本企业的合营企业。合营与联营企业等投资方式不同的特点在于，合营企业的合营各方均受到合营合同的限制和约束。一般在合营企业设立时，合营各方在投资合同或协议中约定在所设立合营企业的重要财务和生产经营决策制订过程中，必须由合营各方均同意才能通过。共同控制的实质是通过合同约定建立起来的、合营各方对合营企业共有的控制。

3）重大影响

重大影响，是指对一个企业的财务和经营政策有参与决策的权力，但并不决定这些政策。企业能够对被投资单位施加重大影响的，被投资单位为本企业的联营企业。当投资企业直接拥有或通过子公司间接拥有被投资单位20%以上但低于50%的表决权股份时，一般认为对被投资单位具有重大影响。此外，虽然投资企业拥有被投资单位20%以下的表决权资本，但通过其他方式可以实施重大影响的也确认为重大影响。

4）无控制、无共同控制且无重大影响

无控制、无共同控制且无重大影响具体表现如下：

①投资企业直接拥有被投资单位20%以下的表决权资本，同时不存在其他实施重大影响的途径；

②投资企业直接拥有被投资单位20%或以上的表决权资本，但实质上对被投资单位不具有控制、共同控制和重大影响。

对于以上四种类型的权益性投资，企业在采用长期股权投资会计核算时，符合第一和第四两种类型的权益性投资，企业应当采用成本法核算，反之就采用权益法核算。

○职业判断与账务处理

企业合并形成的长期股权投资，分为同一控制下企业合并与非同一控制下企业合并确定其初始投资成本。

1）同一控制下企业合并形成的长期股权投资

根据企业合并准则第五条规定，同一控制下的企业合并，是指参与合并的企业在合并前后均受同一方或者相同的多方最终控制且该控制并非暂时性的情况。

合并方应当在合并日按照取得的被合并方所有者权益账面价值的份额作为长期股权投资的初始投资成本。

在按照合并日应享有被合并方所有者权益账面价值的份额作为长期股权投资的初始投资成本时，应该考虑的前提是合并前合并方与被合并方采用的会计政策应当一致。合并前合并方与被合并方采用的会计政策不同的应在按照合并方的会计政策对被合并方资产、负债的账面价值进行调整的基础上，计算确定形成长期股权投资的初始投资成本。

①合并方以支付现金、转让非现金资产或承担债务方式作为合并对价的，长期股权投资的初始投资成本与支付的现金、转让的非现金资产或承担债务账面价值之间的差额，应当调整资本公积（资本溢价或股本溢价）；资本公积（资本溢价或股本溢价）的余额不足冲减的，调整留存收益。

合并方在合并日按取得被合并方所有者权益账面价值的份额，借记“长期股权投资”科目，按应享有被投资单位已宣告但尚未发放的现金股利或利润，借记“应收股利”科目，按支付的合并对价的账面价值，贷记有关资产或借记有关负债科目，按其差额，贷记“资本公积——资本溢价或股本溢价”科。如为借方差额，应借记“资本公积——资本溢价或股本溢价”科目，资本公积不足冲减的，借记“盈余公积”“利润分配——未分配利润”科目。

【工作资料4-8】:2012 年 7 月 1 日，同一控制下的重庆市长江有限责任公司以1 000万元现金、1 000 万元固定资产，并且承担了丙公司 200 万元债务的合并对价取得乙企业 60% 的股权。丙公司合并日账面资产 4 000 万元、债务 200 万元、所有者权益 3 800 万元。则该投资的初始投资成本为 3 800 ×60% =2 280 万元。该初始投资成本与支付的现金、转让的非现金资产、承担的债务之间的差额 80 万元应确认为资本公积的增加，其会计处理如下：

借:长期股权投资	22 800 000	
贷:银行存款		10 000 000
固定资产		10 000 000
长期借款		2 000 000
资本公积——其他资本公积		800 000

假定:重庆市长江有限责任公司以 4 000 万元现金，取得丙公司 100% 股份，如果重庆市长江有限责任公司资本公积——资本溢价仅有 100 万，盈余公积 80 万，则应该记：

借:长期股权投资	38 000 000	
资本公积	1 000 000	
盈余公积	800 000	
利润分配——未分配利润	200 000	
贷:银行存款		40 000 000

实践总结：

同一控制下的企业合并方式取得的长期股权投资的初始投资成本为被投资单位

所有者权益账面价值的份额，付出资产等的账面与享有被投资单位所有者权益账面价值份额的差额计入资本公积。

②合并方以发行权益性证券作为合并对价的，应当按照发行股份的面值总额作为股本，长期股权投资初始投资成本与所发行股份面值总额之间的差额，应当调整资本公积（资本溢价或股本溢价）；资本公积（资本溢价或股本溢价）不足冲减的，调整留存收益。

【工作资料4-9】：重庆市长江有限责任公司与丙公司是同一控制下的两家公司。重庆市长江有限责任公司2012年3月1日以发行股票的方式取得B公司60%的股份。重庆市长江有限责任公司为此发行了1 500万股普通股股票，每股面值1元。合并日丙公司所有者权益账面价值为2 000万元。合并日重庆市长江有限责任公司资本公积为180万元，盈余公积为100万元，未分配利润为200万元。则该投资的初始投资成本为2 000×60% =1 200万元。该初始投资成本与所发行的股票面值1 500万元的差额300万元应首先调减资本公积180万元，然后再调减盈余公积100万元，最后再调整未分配利润20万元。其会计处理如下：

借：长期股权投资	12 000 000	
资本公积	1 800 000	
盈余公积	1 000 000	
利润分配——未分配利润	200 000	
贷：股本		15 000 000

实践总结：

支付对价大于应享有份额的，冲减资本公积，资本公积不足冲减的，调整盈余公积、未分配利润。

2）非同一控制下的企业合并形成的长期股权投资

非同一控制下的控股合并中，购买方应当按照确定的企业合并成本作为长期股权投资的初始投资成本。企业合并成本包括购买方付出的资产、发生或承担的负债、发行的权益性证券的公允价值以及为进行企业合并发生的各项直接相关费用之和。应在购买日按企业合并成本，借记“长期股权投资”科目，按享有被投资单位已宣告但尚未发放的现金股利或利润，借记“应收股利”科目，按支付合并对价的账面价值，贷记有关资产或借记有关负债科目，按其发生的直接相关费用，贷记“银行存款”等科目，按其差额，贷记“营业外收入”或借记“营业外支出”等科目。在涉及以库存商品作为合并对价的，应按库存商品的公允价值，贷记“主营业务收入”科目，并同时结转相关的成本。

【工作资料4-10】：重庆市长江有限责任公司于2012年5月31日取得乙公司

70%的股权,取得该部分股权后重庆市长江有限责任公司能够控制乙公司的生产经营决策。为核实乙公司的资产价值,重庆市长江有限责任公司聘请专业资产评估机构对乙公司的资产进行评估,支付评估费200万元。合并中,重庆市长江有限责任公司支付的有关资产在购买日的账面价值如表4.5所示。重庆市长江有限责任公司用作合并对价的土地使用权公允价值为7 200万元、专利技术原价为3 000万元,已经摊销1 800万。(甲企业为非增值税一般纳税人)

表4.5 资产账面及公允价值清单

公司支付的有关资产账面价值

2012年5月31日　　　　单位:万元

项 目	账面价值	公允价值
土地使用权	6 000	7 200
专利技术	2 400	3 000
库存商品	5 000	5 500
银行存款	2 400	2 400
合 计	15 800	18 100

因为重庆市长江有限责任公司与乙公司合并前不存在任何关联方关系,应作为非同一控制下的企业的合并处理。其会计处理如下:

借:长期股权投资　181 000 000
　投资收益　2 000 000
　累计摊销　18 000 000
　贷:无形资产——土地使用权　72 000 000
　　　　——专利技术　30 000 000
　　主营业务收入　55 000 000
　　银行存款　26 000 000
　　营业外收入　18 000 000

同时,结转库存商品的成本。

借:主营业务成本　50 000 000
　贷:库存商品　50 000 000

实践总结:

非同一控制下的企业合并中,购买方发生的审计、法律服务、评估咨询等中介费用,实际上市直接相关费用,发生时直接计入当期损益。购买方作为合并对价的证券交易费用,应计入初始成本。

子任务2　长期股权投资后续计量——成本法核算

○任务分析

成本法,就是长期股权投资应当按照初始投资成本入账,不随被投资单位权益的增减而调整投资企业的长期股权投资。

在成本法下,长期股权投资应当按照初始投资成本计量。追加或收回投资应当调整长期股权投资的成本。被投资单位宣告分派的现金股利或利润,确认为当期投资收益。

企业做股权投资时,应按实际支付的价款借记“长期股权投资”,贷记“银行存款”等科目。如实际支付的价款中已包括宣告发放但尚未支取的股利,则应按认购股票的实际成本(即实际支付的价款扣除已宣告发放股利),借记“应收股利”科目,按实际支付的价款,贷记“银行存款”等科目。在收到发放的股利时,借记“银行存款”科目,贷记“应收股利”科目。处置时:借记“银行存款”“长期股权投资减值准备(已计提的减值)”,贷记“长期股权投资(账面余额)”“应收股利(尚未领取的)”“投资收益(差额,或借记)”。

○职业判断与账务处理

【工作资料4-11】:重庆市长江有限责任公司购买B公司某年2012年12月10日发行的3万股普通股的10%,每股售价30元,购买时发生的费用3 600元(应记入投资成本)。假设B公司已于12月1日宣告发放股利,每股按3元计,定于次年1月5日起按当年1月1日的股东名册支付。将款项102 600元(30 000×10%×30+3 600+9 000)以银行存款支付,若该公司在本年度12月31日之前办妥过户手续,到期即可向B公司收取股利。依新会计制度规定,该公司应将应收B公司的已宣告发放股利9 000元(3 000股)记入“应收股利”科目,按实际支付的价款扣除已宣告发放的股利(93 600元),借记“长期股权投资”科目。

①重庆市长江有限责任公司购入股票时

借:长期股权投资——股票投资(B公司普通股)　　102 600

　贷:银行存款　　102 600

②重庆市长江有限责任公司在第二年收到B公司已宣告发放的股利9 000元时

借:银行存款　　9 000

　贷:投资收益——股票收益　　9 000

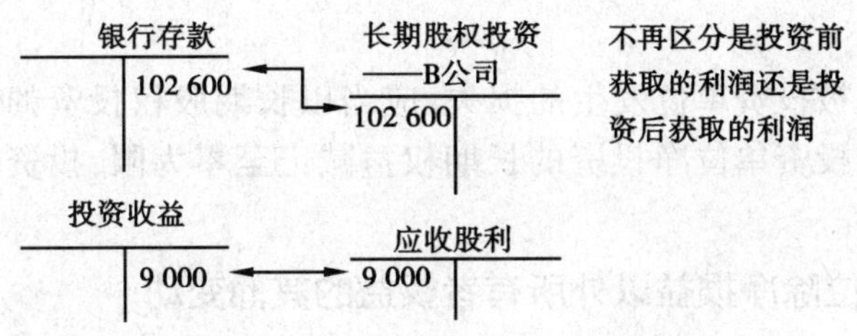

图4.5 长期股权核算成本法核算流程

实践总结:

长期股权投资采用成本法核算时,初始投资或追加投资时应按照初始投资或追加投资的成本确定长期股权投资的账面价值。

子任务3 长期股权投资——权益法核算

○任务分析

权益法,是指投资以初始投资成本计量后,在投资持有期间根据投资企业享有被投资单位所有者权益份额的变动对投资的账面价值进行调整的方法。投资企业对被投资单位具有共同控制或重大影响的长期股权投资,应当采用权益法核算。

权益法下账户确认方法:

1)初始投资成本的调整

长期股权投资的初始投资成本大于投资时应享有被投资单位可辨认净资产公允价值份额的,不调整长期股权投资的初始投资成本;长期股权投资的初始投资成本小于投资时应享有被投资单位可辨认净资产公允价值份额的,其差额应当计入当期损益,同时调整长期股权投资的成本。

2)投资损益的确认

投资企业取得长期股权投资后,应当按照应享有或应分担的被投资单位实现的净损益的份额,确认投资损益并调整长期股权投资的账面价值。

3)取得现金股利或利润的处理

投资企业自被投资单位取得的现金股利或利润,应抵减长期股权投资的账面价值。借记"应收股利",贷记"长期股权投资(损益调整)"科目。

4)超额亏损的确认

长期股权投资在按照规定进行核算确定其账面价值的基础上,如果存在减值迹象的,应当按照相关的准则的规定计提减值准备。长期股权投资的减值准备提取以后均不允许转回。

投资企业确认被投资单位发生的损失,应当以长期股权投资的账面价值以及其他实质上构成对被投资单位净投资的长期权益减记至零为限,投资企业负有承担额外损失义务的除外。

5)被投资单位除净损益以外所有者权益的其他变动

投资企业对于被投资单位除净损益以外所有者权益的其他变动,在持股比例不变的情况下,企业按照持股比例计算应享有或承担的部分,调整长期股权投资的账面价值,同时增加或减少资本公积(其他资本公积)。

○职业判断与账务处理

【工作资料4-12】:重庆市长江有限责任公司2012年1月1日购入B公司发行价为100元的股票10万股,占B公司有表决权股份的30%。2012年末,B公司报告净收益为800万元,发放股利480万元。该公司收到现金股利144万元(480万元×30%)。按权益法,企业应做会计分录如下:

①购入B公司股票时,做"长期投资"入账

借:长期股权投资——投资成本(B公司股票)　　10 000 000

　贷:银行存款　　10 000 000

②重庆市长江有限责任公司按持股比例计算出所拥有权的增加额,即将净利收益800万元的30%(240万元)调增"长期股权投资"账户

借:长期股权投资——损益调整(B公司股票)　　2 400 000

　贷:投资收益——股票收益　　2 400 000

③将收到的股利入账

借:银行存款　　1 440 000

　贷:长期股权投资——损益调整(B公司股票)　　1 440 000

【工作资料4-13】:接上例,假设当期B公司因持有可供出售的金融资产公允价值变动计入资本公积的金额为60万,企业应做会计分录:

借:长期股权投资——其他权益变动(B公司股票)　　180 000

　贷:资本公积——其他资本公积　　180 000

【工作资料4-14】:接上例,2013年末,B企业发生巨幅亏损,预计可收回现值800万,且估计无法转会,企业应做会计分录:

借:投资收益　　3 140 000

　贷:长期股权投资减值准备　　3 140 000

【工作资料4-15】:接工作资料4-12,在企业出售其持有的长期股权投资的一半,取得银行存款6 000 000处理如下:

借:银行存款　6 000 000

　长期股权投资减值准备(不得转回,一旦提取一直保留)

　1 070 000

　贷:长期股权投资——投资成本　5 000 000

　　——损益调整　480 000

　　——其他权益变动　90 000

　　投资收益　1 500 000

同时要结转已经转入资本公积的数额,最终确认投资收益:

借:资本公积——其他资本公积　90 000

　贷:投资收益　90 000

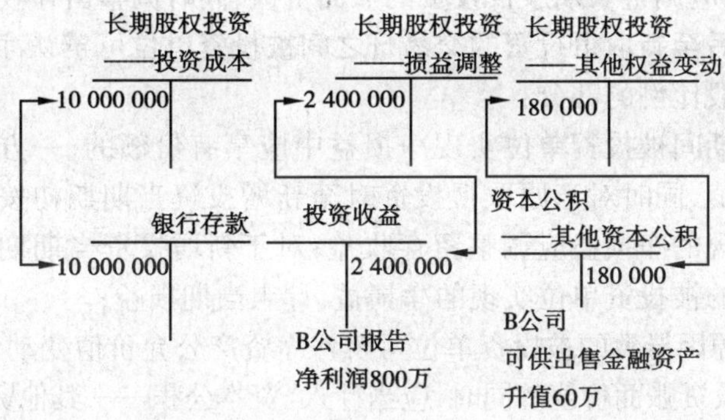

图4.6　长期股权投资权益法核算流程

实践总结:

企业持有长期股权投资的过程中,如果决定将所持有的对被投资单位的股权全部或部分对外出售时,应相应结转与所售股权相对应的长期股权投资的账面价值,出售所得价款与处置长期股权投资账面价值之间的差额,应确认为投资损益。采用权益法核算的长期股权投资,原记入资本公积中的金额,还要在处置时进行结转,将与所出售股权相对应的部分在处置时从资本公积转入当期损益。

任务5　成本法转权益法

◎预备知识

长期股权投资核算由成本法转为权益法的情形包括:①因持股比例上升能够对

被投资单位施加重大影响或共同控制，由成本法转为权益法；②因持股比例下降不再对被投资单位实施控制，但能够对被投资单位施加重大影响或共同控制，由成本法转为权益法。

○任务分析

1）转换方法

原持有长期股权投资的账面余额与按照原持股比例计算确定应享有原取得投资时被投资单位可辨认净资产公允价值的份额之间的差额：

①属于通过投资作价体现的商誉部分，不调整长期股权投资的账面价值；

②属于原取得投资时因投资成本小于应享有被投资单位可辨认净资产公允价值份额之间的差额，应调整长期股权投资的账面价值，同时调整留存收益。

原取得投资后至新取得投资的交易日之间被投资单位可辨认净资产公允价值的变动相对于原持股比例的部分：

①属于在此期间被投资单位实现净损益中应享有份额的，一方面应调整长期股权投资的账面价值，同时对于原取得投资时至新增投资当期期初按原持股比例应享有被投资单位实现的净损益应调整留存收益；对于新增投资当期期初至新增投资交易日之间应享有的被投资单位实现的净损益，计入当期损益；

②属于其他原因导致的被投资单位可辨认净资产公允价值变动中应享有的份额，在调整长期股权投资账面价值的同时，应当计入“资本公积——其他资本公积”科目。

2）因处置投资等导致对被投资单位的影响能力由控制转为具有重大影响或实施共同控制的

原持有的长期股权投资的处理：

首先，应按处置或收回投资的比例结转应终止确认的长期股权投资成本。

其次，比较剩余的长期股权投资成本与按照剩余持股比例计算原投资时应享有被投资单位可辨认净资产公允价值的份额：

①属于投资作价中体现商誉部分，不调整长期股权投资的账面价值；

②属于投资成本小于应享有被投资单位可辨认净资产公允价值份额的，在调整长期股权投资账面价值的同时，应调整留存收益。

原取得投资后至转变为权益法核算之间被投资单位所有者权益变动：

①被投资单位实现净损益中按照持股比例计算应享有份额，一方面应调整长期股权投资的账面价值，同时对于原取得投资时至减少投资当期期初按新持股比例应享有被投资单位实现的净损益应调整留存收益，对于减少投资当期期初至减少投资交易日之间应享有的被投资单位实现的净损益，计入当期损益。

②对于被投资单位在此期间所有者权益的其他变动应享有的份额，在调整长期

股权投资的账面价值的同时计入“资本公积——其他资本公积”科目。

○职业判断与账务处理

【工作资料4-16】:2012年1月重庆市长江有限责任公司取得乙公司10%的股份,投资成本为300万,取得投资时乙公司可辨认净资产公允价值总额为2 800万,因对被投资单位无重大影响,重庆市长江有限责任公司采用成本法核算。

2012年2月1日,重庆市长江有限责任公司又以1 000万元取得乙公司20%的股份,当日乙公司可辨认净资产公允价值总额为4 000万,取得该部分股权后,重庆市长江有限责任公司对乙公司财务有重大影响,采用权益法核算,重庆市长江有限责任公司取得乙公司10%的股权至新投资日,乙公司实现净利润300万,未派发现金股利或者利润,未发生其他计入资本公积的交易事项。

①2012年2月1日,重庆市长江有限责任公司确认追加长期股权投资

借:长期股权投资　　10 000 000

　贷:银行存款　　10 000 000

②对原长期股权投资账面价值调整

300－2 800×10%＝20万元,不作调整。

③原投资到新增投资日,被投资企业公允价值变动调整

(4 000－2 800)×10%＝120万元,其中属于净利润增加的300×10%＝30万元,属于公允价值变动的为120－30＝90万。

借:长期股权投资——损益调整　　30万

　　　　——其他权益变动　　90万

　贷:资本公积——其他资本公积　　90万

　　盈余公积　　3万

　　利润分配——未分配利润　　27万

【工作资料4-17】:重庆市长江有限责任公司原持有丁公司60%的股权,其账面余额为600万,未计提减值准备,2012年12月30日,重庆市长江有限责任公司将其持有的对丁公司长期股权的50%出售给A企业,出售取得价款360万;当日被投资企业可辨认净资产公允价值1 600万,企业原取得股权时净资产公允价值为900万,重庆市长江有限责任公司取得股权到出售股权期间实现净利润500万,一直未进行利润分配,此外计入其他资本公积的200万,账务处理如下:

①出售股权时

借:银行存款　　360万

　贷:长期股权投资——丁公司　　300万

　　投资收益　　60万

②调整长期股权资本，因从未进行利润分配，成本法之下没有调整过账面价值

借：长期股权投资——损益调整　　150 万

——其他权益变动　　60 万

贷：盈余公积　　15 万

利润分配——未分配利润　　135 万

资本公积——其他资本公积　　60 万

实践总结：

成本法转权益法，就是要将以前在成本法之下没有认定的长期股权投资的增加部分补上。

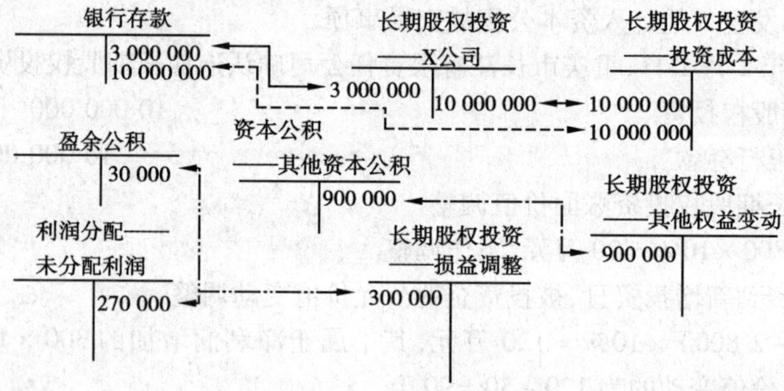

图 4.7　长期股权投资成本法转权益法核算流程

任务 6　权益法转成本法

○任务分析

1. 因追加投资原因导致原持有的对联营企业或合营企业的投资转变为对子公司控制，投资企业应在中止采用权益法，采用权益法之前使用的是成本法的按每次取得长期股权投资的账面价值作为新的投资成本。采用权益法之前使用的是权益法的，对以前取得长期股权投资调整到最初取得成本其后，对原投资到新投资期间因被投资企业获利而增加的长期股权投资取消，并冲减留存收益。

2. 投资企业对被投资单位的持股比例下降，或其他原因对被投资单位不再具有控制、共同控制和重大影响即投资企业的投资比例从 20% 以上降为 20% 以下时，应中止采用权益法，改按成本法核算。

此情况下权益法转成本法，将权益法下的长期股权投资——成本、长期股权投资——损益调整，长期股权投资——其他权益变动，长期股权投资减值准备，全部转入到长期股权投资——被投资公司。在继后期间取得利润或分配股利的开始按成本法进行核算。

○职业判断与账务处理

【工作资料4-18】：重庆市长江有限责任公司持有乙公司20%的股份，对乙公司的财务和经营政策施加重大影响，采用权益法核算，2012年10月，重庆市长江有限责任公司将该项投资中的50%对外出售，出售以后，无法再对乙公司施加重大影响，转为成本法核算，出售时，该项长期股权投资的账面价值为160万，其中投资成本130万，损益调整为30万，出售后取得价款90万，转换时被投资单位账面留存收益为130万。2013年5月，乙公司宣告分配现金股利200万。

①重庆市长江有限责任公司处置投资

借：银行存款　　90万
　贷：长期股权投资——投资成本　　65万
　　　　　　　　——损益调整　　15万
　　投资收益　　10万

借：长期股权投资——乙公司　　80万
　贷：长期股权投资——投资成本　　65万
　　　　　　　　——损益调整　　15万

②2012年5月，分配股利

此时已经开始按成本法核算了，所以直接计入投资收益

借：应收股利　　20万
　贷：投资收益　　20万

实践总结：

减少投资，权益法转成本法，相对较为简单，只需将权益法下的内容全部转入到成本法之下的长期股权投资中。出售部分长期股权投资时，如果还有长期股权投资——其他权益变动，那么久存在着以前暂时计入资本公积——其他资本公积的部分，出售的股权部分，这部分要确认为投资收益。

【工作资料4-19】：2012年3月，重庆市长江有限责任公司以2 000万取得乙公司30%的股权，能够对乙公司产生重大影响，采用权益法核算，2008年确认投资收益为200万，2012年4月重庆市长江有限责任公司又以3 000万取得乙公司30%的股权，达到对乙公司的控制，需要采用成本法核算，重庆市长江有限责任公司按利润的10%提取盈余公积，未提取减值准备。未分配过股利：

借:盈余公积　　200 000

　利润分配——未分配利润　　1 800 000

　　贷:长期股权投资——损益调整　　2 000 000

借:长期股权投资　　3 000

　　贷:银行存款　　3 000

实践总结:

追加投资,权益法转为成本法,权益法与成本法在计算投资收益时是有区别的,因此需要将损益法多确认的部分冲减掉。

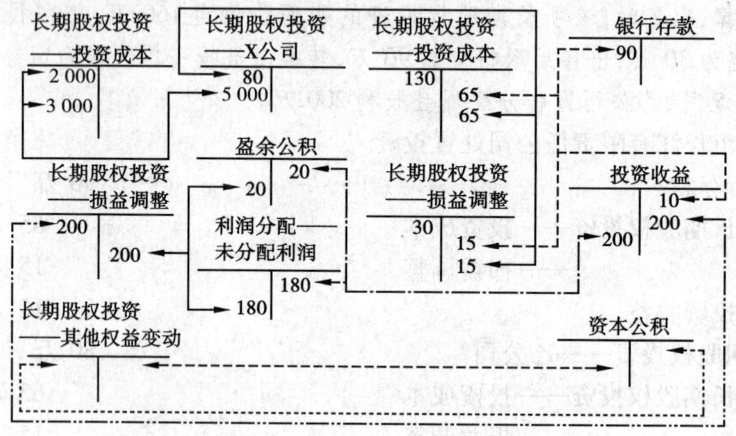

图 4.8　长期股权投资成本法转权益法核算流程

学习情境5 固定资产业务核算

任务导入

财务小张接到资产管理部门发来固定资产调拨单、外单位发来转账支票及相关单据,对该笔业务,小张该如何处理?

固定资产出售(调拨)单

2012年09月26日　　　　编号:XXX

<table>
<tr><td>资产编号</td><td colspan="2">资产名称</td><td>规格型号</td><td>计量单位</td><td>数量</td><td>预计使用年限</td><td>已使用年限</td><td>原始价值</td><td>已提折旧</td></tr>
<tr><td></td><td colspan="2">编织机</td><td>W109</td><td>套</td><td>1</td><td>9</td><td></td><td>128000元</td><td></td></tr>
<tr><td>启用时间</td><td>停用时间</td><td colspan="2">双方协议价值</td><td colspan="2">调入单位名称</td><td colspan="2">无偿调拨或价拨</td><td colspan="2">备注</td></tr>
<tr><td></td><td></td><td colspan="2">130000元</td><td colspan="2">长沙编织机厂</td><td colspan="2">有偿</td><td colspan="2">2011年购入</td></tr>
<tr><td colspan="2">固定资产出售(调拨)理由</td><td colspan="8">该编织机在安装调试后就一直停用,因为设计不合理,加之制造不精,有关结构件是国家规定不能使用的,而且这种型号编织机已属于淘汰产品,经报董事会研究决定,作价转让给原生产厂家。</td></tr>
<tr><td colspan="2" rowspan="2">处理意见</td><td colspan="2">使用部门</td><td colspan="2">技术评估小组</td><td colspan="2">固定资产管理部门</td><td colspan="2">股东大会审批意见</td></tr>
<tr><td colspan="2"></td><td colspan="2">协议价属实
向光</td><td colspan="2">同意调出
岑清</td><td colspan="2">同意调出
司国彬</td></tr>
</table>

图5.1　固定资产调拨单

知识目标

1. 了解固定资产的概念及分类;
2. 掌握固定资产的初始计量;
3. 掌握固定资产的后续支出;
4. 掌握固定资产的处置。

能力目标

1. 能进行固定资产增加、减少的会计处理；
2. 能进行固定资产折旧计算及会计处理；
3. 能进行固定资产处置的会计处理。

任务1　固定资产核算认知

◎预备知识

固定资产是指同时具有下列特征的有形资产：

①为生产商品、提供劳务、出租或经营管理而持有的；

②使用寿命超过一个会计年度。

从固定资产的定义看，固定资产具有以下三个特征：

①为生产商品、提供劳务、出租或经营管理而持有。企业持有固定资产的目的是为了生产商品、提供劳务、出租或经营管理，即企业持有的固定资产是企业的劳动工具或手段，而不是用于出售的产品。其中“出租”的固定资产，是指企业以经营租赁方式出租的机器设备类固定资产，不包括以经营租赁方式出租的建筑物，后者属于企业的投资性房地产，不属于固定资产。

②使用寿命超过一个会计年度。固定资产的使用寿命，是指企业使用固定资产的预计期间，或者该固定资产所能生产产品或提供劳务的数量。通常情况下，固定资产的使用寿命是指使用固定资产的预计期间，比如自用房屋建筑物的使用寿命表现为企业对该建筑物的预计使用年限。对于某些机器设备或运输设备等固定资产，其使用寿命表现为以该固定资产所能生产产品或提供劳务的数量。例如，汽车或飞机等，按其预计行驶或飞行里程估计使用寿命。

固定资产使用寿命超过一个会计年度，意味着固定资产属于非流动资产，随着使用和磨损，通过计提折旧方式逐渐减少账面价值。对固定资产计提折旧和减值准备，均属于固定资产后续计量。

③固定资产是有形资产。固定资产具有实物特征，这一特征将固定资产与无形资产区别开来。有些无形资产可能同时符合固定资产的其他特征，如无形资产为生产商品、提供劳务而持有，使用寿命超过一个会计年度，但是由于其没有实物形态，所以不属于固定资产。

○任务分析

1）固定资产的确认条件

固定资产在符合定义的前提下，应当同时满足以下两个条件，才能加以确认。

(1)与该固定资产有关的经济利益很可能流入企业

资产最重要的特征是预期会给企业带来经济利益。企业在确认固定资产时，需要判断与该项固定资产有关的经济利益是否很可能流入企业。如果与该项固定资产有关的经济利益很可能流入企业，并同时满足固定资产确认的其他条件，那么企业应将其确认为固定资产；否则，不应将其确认为固定资产。

在实务中，判断与固定资产有关的经济利益是否很可能流入企业，主要判断与该固定资产所有权相关的风险和报酬是否转移到了企业。与固定资产所有权相关的风险，是指由于经营情况变化造成的相关收益的变动，以及由于资产闲置、技术陈旧等原因造成的损失；与固定资产所有权相关的报酬，是指在固定资产使用寿命内使用该资产而获得的收入，以及处置该资产所实现的利得等。

通常，取得固定资产的所有权是判断与固定资产所有权相关的风险和报酬转移到企业的一个重要标志。但是，所有权是否转移，不是判断与固定资产所有权相关的风险和报酬转移到企业的唯一标志，在有些情况下，某项固定资产的所有权虽然不属于企业，但是企业能够控制与该项固定资产有关的经济利益流入企业，这就意味着与该固定资产所有权相关的风险和报酬实质上已转移到企业，在这种情况下，企业应将该项固定资产予以确认。例如，融资租入的固定资产，企业虽然不拥有固定资产的所有权，但与固定资产所有权相关的风险和报酬实质上已转移到了企业(承租人)，因此，符合固定资产确认的第一个条件。

(2)该固定资产的成本能够可靠地计量

成本能够可靠地计量是资产确认的一项基本条件。企业在确定固定资产成本时必须取得确凿证据，但是有时需要根据所获得的最新资料，对固定资产的成本进行合理地估计。比如，企业对于已达到预定可使用状态但尚未办理竣工决算的固定资产，需要根据工程预算、工程造价或者工程实际发生的成本等资料，按估计价值确定其成本，办理竣工决算后，再按照实际成本调整原来的暂估价值。

2）固定资产的分类

企业的固定资产种类繁多，根据不同的管理需要和核算要求以及不同的分类标准，可以对固定资产进行不同的分类，主要有以下几种分类方法：

(1)按经济用途分类

按固定资产的经济用途分类，可分为生产经营用固定资产和非生产经营用固定资产。

①生产经营用固定资产,是指直接服务于企业生产、经营过程的各种固定资产,如生产经营用的房屋、建筑物、机器、设备、器具、工具等。

②非生产经营用固定资产,是指不直接服务于生产、经营过程的各种固定资产,如职工宿舍等使用的房屋、设备和其他固定资产等。

(2)按使用情况分类

按固定资产使用情况分类,可分为使用中的固定资产、未使用的固定资产和不需用的固定资产。

①使用中的固定资产,是指正在使用中的经营性和非经营性的固定资产。由于季节性经营或大修理等原因,暂时停止使用的固定资产仍属于企业使用中的固定资产;企业采用经营租赁方式出租给其他单位使用的固定资产和内部替换使用的固定资产,也属于使用中的固定资产。

②未使用的固定资产,是指已完工或已购建的尚未交付使用的新增固定资产以及因进行改建、扩建等原因暂停使用的固定资产,如企业购建的尚待安装的固定资产、经营任务变更停止使用的固定资产等。

③不需用的固定资产,是指本企业多余或不适用,需要处理的各种固定资产。

(3)综合分类

按固定资产的经济用途和使用情况等综合分类,可把企业的固定资产划分为七大类:

①生产经营用固定资产;

②非生产经营用固定资产;

③租出固定资产(指在经营租赁方式下出租给外单位使用的固定资产);

④不需用固定资产;

⑤未使用固定资产;

⑥土地(指过去已经估价单独入账的土地,因征地而支付的补偿费,应计入与土地有关的房屋、建筑物的价值内,不单独作为土地价值入账;企业取得的土地使用权,应作为无形资产管理,不作为固定资产管理);

⑦融资租入固定资产(指企业以融资租赁方式租入的固定资产,在租赁期内,应视同自有固定资产进行管理)。

本项目主要包含固定资产取得业务核算、固定资产折旧业务核算、固定资产后续支出业务核算、固定资产减值业务核算等任务。

任务2 固定资产取得业务

◎预备知识

固定资产的初始计量,指确定固定资产的取得成本。固定资产应当按照成本进行初始计量。

成本包括企业为购建某项固定资产达到预定可使用状态前所发生的一切合理的、必要的支出。在实务中,企业取得固定资产的方式是多种多样的,包括外购、自行建造、投资者投入等。取得的方式不同,其成本的具体构成内容及确定方法也不尽相同。

子任务1 股东投入固定资产核算

○任务分析

股东投入固定资产成本确认原则:投资者投入固定资产的成本,应当按照投资合同或协议约定的价值确定,但合同或协议约定价值不公允的除外。在投资合同或协议约定价值不公允的情况下,按照该项固定资产的公允价值作为入账价值。

○职业判断与账务处理

通常情况下股东投入固定资产成本核算处理:

【工作资料5-1】:2012年6月22日,重庆市长江有限责任公司与江山公司联营,收到江山公司投入的房屋一幢,该房屋的账面原价为3 000 000元,已提折旧1 000 000元,双方在投资合同中约定的价值为2 200 000元。

重庆市长江有限责任公司会计处理如下:

借:固定资产　　2 200 000

　贷:实收资本　　2 200 000

实践总结:

收到对方单位投入的固定资产时,若为使用过的固定资产,不能按照对方的账面价值情况进行会计处理,而应按照投资合同或协议约定的价值确定金额。本例,按投资合同约定的2 200 000,借记“固定资产”,贷记“实收资本”。

思考：

本例中，如果合同约定 2 200 000 元，但市场公允价值为 1 800 000 元，那么会计处理会有变化吗？

子任务2　外购不需安装固定资产核算

○任务分析

企业购入的固定资产分为不需要安装的固定资产和需要安装的固定资产两种情形。不需要安装的取得成本为企业实际支付的购买价款、包装费、运杂费、保险费、专业人员服务费和相关税费等，其账务处理为：按应计入固定资产成本的金额，借记“固定资产”科目，贷记“银行存款”“其他应付款”“应付票据”等科目。

○职业判断与账务处理

【工作资料 5-2】：2012 年 6 月 12 日，重庆市长江有限责任公司公司购入一台不需要安装的设备，取得的增值税专用发票上注明的设备价款为 2 000 000 元，增值税进项税额为 340 000 元，发生运输费 5 000 元，款项全部付清。假定不考虑其他相关税费。

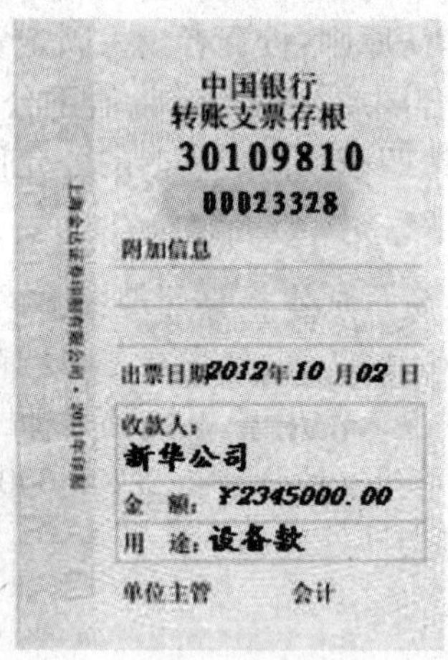
中国银行
转账支票存根
30109810
00023328
附加信息
出票日期 2012 年 10 月 02 日
收款人：新华公司
金　额：￥2345000.00
用　途：设备款
单位主管　　会计

图 5.2　支票存根

重庆市长江有限责任公司账务处理如下：

借：固定资产　　2 005 000

　　应交税费——应交增值税（进项税额）　　340 000

　　贷：银行存款　　2 345 000

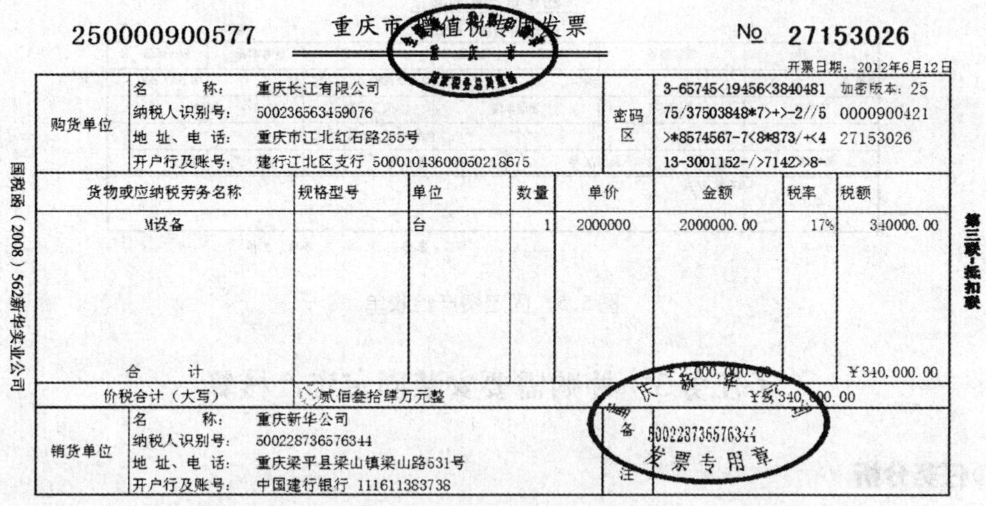

250000900577　　重庆市增值税专用发票　　№ 27153026

开票日期：2012年6月12日

购货单位	名　　称：重庆长江有限公司 纳税人识别号：500236563459076 地 址、电 话：重庆市江北红石路255号 开户行及账号：建行江北区支行 50001043600050218675	密码区	3-65745<19456<3840481　加密版本：25 75/37503848*7>+>-2//5　0000900421 >*8574567-7<8*873/+<4　27153026 13-3001152-/>7142>>8-

货物或应纳税劳务名称	规格型号	单位	数量	单价	金额	税率	税额
M设备		台	1	2000000	2000000.00	17%	340000.00
合　　计					¥2,000,000.00		¥340,000.00
价税合计（大写）	⊗贰佰叁拾肆万元整				（小写）¥2,340,000.00		

销货单位	名　　称：重庆新华公司 纳税人识别号：500228736576344 地 址、电 话：重庆梁平县梁山镇梁山路531号 开户行及账号：中国建行银行 111611383738	备注	500228736576344 发票专用章

国税函（2008）562新华实业公司

第三联：抵扣联

图5.3　增值税专用发票抵扣联

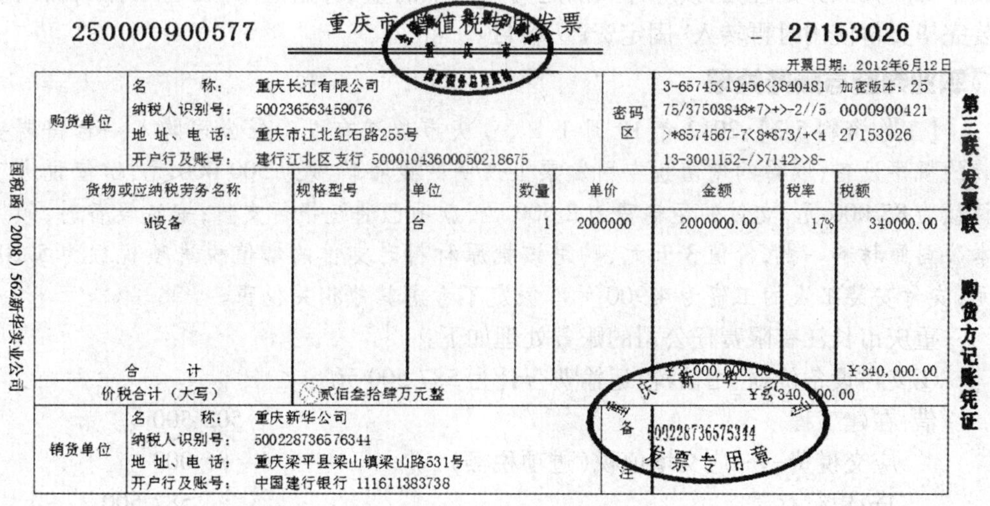

250000900577　　重庆市增值税专用发票　　№ 27153026

开票日期：2012年6月12日

购货单位	名　　称：重庆长江有限公司 纳税人识别号：500236563459076 地 址、电 话：重庆市江北红石路255号 开户行及账号：建行江北区支行 50001043600050218675	密码区	3-65745<19456<3840481　加密版本：25 75/37503848*7>+>-2//5　0000900421 >*8574567-7<8*873/+<4　27153026 13-3001152-/>7142>>8-

货物或应纳税劳务名称	规格型号	单位	数量	单价	金额	税率	税额
M设备		台	1	2000000	2000000.00	17%	340000.00
合　　计					¥2,000,000.00		¥340,000.00
价税合计（大写）	⊗贰佰叁拾肆万元整				（小写）¥2,340,000.00		

销货单位	名　　称：重庆新华公司 纳税人识别号：500228736576344 地 址、电 话：重庆梁平县梁山镇梁山路531号 开户行及账号：中国建行银行 111611383738	备注	500228736575344 发票专用章

国税函（2008）562新华实业公司

第二联：发票联　购货方记账凭证

图5.4　增值税专用发票发票联

实践总结：

公司购置设备的成本 = 2 000 000 + 5 000 = 2 005 000 元，增值税部分从固定资产成本中分离出来，即增值税不构成固定资产的成本。

固定资产验收单

2012年 10月 02日　　　　编号：2

名　称	规格型号		来　源	数　量	购（造）价	使用年限	预计残值
H设备			购入	1	2 000 000.00	10	15 000.00
安装费	月折旧率		建造单位		交工日期	附件	
					2012年 10月 02日		
验收部门	仓库	验收人员	王华	管理部门	营业部	管理人员	刘欣
备注	不需安装						

审核：张伟　　　　制单：王华

图5.5　固定资产验收单

子任务3　外购需要安装固定资产核算

○任务分析

企业购入的需要安装的固定资产，取得成本在企业实际支付的购买价款、包装费、运杂费、保险费、专业人员服务费和相关税费等成本的基础上，还要加上安装调试成本等。其账务处理为：按应计入固定资产成本的金额，先记入“在建工程”科目，安装完毕交付使用时再转入“固定资产”科目。

○职业判断与账务处理

【工作资料5-3】：2012年10月1日，重庆市长江有限责任公司购入一台需要安装的机器设备，取得的增值税专用发票上注明的设备价款为500 000元，增值税进项税额为85 000元，支付的运输费为2 500元，款项已通过银行支付；安装设备时，领用本公司原材料一批，价值3万元，购进该批原材料时支付的增值税进项税额为5 100元；支付安装工人的工资为4 900元。假定不考虑其他相关税费。

重庆市长江有限责任公司的账务处理如下：

①支付设备价款、增值税、运输费合计为587 500元

借：在建工程　　502 500

　应交税费——应交增值税（进项税额）　　85 000

　贷：银行存款　　587 500

②领用本公司原材料、支付安装工人工资等费用合计为34 900元，取得安装发票，凭领料单及安装发票记账如下

编制会计分录：

借：在建工程　　34 900

　贷：原材料　　30 000

　　应付职工薪酬　　4 900

陕西省建筑安装业专用发票

发票联　　　　发票代码：SX55552421

客户名称：西安机械设备公司　　　　2012年7月5日　　　　N0:0067890

项目	数量	单价	金额							
			百	十	万	千	百	十	元	角
锅炉安装	1	¥4900.00			¥	4	9	0	0	0
合计金额（大写）	肆仟玖佰元整									

单位盖章有效　　　　制单：余泽

图5.6　建筑安装业专用发票

③设备安装完毕达到预定可使用状态，凭固定资产验收单编制记账凭证

借：固定资产　　　　537 400

　贷：在建工程　　　　537 400

固定资产的成本 = 502 500 + 34 900 = 537 400 元

实践总结：

公司购置设备的成本 = 502 500 + 34 900 = 537 400 元，该部分成本先在“在建工程”账户中核算，安装完毕后转入“固定资产”账户。

子任务4　自建固定资产核算

○任务分析

自行建造固定资产的成本，由建造该项资产达到预定可使用状态前所发生的必要支出构成，包括工程物资成本、人工成本、交纳的相关税费等。

企业自行建造固定资产包括自营建造和出包建造两种方式。无论采用何种方式，所建工程都应当按照实际发生的支出确定其工程成本并单独核算。

1）自营方式建造固定资产

企业以自营方式建造固定资产，意味着企业自行组织工程物资采购、自行组织施工人员从事工程施工。实务中，企业较少采用自营方式建造固定资产，多数情况下采用出包方式。企业如有以自营方式建造固定资产，其成本应当按照直接材料、直接人工、直接机械施工费等计量。

企业为建造固定资产准备的各种物资应当按照实际支付的买价、运输费、保险费等相关税费作为实际成本，并按照各种专项物资的种类进行明细核算。工程完工后，剩余的工程物资转为本企业存货的，按其实际成本或计划成本进行结转。建造固定资产领用工程物资、原材料或库存商品，应按其实际成本转入所建工程成本。自营方式建造固定资产应负担的职工薪酬、辅助生产部门为之提供的水、电、运输等劳务，以及其他必要支出等也应计入所建工程项目的成本。

企业自营方式建造固定资产，发生的工程成本应通过“在建工程”科目核算，工程完工达到预定可使用状态时，从“在建工程”科目转入“固定资产”科目。

2）出包方式建造固定资产

在出包方式下，企业通过招标方式将工程项目发包给建造承包商，由建造承包商（即施工企业）组织工程项目施工。企业要与建造承包商签订建造合同，企业是建造合同的甲方，负责筹集资金和组织管理工程建设，通常称为建设单位，建造承包商是建造合同的乙方，负责建筑安装工程施工任务。

企业以出包方式建造固定资产，其成本由建造该项固定资产达到预定可使用状态前所发生的必要支出构成，包括发生的建筑工程支出、安装工程支出以及需分摊计入各固定资产价值的待摊支出。建筑工程、安装工程支出，如人工费、材料费、机械使用费等由建造承包商核算。对于发包企业而言，建筑工程支出、安装工程支出是构成在建工程成本的重要内容，发包企业按照合同规定的结算方式和工程进度定期与建造承包商办理工程价款结算，结算的工程价款计入在建工程成本。

在出包方式下，“在建工程”科目主要是企业与建造承包商办理工程价款的结算科目，企业支付给建造承包商的工程价款，作为工程成本通过“在建工程”科目核算。企业应按合理估计的工程进度和合同规定结算的进度款，借记“在建工程——建筑工程”“在建工程——安装工程”科目，贷记“银行存款”“预付账款”等科目。工程完成时，按合同规定补付的工程款，借记“在建工程”科目，贷记“银行存款”等科目。企业将需安装设备运抵现场安装时，借记“在建工程——在安装设备”科目，贷记“工程物资”科目；企业为建造固定资产发生的待摊支出，借记“在建工程——待摊支出”科目，贷记“银行存款”“应付职工薪酬”“长期借款”等科目。

○职业判断与账务处理

1）自营方式建造固定资产

【工作资料5-4】：2012年10月2日，重庆市长江有限责任公司自建厂房一幢，购入为工程准备的种类物资1 170 000元（含增值税），全部用于工程建设。领用本企业库存材料一批，采购成本为100 000元（增值税额已抵扣），工程人员工资250 000元，该工程当月完工验收交付使用。

重庆市长江有限责任公司的账务处理如下：

①购入各种物资

借:工程物资　　　　1 170 000

　贷:银行存款　　　　1 170 000

②领用工程物资

借:在建工程　　　　1 170 000

　贷:工程物资　　　　1 170 000

③领用库存材料一批

借:在建工程　　　　117 000

　贷:原材料　　　　100 000

　　应交税费——应交增值税(进项税额转出)　　　　17 000

④分配工资费用时

借:在建工程　　　　250 000

　贷:应付职工薪酬——工资　　　　250 000

⑤工程完工交付使用

借:固定资产　　　　1 537 000

　贷:在建工程　　　　1 537 000

实践总结:

公司自建厂房成本 = 1 170 000 + 117 000 + 250 000 = 1 537 000 元,前期已抵扣增值税部分要进入增值税的"进项税额转出"科目处理(房屋建筑物属营业税应税项目),在完工前,相关费用计入"在建工程"账户,完工后,从"在建工程"账户中转入"固定资产"账户。

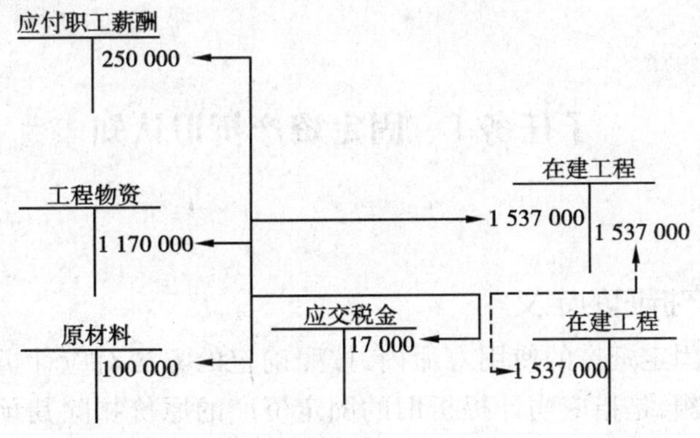

图 5.7　自建固定资产处理流程图

2)出包方式建造固定资产

【工作资料 5-5】:2012 年 10 月 3 日,重庆市长江有限责任公司将一幢厂房的建造工程出包给丙公司承建，按合理的发包工程建度和合同规定向丙公司结算进度款1 000 000元，工程完工后，收到丙公司有关工程结算单据，补付工程款180 000元，工程完工并达到预定可使用状态。

重庆市长江有限责任公司的账务处理如下：

①按合理的发包工程建度和合同规定向丙公司结算进度款时

借：在建工程　　1 000 000

　贷：银行存款　　1 000 000

②补付工程款时

借：在建工程　　180 000

　贷：工程物资　　180 000

③工程完工交付使用

借：固定资产　　1 180 000

　贷：在建工程　　1 180 000

实践总结：

公司自建厂房成本＝1 000 000＋180 000＝1 180 000元，在完工前，相关费用计入“在建工程”，完工后，从“在建工程”账户中转入“固定资产”账户。

任务3　固定资产折旧业务

子任务1　固定资产折旧认知

◎预备知识

1）固定资产折旧的定义

折旧是指在固定资产的使用寿命内，按照确定的方法对应计折旧额进行的系统分摊。应计折旧额，是指应当计提折旧的固定资产的原价扣除其预计净残值后的余额。如果已对固定资产计提减值准备，还应当扣除已计提的固定资产减值准备累计金额。

2）影响固定资产折旧的因素

影响固定资产折旧的因素主要有以下几个方面：

①固定资产原价，指固定资产的成本。

②预计净残值，指假定固定资产预计使用寿命已满并处于使用寿命终了时的预期状态，企业目前从该项资产处置中获得的扣除预计处置费用后的金额。

③固定资产减值准备，指固定资产已计提的固定资产减值准备累计金额。固定资产计提减值准备后，应当在剩余使用寿命内根据调整后的固定资产账面价值（固定资产账面余额扣减累计折旧和累计减值准备后的金额）和预计净残值重新计算确定折旧率和折旧额。

④固定资产的使用寿命，指企业使用固定资产的预计期间，或者该固定资产所能生产产品或提供劳务的数量。企业确定固定资产使用寿命时，应当考虑下列因素：

a. 该项资产预计生产能力或实物产量；

b. 该项资产预计有形损耗，如设备使用中发生磨损、房屋建筑物受到自然侵蚀等；

c. 该项资产预计无形损耗，如因新技术的出现而使现有的资产技术水平相对陈旧、市场需求变化使产品过时等。

3）计提折旧的固定资产范围

企业应当对所有的固定资产计提折旧，但是，已提足折旧仍继续使用的固定资产和单独计价入账的土地除外。在确定计提折旧的范围时还应注意以下几点：

①固定资产应当按月计提折旧，并根据用途计入相关资产的成本或者当期损益。当月增加的固定资产，当月不计提折旧，从下月起计提折旧；当月减少的固定资产，当月仍计提折旧，从下月起不计提折旧。

②固定资产提足折旧后，不论能否继续使用，均不再计提折旧，提前报废的固定资产也不再补提折旧。所谓提足折旧是指已经提足该项固定资产的应计折旧额。

③已达到预定可使用状态但尚未办理竣工决算的固定资产，应当按照估计价值确定其成本，并计提折旧；待办理竣工决算后再按实际成本调整原来的暂估价值，但不需要调整原已计提的折旧额。

子任务2　固定资产折旧方法

○任务分析

企业应当根据与固定资产有关的经济利益的预期实现方式，合理选择折旧方法。可选用的折旧方法包括年限平均法、工作量法、双倍余额递减法和年数总和法等。企业选用不同的固定资产折旧方法，将影响固定资产使用寿命期间内不同时期的折旧费用，因此，固定资产的折旧方法一经确定，不得随意变更。

1）年限平均法

年限平均法又称直线法，是指将固定资产的应计折旧额均衡地分摊到固定资产预计使用寿命内的一种方法。采用这种方法计算的每期折旧额均相等。计算公式如下：

年折旧率＝（1－预计净残值率）/预计使用寿命（年）×100%

月折旧率＝年折旧率÷12

月折旧额＝固定资产原价×月折旧率

采用年限平均法计算固定资产折旧虽然比较简便，但它也存在着一些明显的局限性。首先，固定资产在不同使用年限提供的经济效益是不同的。一般来讲，固定资产在其使用前期工作效率相对较高，所带来的经济利益也就多；而在其使用后期，工作效率一般呈下降趋势，因而，所带来的经济利益也就逐渐减少。年限平均法不考虑，明显是不合理的。其次，固定资产在不同的使用年限发生的维修费用也不一样。固定资产的维修费用将随着其使用时间的延长而不断增加，而年限平均法也没有考虑这一因素。

当固定资产各期负荷程度相同时，各期应分摊相同的折旧费，这时采用年限平均法计算折旧是合理的。但是，如果固定资产各期负荷程度不同，采用年限平均法计算折旧时，则不能反映固定资产的实际使用情况，提取的折旧数与固定资产的损耗程度也不相符。

2）工作量法

工作量法，是根据实际工作量计算每期应提折旧额的一种方法。计算公式如下：

单位工作量折旧额＝固定资产原价×（1－预计净残值率）/预计总工作量

某项固定资产月折旧额＝该项固定资产当月工作量×单位工作量折旧额

3）双倍余额递减法

双倍余额递减法，是指在不考虑固定资产预计净残值的情况下，根据每期期初固定资产原价减去累计折旧后的余额和双倍的直线法折旧率计算固定资产折旧的一种方法。计算公式如下：

年折旧率＝2/预计使用寿命（年）×100%

月折旧率＝年折旧率÷12

月折旧额＝固定资产账面净值×月折旧率

由于每年年初固定资产净值没有扣除预计净残值，因此，在应用这种方法计算折旧额时必须注意不能使固定资产的账面折余价值降低到其预计净残值以下，即实行双倍余额递减法计算折旧的固定资产，应在其折旧年限到期前两年内，将固定资产净值扣除预计净残值后的余额平均摊销。

4）年数总和法

年数总和法，又称年限合计法，是将固定资产的原价减去预计净残值的余额乘以一个以固定资产尚可使用寿命为分子、以预计使用寿命逐年数字之和为分母的逐年递减的分数计算每年的折旧额。计算公式如下：

年折旧率 = 尚可使用年限/预计使用寿命的年数总和 ×100%

月折旧率 = 年折旧率 ÷12

月折旧额 =（固定资产原价 - 预计净残值）× 月折旧率

○职业判断与账务处理

①年限平均法

【工作资料5-6】：2012年10月4日，重庆市长江有限责任公司购入一台设备，原值为210 000元，预计使用年限为10年，预计残值收入12 000元，清理费用2 000元，本台设备使用平均年限法进行折旧。

预计净残值率 =（12 000 - 2 000）/210 000 = 4.761 9%

年折旧率 =（1 - 4.761 9%）/10 = 9.523 8%

年折旧额 = 210 000 ×9.523 8% = 20 000 元

月折旧率 = 9.523 8%/12 = 0.793 7%

月折旧额 = 210 000 ×0.793 7% = 1 666.67 元

实践总结：

年限折旧法也可由一个简单的方法计算得出年折旧额 = [210 000 -（12 000 - 2 000）]/10 = 20 000，月折旧额为 20 000/12 = 1 666.67 元。

②工作量法

【工作资料5-7】：2012年10月5日，重庆市长江有限责任公司的一台机器设备原价为800 000元，预计生产产品产量为4 000 000个，预计净残值率为5%，本月生产产品40 000个；假设甲公司没有对该机器设备计提减值准备。则该台机器设备的本月折旧额计算如下：

单个折旧额 = 800 000 ×（1 - 5%）/4 000 000 = 0.19 元/个

本月折旧额 = 40 000 ×0.19 = 7 600 元

实践总结：

工作量法的本质与年限平均法是一致的。

③双倍余额递减法

【工作资料5-8】：2012年10月6日，重庆市长江有限责任公司某项设备原价为1 200 000元，预计使用寿命为5年，预计净残值率为4%；假设公司没有对该机器设备计提减值准备。

重庆市长江有限责任公司双倍余额递减法计算折旧,每年折旧额计算如下:

年折旧率 =2/5×100% =40%

第一年应提的折旧额 =1 200 000×40% =480 000 元

第二年应提的折旧额 =(1 200 000 -480 000)×40% =288 000 元

第三年应提的折旧额 =(1 200 000 -480 000 -288 000)×40% =172 800 元

从第四年起改按年限平均法(直线法)计提折旧:

第四、五年应提的折旧额 =(1 200 000 -480 000 -288 000 -172 800 -1 200 000×4%)÷2

=105 600 元

实践总结:

双倍余额递减法,最后两年使用的是年限平均法,这两年折旧额相等,前面几年折旧额年度相比递减,年内每月折旧额相等。

④年数总和法

【工作资料5-9】:2012 年 10 月 7 日,重庆市长江有限责任公司某项设备原价为 1 200 000元,预计使用寿命为 5 年,预计净残值率为 4%;假设公司没有对该机器设备计提减值准备。

重庆市长江有限责任公司,采用年数总和法计算的各年折旧额如表 5.1 所示:

表 5.1　折旧计算表

金额单位:元

年　份	尚可使用年限	原价 - 净残值	年折旧率	每年折旧额	累计折旧
第 1 年	5	1 152 000	5/15	384 000	384 000
第 2 年	4	1 152 000	4/15	307 200	691 200
第 3 年	3	1 152 000	3/15	230 400	921 600
第 4 年	2	1 152 000	2/15	153 600	1 075 200
第 5 年	1	1 152 000	1/15	76 800	1 152 000

第一年折旧额:1 200 000×(1 -4%)×5/15 =384 000

第二年折旧额:1 200 000×(1 -4%)×4/15 =307 200

第三年折旧额:1 200 000×(1 -4%)×3/15 =230 400

第四年折旧额:1 200 000×(1 -4%)×2/15 =153 600

第五年折旧额:1 200 000×(1 -4%)×1/15 =76 800

实践总结:

双倍余额递减法和年数总和法都属于加速折旧方法,其特点是在固定资产使用的早期多提折旧,后期少提折旧,其递减的速度逐年加快,从而相对加快折旧的速度,目的是使固定资产成本在固定使用寿命期内加快得到补偿。

子任务3　固定资产折旧核算

○任务分析

固定资产应当按月计提折旧,计提的折旧应通过“累计折旧”科目核算,并根据用途计入相关资产的成本或者当期损益。

1. 企业基本生产车间所使用的固定资产,其计提的折旧应计入制造费用。

2. 管理部门所使用的固定资产,其计提的折旧应计入管理费用。

3. 销售部门所使用的固定资产,其计提的折旧应计入销售费用。

4. 自行建造固定资产过程中使用的固定资产,其计提的折旧应计入在建工程成本。

5. 经营租出的固定资产,其计提的折旧额应计入其他业务成本。

6. 未使用的固定资产,其计提的折旧应计入管理费用。

○职业判断与账务处理

【工作资料5-10】:重庆市长江有限责任公司2012年1月固定资产计提折旧情况如下:

第一生产车间厂房计提折旧7.6万元,机器设备计提折旧9万元。

管理部门房屋建筑物计提折旧13万元,运输工具计提折旧4.8万元。

销售部门房屋建筑物计提折旧6.4万元,运输工具计提折旧5.26万元。

此外,本月第一生产车间新购置一台设备,原价为122万元,预计使用寿命10年,预计净残值1万元,按年限平均法计提折旧。

重庆市长江有限责任公司2012年1月份计提折旧的账务处理如下:

借:制造费用——第一生产车间	166 000	
管理费用	178 000	
销售费用	116 600	
贷:累计折旧		460 600

实践总结:

本例中,新购置的设备本月不提折旧,应从2012年2月开始计提折旧。固定资产折旧金额计算得出后,应分门别类进行汇总,进行正确会计处理。

任务4　固定资产后续支出业务

◎预备知识

固定资产的后续支出是指固定资产使用过程中发生的更新改造支出、修理费用等。

后续支出的处理原则为：符合固定资产确认条件的，应当计入固定资产成本，同时将被替换部分的账面价值扣除；不符合固定资产确认条件的，应当计入当期损益。

子任务1　资本化后续支出核算

○任务分析

固定资产发生可资本化的后续支出时，企业一般应将该固定资产的原价、已计提的累计折旧和减值准备转销，将固定资产的账面价值转入在建工程，并在此基础上重新确定固定资产原价。因已转入在建工程，因此停止计提折旧。在固定资产发生的后续支出完工并达到预定可使用状态时，再从在建工程转为固定资产，并按重新确定的固定资产原价、使用寿命、预计净残值和折旧方法计提折旧。固定资产发生的可资本化的后续支出，通过“在建工程”科目核算。

○职业判断与账务处理

【工作资料5-11】：重庆市长江有限责任公司有关固定资产更新改造的资料如下：

①2009年12月31日，该公司自行建成了一条生产线，建造成本为1 136 000元；采用年限平均法计提折旧；预计净残值率为3%，预计使用寿命为6年。

②2012年1月1日，由于生产的产品适销对路，现有生产线的生产能力已难以满足公司生产发展的需要，但若新建生产线则建设周期过长。甲公司决定对现有生产线进行改扩建，以提高其生产能力。假定该生产线未发生减值。

③2012年1月1日至3月31日，经过三个月的改扩建，完成了对这条生产线的改扩建工程，共发生支出537 800元，全部以银行存款支付。

④该生产线改扩建工程达到预定可使用状态后，大大提高了生产能力，预计将其使用寿命延长4年，即为10年。假定改扩建后的生产线的预计净残值率为改扩建后固定资产账面价值的3%；折旧方法仍为年限平均法。

⑤为简化计算过程，整个过程不考虑其他相关税费；公司按年度计提固定资产折旧。

有关的账务处理如下：

①2010 年 1 月 1 日至 2011 年 12 月 31 日两年间，即固定资产后续支出发生前

该条生产线的应计折旧额 = 1 136 000 × (1 − 3%) = 1 101 920 元

年折旧额 = 1 101 920 ÷ 6 ≈ 183 653.33 元

这两年计提固定资产折旧的账务处理为：

借：制造费用　　183 653.33

　贷：累计折旧　　183 653.33

②2012 年 1 月 1 日，固定资产的账面价值 = 1 136 000 − (183 653.33 × 2) = 768 693.34元

固定资产转入改扩建：

借：在建工程　　768 693.34

　累计折旧　　367 306.66

　贷：固定资产　　1 136 000

③2012 年 1 月 1 日至 3 月 31 日，发生改扩建工程支出

借：在建工程　　537 800

　贷：银行存款等　　537 800

④2012 年 3 月 31 日，生产线改扩建工程达到预定可使用状态，固定资产的入账价值 = 768 693.34 + 537 800 = 1 306 493.34 元

借：固定资产　　1 306 493.34

　贷：在建工程　　1 306 493.34

⑤2012 年 9 月 1 日，转为固定资产后，按重新确定的使用寿命、预计净残值和折旧方法计提折旧

应计折旧额 = 1 306 493.34 × (1 − 3%) = 1 267 298.54 元

月折旧额 = 1 267 298.54/(7 × 12 + 5) = 13 626.87 元

年折旧额 = 13 626.87 × 12 = 163 522.39 元

2012 年应计提的折旧额 = 13 626.87 × 4 = 122 641.79 元

会计分录为：

借：制造费用　　122 641.79

　贷：累计折旧　　122 641.79

实践总结：

本例中，生产线改扩建后，生产能力将大大提高，能够为企业带来更多的经济利益，改扩建的支出金额也能可靠计量，因此该后续支出符合固定资产的确认条件，应计入固定资产的成本。

子任务2 费用化后续支出核算

○任务分析

与固定资产有关的修理费用等后续支出,不符合固定资产确认条件的,应当根据不同情况分别在发生时计入当期管理费用或销售费用。

一般情况下,固定资产投入使用之后,由于固定资产磨损、各组成部分耐用程度不同,可能导致固定资产的局部损坏,为了维护固定资产的正常运转和使用,充分发挥其使用效能,企业将对固定资产进行必要的维护。固定资产的日常修理费用在发生时应直接计入当期损益。企业生产车间(部门)和行政管理部门等发生的固定资产修理费用等后续支出计入"管理费用";企业设置专设销售机构的,其发生的与专设销售机构相关的固定资产修理费用等后续支出,计入"销售费用"。企业固定资产更新改造支出不满足固定资产的确认条件,在发生时也应直接计入当期损益。

○职业判断与账务处理

【工作资料5-12】:重庆市长江有限责任公司于2012年1月3日,对现有的一台生产用机器设备进行日常维护,维护过程中领用本企业原材料一批,价值为94 000元,应支付维护人员的工资为28 000元;不考虑其他相关税费。

重庆市长江有限责任公司的账务处理为:

借:管理费用　　122 000
　贷:原材料　　94 000
　　应付职工薪酬　　28 000

实践总结:

本例中,对机器设备的维护,仅仅是为了维护固定资产的正常使用而发生的,不产生未来的经济利益,因此应在其发生时确认为费用。

任务5 固定资产减值业务

子任务1 固定资产减值认知

○任务分析

1）固定资产减值的主要迹象

企业在资产负债表日应当判断资产是否存在可能发生减值的迹象，主要可从外部信息来源和内部信息来源两方面加以判断：

从企业外部信息来源来看，如果出现了固定资产的市价在当期大幅度下跌，其跌幅明显高于因时间的推移或者正常使用而预计的下跌；企业经营所处的经济、技术或者法律等环境以及资产所处的市场在当期或者将在近期发生重大变化，从而对企业所拥有的固定资产产生不利影响；市场利率或者其他市场投资报酬率在当期已经提高，从而影响企业计算资产预计未来现金流量现值的折现率，导致资产可收回金额大幅度降低等，固定资产的账面价值远高于其市值等，均属于资产可能发生减值的迹象，企业需要据此估计资产的可收回金额，决定是否需要确认减值损失。

从企业内部信息来源来看，如果有证据表明固定资产已经陈旧过时或者其实体已经损坏；固定资产已经或者将被闲置、终止使用或者计划提前处置；企业内部报告的证据表明固定资产的经济绩效已经低于或者将低于预期，均属于资产可能发生减值的迹象。

企业应当根据实际情况来认定资产可能发生减值的迹象。

2）资产减值的测试

如果有确凿证据表明资产存在减值迹象的，应当进行减值测试，估计资产的可收回金额。资产存在减值迹象是资产是否需要进行减值测试的必要前提。企业在判断资产减值迹象以决定是否需要估计资产可收回金额时，应当遵循重要性原则。

3）估计资产可收回金额的基本方法

企业资产存在减值迹象的，应当估计其可收回金额，然后将所估计的资产可收回金额与其账面价值相比较，以确定资产是否发生了减值，以及是否需要计提资产减值准备并确认相应的减值损失。

资产可收回金额的估计，应当根据其公允价值减去处置费用后的净额与资产预计未来现金流量的现值两者之间较高者确定。因此，要估计资产的可收回金额，通常需要同时估计该资产的公允价值减去处置费用后的净额和资产预计未来现金流量的现值。

企业在对固定资产进行减值测试后，如果可收回金额的计量结果表明，固定资产的可收回金额低于其账面价值的，应当将资产的账面价值减记至可收回金额，减记的金额确认为资产减值损失，计入当期损益，同时，计提相应的资产减值准备。

固定资产计提了减值准备后，固定资产账面价值将根据计提的减值准备相应抵减，因此，固定资产在未来计提折旧时，应当按照新的固定资产账面价值为基础计提每期折旧。

考虑到固定资产发生减值后，一方面价值回升的可能性比较小，通常属于永久性减值；另一方面从会计信息稳健性要求考虑，为了避免确认资产重估增值和操纵利润，资产减值损失一经确认，在以后会计期间不得转回。以前期间计提的资产减值准备，需要等到资产处置时才可转出。

子任务2　固定资产减值核算

○任务分析

为了正确核算企业确认的固定资产减值损失和计提的资产减值准备，企业应当设置“资产减值损失－固定资产减值损失”科目，进行明细核算，反映固定资产在当期确认的资产减值损失金额；同时，设置“固定资产减值准备”。在期末，企业应当将“资产减值损失”科目余额转入“本年利润”科目，结转后该科目应当没有余额。固定资产减值准备科目累积每期计提的资产减值准备，直至相关资产被处置时才予以转出。

○职业判断与账务处理

【工作资料5-13】：2012年12月31日，重庆市长江有限责任公司的某生产线存在可能发生减值的迹象。经计算，该机器的可收回金额合计为1 130 000元，账面价值为1 300 000元，以前年度未对该生产线计提过减值准备。

重庆市长江有限责任公司会计处理如下：

借：资产减值损失——计提的固定资产减值准备　　170 000

　　贷：固定资产减值准备　　170 000

实践总结：

由于该生产线的可收回金额为 1 130 000 元，账面价值为 1 300 000 元。可收回金额低于账面价值，应按两者之间的差额 170 000（1 300 000－1 130 000）元计提固定资产减值准备。

任务6　固定资产处置及清查业务

子任务1　固定资产处置核算

○任务分析

1）固定资产终止确认的条件

固定资产满足下列条件之一的，应当予以终止确认：

（1）该固定资产处于处置状态

固定资产处置包括固定资产的出售、转让、报废或毁损、对外投资、非货币性资产交换、债务重组等。处于处置状态的固定资产不再用于生产商品、提供劳务、出租或经营管理，因此不再符合固定资产的定义，应予终止确认。

（2）该固定资产预期通过使用或处置不能产生经济利益

固定资产的确认条件之一是"与该固定资产有关的经济利益很可能流入企业"，如果一项固定资产预期通过使用或处置不能产生经济利益，那么它就不再符合固定资产的定义和确认条件，应予终止确认。

2）固定资产处置的会计处理

企业出售、转让、报废固定资产或发生固定资产毁损，应当将处置收入扣除账面价值和相关税费后的金额计入当期损益。固定资产处置一般通过"固定资产清理"科目进行核算。

企业因出售、转让、报废或毁损、对外投资、非货币性资产交换、债务重组等处置固定资产，其会计处理一般经过以下几个步骤：

第一，固定资产转入清理。固定资产转入清理时，按固定资产账面价值，借记"固定资产清理"科目，按已计提的累计折旧，借记"累计折旧"科目，按已计提的减值准备，借记"固定资产减值准备"科目，按固定资产账面余额，贷记"固定资产"科目。

第二，发生的清理费用。固定资产清理过成本中发生的有关费用以及应支付的相关税费，借记“固定资产清理”科目，贷记“银行存款”“应交税费”等科目。

第三，出售收入和残料等的处理。企业收回出售固定资产的价款、残料价值和变价收入等，应冲减清理支出。按实际收到的出售价款以及残料变价收入等，借记“银行存款”“原材料”等科目，贷记“固定资产清理”科目。

第四，保险赔偿的处理。企业计算或收到的应由保险公司或过失人赔偿的损失，应冲减清理支出，借记“其他应收款”“银行存款”等科目，贷记“固定资产清理”科目。

第五，清理净损益的处理。固定资产清理完成后的净损失，属于生产经营期间正常的处理损失，借记“营业外支出——处置非流动资产损失”科目，贷记“固定资产清理”科目；属于生产经营期间由于自然灾害等非正常原因造成的，借记“营业外支出——非常损失”科目，贷记“固定资产清理”科目。固定资产清理完成后的净收益，借记“固定资产清理”科目，贷记“营业外收入”科目。

○职业判断与账务处理

【工作资料 5-14】：重庆市长江有限责任公司有一台设备，2012 年 2 月 1 日因使用期满经批准报废。该设备原价为 186 400 元，累计已计提折旧 177 080 元、减值准备 2 300 元。在清理过程中，以网银支付清理费用 4 000 元，收到外地客户购买残料变卖收入取得银行收账通知，价款 5 400 元，应支付相关税费 270 元。有关账务处理如下：

①填制报废申请书，固定资产转入清理

固定资产报废申请书

申请单位：重庆长江股份有限公司　　　　2012 年 2 月 1 日

资产名称	生产设备	出厂时间		出厂编号	
规格型号	L011	投产日期	2006.2	单位	1 台
制造厂	西安机械设备厂	使用单位		预计使用年限	6 年
原值	186400.00	净值	9320.00	已使用年限	6 年
已计提折旧	177080.00	已提取减值准备	2300	残值	
固定资产状况及报废原因	设备使用年限已到，且已无使用价值				
处理意见	使用部门	技术评估小组	固定资产管理部门	股东大会审批决议	
	无法使用	协议价属实	同意报废	同意报废	

图 5.8　固定资产报废申请书

借:固定资产清理　　7 020
　累计折旧　　177 080
　固定资产减值准备　　2 300
　贷:固定资产　　186 400

②发生清理费用和相关税费,凭发票、完税证明、汇款凭证编制记账凭证

重庆市服务业统一发票

NO:00789001

客户名称：重庆长江股份有限公司　　2012年02月10日　　N0:0067890

项目	数量	单价	金额							
			百	十	万	千	百	十	元	角
设备清理	1	¥4,000.00			¥	4	0	0	0	0
合计金额（大写）	肆仟元整									

单位盖章有效　　制单：胡玉清

图5.9　服务业统一发票（设备清理）

电子银行转账凭证

委托日期：2012年02月13日　　凭证编号：130618908001006744

汇款人	全称	重庆长江股份有限公司	收款人	全称	重庆鼎城投资有限公司
	账号	11000123456789		账号	11000123456789
	汇出地点	重庆江北区		汇入地点	重庆市沙坪坝区
汇出行名	江北区大庆村支行		汇入行名	工行沙坪坝支行	

金额	千	百	十	万	千	百	十	元	角	分
人民币（大写）伍仟肆佰元整				¥	5	[illegible]	[illegible]	[illegible]	[illegible]	0

附加信息及用途：货款	支付密码
	收款人开户行签章

2012.02.13
业务清讫

图5.10　电子银行转账凭证

借:固定资产清理　　4 270
　贷:银行存款　　4 000
　　应交税费　　270

③收到银行收账通知,残料变价收入收讫

借:银行存款　　5 400
　贷:固定资产清理　　5 400

④固定资产处理完毕,编制清理表,并根据清理表结转固定资产净损益

资金汇划补充凭证

收报行行名：重庆市江北支行	
业务种类：汇兑	
收款人账号：11000123456789	付款人账号：110007060309512
收款人户名：重庆长江股份有限公司	
付款人户名：四川致远科技有限公司	
大写金额：伍仟肆佰元整	
小写金额：	￥5,400.00
发报流水号：224014467	
发报行行号：55424017	收报行行号：20805020
发报行行名：工商银行四川分行绵阳支行	
打印日期:2012-2-15	发报日期：2012-02-13
用途：货款	付款类型：非延迟付款
客户附言：	
银行附言	

中国工商银行江北支行 2012.02.13 业务清讫

图 5.11　资金汇划补充凭证

借:营业外支出——处置非流动资产损失　　5 890

　贷:固定资产清理　　5 890

表 5.2　固定资产清理损益计算表

固定资产清理表

2012 年 2 月 20 日

固定资产名称		车　床	原使用部门	机加工车间
固定资产清理原因		报废	固定资产原值	186 400.00
已提减值		2 300.00	已提折旧	177 080.00
清理净损益		7 020.00		
清理过程净损益				
日　期	摘　要	收　入	支　出	主要经办人
2012.2.10	支付清理费		4 000	
2012.2.13	残料变价收入	4 500		
2012.2.13	完税支出	290		

实践总结：

固定资产处置一般通过“固定资产清理”科目进行核算，与将资产处置发生的相关费用先记入“固定资产清理”核算，最后由该账户转入“营业外收入”或“营业外支出”科目。

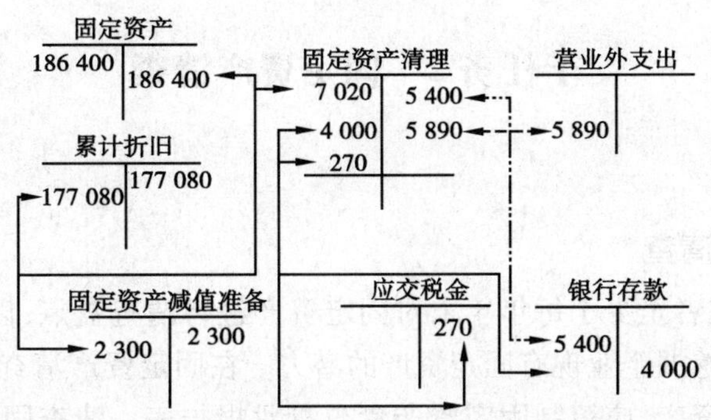

图 5.12　固定资产清理核算流程

【工作资料 5-15】:2012 年 9 月 1 日,重庆市长江有限责任公司出售一幢办公楼,该办公楼账面原价 3 700 000 元,累计折旧 1 150 000 元,未计提减值准备。出售取得价款 3 600 000 元,发生清理费用 100 000 元,支付营业税 180 000 元。假定不考虑其他相关税费。

具体的会计处理为:

①固定资产转入清理

借:固定资产清理　　2 550 000

　累计折旧　　1 150 000

　贷:固定资产　　3 700 000

②发生清理费用和相关税费

借:固定资产清理　　100 000

　贷:银行存款　　100 000

③取得销售收入

借:银行存款　　3 600 000

　贷:固定资产清理　　3 600 000

④支付营业税

借:固定资产清理　　180 000

　贷:应交税费——应交营业税　　180 000

⑤结转固定资产净损益

借:固定资产清理　　770 000

　贷:营业外收入——非流动资产处置利得　　770 000

实践总结:

企业出售该幢办公楼确认的净收益 = 360 - [(370 - 115) + 10 + 18] = 77 万元

子任务2　固定资产清查

○任务分析

1)固定资产清查

企业应定期或者至少于每年年末对固定资产进行清查盘点,以保证固定资产核算的真实性,充分挖掘企业现有固定资产的潜力。在固定资产清查过程中,如果发现盘盈、盘亏的固定资产,应填制固定资产盘盈盘亏报告表。清查固定资产的损溢,应及时查明原因,并按照规定程序报批处理。

2)固定资产盘盈

企业在财产清查中盘盈的固定资产,作为前期差错处理。企业在财产清查中盘盈的固定资产,在按管理权限报经批准处理前应先通过“以前年度损益调整”科目核算。盘盈的固定资产,应按重置成本确定其入账价值,借记“固定资产”科目,贷记“以前年度损益调整”科目。

3)固定资产盘亏

盘亏的固定资产通过“待处理财产损溢”科目核算。盘亏或毁损的固定资产,在减去过失人或者保险公司等赔款和残料价值之后,计入当期营业外支出。

如果盘亏或毁损的固定资产,在期末结账前尚未经批准的,在对外提供财务会计报告时应按上述规定进行处理,并在会计报表附注中作出说明;如果其后批准处理的金额与已处理的金额不一致,应按其差额调整会计报表相关项目的年初数。

○职业判断与账务处理

【工作资料5-16】:2012年1月20日,重庆市长江有限责任公司在财产清查过程中,发现2011年12月购入的一台设备尚未入账,重置成本为30 000元(假定与其计税基础不存在差异)。假定丁公司按净利润的10%计提法定盈余公积,不考虑相关税费及其他因素的影响。丁公司应编制如下会计分录:

①盘盈固定资产时

借:固定资产　　30 000

　贷:以前年度损益调整　　30 000

②结转为留存收益时

借:以前年度损益调整　　30 000

　贷:盈余公积——法定盈余公积　　3 000

利润分配——未分配利润　　27 000

实践总结：

对该盘盈固定资产作为前期差错进行处理，该业务不仅影响了上年净利润，也影响了盈余公积。

【工作资料5-17】：2012年1月20日，重庆市长江有限责任公司进行财产清查时发现短缺一台笔记本电脑，原价为12 000元，已计提折旧7 000元。乙公司应作如下会计处理：

①盘亏固定资产时

借：待处理财产损溢　　5 000

　累计折旧　　7 000

　贷：固定资产　　12 000

②报经批准转销时

借：营业外支出——盘亏损失　　5 000

　贷：待处理财产损溢　　5 000

实践总结：

盘亏的固定资产，先转入"待处理财产损溢科目"账户核算，净损失计入当期"营业外支出"账户。

学习情境 6 无形资产及其他资产业务核算

任务导入

随着市场经济的发展和知识创新步伐的加快，人们所拥有的财富也不能简单地用货币来衡量，比如个人专利和著作。那么对于企业来说，代表企业形象的标识，带来经济效益的各种技术、诀窍和一些特定商品的权利，都是看不到的资金，我们称之为无形资产。

王老吉商标之争幕后

1997	2000	2001—2002	2003	2008
广药与香港鸿道签订商标许可使用合同，后者授权子公司加多宝在国内销售红罐王老吉	广药与香港鸿道集团再签合同，双方续约至2010年5月2日	广药副董事长收受香港鸿道董事长100万港元，双方签订补充协议，使用权延长至2013年	广药副董事长再次收受鸿道100万港元，双方再次签订补充协议，使用权延长至2020年	广药集团与鸿道交涉，广药称为使用权签订协议为无效，双方交涉未果，国有资产流失

2010	2011.4	2012.2	2012.11
广药向鸿道发出律师函，申诉原副董事长签订补充协议无效，王老吉商标评估价值1080.15亿元	广药向贸仲提出仲裁申请，5月王老吉商标案立案9月开庭，鸿道一直未应诉，开庭推迟至2011.12	2012.2重启仲裁，贸仲考虑到王老吉商标价值，建议调节，将仲裁延至5月10日，鸿道提出调解条件以补充合同有效为前提，调解无效	贸仲裁决：广药与鸿道签订两份商标续约补充协议无效，鸿道停止使用王老吉

图6.1　王老吉商标之争图示

请问：王老吉与加多宝争夺的商标，在企业中归属于哪种要素？以及该如何核算？

项目内容概述

1. 无形资产是指企业拥有或者控制的没有实物形态的可辨认非货币性资产。

2. 本项目主要包含无形资产及其他资产。

知识目标

1. 掌握无形资产的确认条件；
2. 掌握研究与开发支出的确认条件；
3. 掌握无形资产初始计量的核算；
4. 掌握无形资产使用寿命的确定原则；
5. 掌握无形资产摊销原则；
6. 熟悉无形资产处置和报废。

能力目标

1. 能对研究与开发支出进行准确判断及账务处理；
2. 能对无形资产初始计量业务进行准确判断及账务处理；
3. 能计算企业无形资产摊销并进行账务处理；
4. 能对无形资产处置和报废进行相应账务处理。

任务1　无形资产业务

◎预备知识

收入是指企业在日常活动中形成的，会导致所有者权益增加的，与所有者投入资本无关的经济利益的总流入。收入按企业从事日常活动的性质不同，分为销售商品收入、提供劳务收入、出售积压原材料收入和让渡资产使用权收入等。收入按企业经营业务的主次不同，分为主营业务收入和其他业务收入。主营业务收入是指企业为了完成其经营目标所从事的经常性活动所实现的收入。其他业务收入是指企业为完成其经营目标所从事的与经常性活动相关的活动实现的收入。

○任务分析

无形资产是指企业拥有或者控制的没有实物形态的可辨认非货币性资产。无形资产具有以下特征：

1）由企业拥有或者控制并能为其带来未来经济利益的资源

预计能为企业带来未来经济利益，是作为一项资产的本质特征，无形资产也不例外。

2）无形资产不具有实物形态

无形资产通常表现为某种权利、某项技术或是某种获取超额利润的综合能力。它们不具有实物形态，看不见，摸不着，比如，土地使用权、非专利技术等。无形资产为企业带来经济利益的方式与固定资产不同，固定资产是通过实物价值的磨损和转移来为企业带来未来经济利益，而无形资产很大程度上是通过自身所具有的技术等优势为企业带来未来经济利益，不具有实物形态是无形资产区别于其他资产的特征之一。

3）无形资产具有可辨认性

符合以下条件之一的，则认为其具有可辨认性：

①能够从企业中分离或者划分出来，并能单独用于出售或转让等，而不需要同时处置在同一获利活动中的其他资产，则说明无形资产可以辨认。某些情况下无形资产可能需要与有关的合同一起用于出售、转让等，这种情况下也视为可辨认无形资产。

②产生于合同性权利或其他法定权利，无论这些权利是否可以从企业或其他权利和义务中转移或者分离。如一方通过与另一方签订特许权合同而获得的特许使用权，通过法律程序申请获得的商标权、专利权等。

4）无形资产属于非货币性资产

非货币性资产，是指企业持有的货币资金和将以固定或可确定的金额收取的资产以外的其他资产。无形资产由于没有发达的交易市场，一般不容易转化成现金，在持有过程中为企业带来未来经济利益的情况不确定，不属于以固定或可确定的金额收取的资产属于非货币性资产。

子任务1　无形资产认知

○任务分析

1）无形资产的确认

无形资产同时满足下列条件的，才能予以确认：

(1)与该无形资产有关的经济利益很可能流入企业

资产最基本的特征是产生的经济利益预期很可能流入企业，如果某一项目产生的经济利益预期不能流入企业，就不能确认为企业的资产。对无形资产的确认而言，如果某一无形资产产生的经济利益预期不能流入企业，就不能确认为企业的无形资产；如果某一无形资产产生的经济利益很可能流入企业，并同时满足无形资产确认的其他条件，则企业应将其确认为无形资产。例如，企业外购一项专利权，从而拥有法定所有权，使得企业的相关权利受到法律的保护，此时，表明企业能够控制该项无形资产所产生的经济利益。

(2)该无形资产的成本能够可靠地计量

成本能够可靠地计量是资产确认的一项基本条件。对于无形资产而言，这个条件显得十分重要。比如，一些高科技领域的高科技人才，假定其与企业签订了服务合同，且合同规定其在一定期限内不能为其他企业提供服务。在这种情况下，虽然这些高科技人才的知识在规定的期限内预期能够为企业创造经济利益，但由于这些高科技人才的知识难以准确或合理辨认，加之为形成这些知识所发生的支出难以计量，从而不能作为企业的无形资产加以确认。

2）无形资产的内容

无形资产可分为专利权、非专利技术、商标权、著作权、土地使用权、特许权等。

(1)专利权

专利权是指国家专利主管机关依法授予发明创造专利申请人，对其发明创造在法定期限内所享有的专有权利，包括发明专利权、实用新型专利权和外观设计专利权。发明专利权的期限为20年，实用新型专利权和外观设计专利权的期限为10年，均自申请日起计算。

(2)非专利技术

非专利技术，也称专有技术，它是指不为外界所知、在生产经营活动中已采用了的、不享有法律保护的、可以带来经济效益的各种技术和诀窍。非专利技术一般包括工业专有技术、商业贸易专有技术、管理专有技术等。

(3)商标权

商标是用来辨认特定的商品或劳务的标记。商标权指专门在某类指定的商品或产品上使用特定的名称或图案的权利。经商标局核准注册的商标为注册商标，包括商品商标、服务商标和集体商标、证明商标；商标注册人享有商标专用权，受法律保护。注册商标的有效期为10年，自核准注册之日起计算。注册商标有效期满，需要继续使用的，应当在期满前6个月内申请续展注册。

(4)著作权

著作权又称版权，指作者对其创作的文学、科学和艺术作品依法享有的某些特殊权利。

(5)特许权

特许权，又称经营特许权、专营权，指企业在某一地区经营或销售某种特定商品的权利或是一家企业接受另一家企业使用其商标、商号、技术秘密等的权利。

(6)土地使用权

土地使用权,指国家准许某企业在一定期间内对国有土地享有开发、利用、经营的权利。

子任务2 无形资产核算

○任务分析

为了核算无形资产的取得、摊销和处置等情况,企业应当设置"无形资产""累计摊销"等科目。企业无形资产发生减值的,还应当设置"无形资产减值准备"科目进行核算。

1)无形资产的取得

无形资产应当按照成本进行初始计量。企业取得无形资产的主要方式有外购、自行研究开发等。取得的方式不同,其会计处理也有所差别。

(1)外购的无形资产

外购的无形资产其成本包括购买价款、相关税费以及直接归属于使该项资产达到预定用途所发生的其他支出。企业购入的无形资产,应按实际支付的成本,借记"无形资产"科目,贷记"银行存款"等科目。

(2)自行研究开发的无形资产

企业内部研究开发项目所发生的支出应区分研究阶段支出和开发阶段支出。研究是指为获取并理解新的科学或技术知识而进行的独创性有计划的调查;开发是指在进行商业性生产或使用前,将研究成果或其他知识应用于某项计划或设计,以生产出新的或具有实质性改进的材料、装置、产品等。

企业应当设置"研发支出"科目,核算企业进行研究与开发无形资产过程中发生的各项支出,按照研究开发项目,分别按"费用化支出"与"资本化支出"进行明细核算。企业自行开发无形资产发生的研发支出,不满足资本化条件的,借记"研发支出——费用化支出"科目,满足资本化条件的,借记"研发支出——资本化支出"科目,贷记"原材料""银行存款""应付职工薪酬"等科目。

研究开发项目达到预定用途形成无形资产的,应按"研发支出——资本化支出"科目的余额,借记"无形资产"科目,贷记"研发支出——资本化支出"科目。期(月)末,应将"研发支出——费用化支出"科目归集的金额转入"管理费用"科目,借记"管理费用"科目,贷记"研发支出——费用化支出"科目。

2)无形资产的摊销

企业应当于取得无形资产时分析判断其使用寿命。使用寿命有限的无形资产,应当进行摊销。使用寿命不确定的无形资产不摊销。企业至少应于每年年终时,对无形资产的使用寿命和摊销方法进行复核。

使用寿命有限的无形资产,其残值应当视为零,但下述两种情况除外:第一是有第三方承诺在无形资产使用寿命结束时购买该无形资产;第二是可以根据活跃市场得到预计残值信息,并且该市场在无形资产使用寿命结束时很可能存在。

无形资产的应摊销金额是指无形资产的成本扣除预计残值后的金额。已计提减值准备的无形资产,还应扣除已计提的无形资产减值准备累计金额。

对于使用寿命有限的无形资产应当自可供使用(即其达到预定用途)当月起开始摊销,处置当月不再摊销。

无形资产摊销方法包括直线法、生产总量法等。企业选择的无形资产的摊销方法,应当反映与该项无形资产有关的经济利益的预期实现方式。无法可靠确定预期实现方式的,应当采用直线法摊销。

企业应当按月对无形资产进行摊销。无形资产的摊销额一般应当计入当期损益,并记入"累计摊销"科目。企业自用的无形资产,其摊销金额计入管理费用,借记"管理费用"科目,贷记"累计摊销"科目;出租的无形资产,其摊销金额计入其他业务成本,借记"其他业务成本"科目,贷记"累计摊销"科目。某项无形资产包含的经济利益通过所生产的产品或其他资产实现的,其摊销金额应当计入相关资产成本,借记"制造费用"等科目,贷记"累计摊销"科目。

3）无形资产处置

(1)无形资产的出售

企业出售某项无形资产,应当将取得的价款扣除该无形资产账面价值以及出售相关税费后的差额记入营业外收入或营业外支出。

无形资产的账面价值是无形资产账面余额扣减累计摊销和累计减值准备后的金额。企业处置无形资产时,应按实际收到的金额等,借记"银行存款"等科目,按已计提的累计摊销,借记"累计摊销"科目,按已计提的减值准备,借记"无形资产减值准备"科目,按应支付的相关税费及其他费用,贷记"银行存款""应交税费"等科目,按无形资产账面余额,贷记"无形资产"科目,按其差额,贷记"营业外收入——处置非流动资产利得"科目或借记"营业外支出——处置非流动资产损失"科目。

(2)无形资产的出租

企业将所拥有的无形资产的使用权让渡给他人,并收取租金,属于与企业日常活动相关的其他经营活动取得的收入,在满足收入确认条件的情况下,应确认相关的收入及成本,并通过其他业务收支科目进行核算。让渡无形资产使用权而取得的租金收入,借记"银行存款"等科目,贷记"其他业务收入"等科目;摊销出租无形资产的成本并发生与转让有关的各种费用支出时，借记"其他业务成本"科目，贷记"累计摊销"等科目。

(3)无形资产的报废

如果无形资产预期不能为企业带来未来经济利益，例如，该无形资产已被其他新技术所替代或超过法律保护期，不能再为企业带来经济利益的，则不再符合无形资产的定义，应将其报废并予以转销，其账面价值转作当期损益。转销时，应按已计提的累计摊销，借记"累计摊销"科目；按其账面余额，贷记"无形资产"科目；按其差额，借记"营业外支出"科目。已计提减值准备的，还应同时结转减值准备。

(4)无形资产减值

无形资产在资产负债表日存在可能发生减值的迹象时，其可收回金额低于账面价值的，企业应当将该无形资产的账面价值减记至可收回金额，减计的金额确认为减值损失，计入当期损益，同时计提相应的资产减值准备，按应减计的金额，借记"资产减值损失——计提的无形资产减值准备"科目，贷记"无形资产减值准备"科目。无形资产减值损失一经确认，在以后会计期间不得转回。

职业判断与账务处理

1）无形资产的取得

【工作资料6-1】:2012年1月1日重庆市长江有限责任公司某项生产活动需要甲公司已获得的专利技术，如果使用了该项专利技术，甲公司预计其生产能力比原先提高20%，销售利润率增长15%。为此，甲公司从乙公司购入一项专利权。按照协议约定以现金支付，实际支付的价款为300万元，并支付相关税费1万元和有关专业服务费用5万元，款项已通过银行转账支付。

无形资产初始计量的成本 = 300 + 1 + 5 = 306 万元

无形资产入账通知单

被通知单位：　　　　2012年1月1日　　　　编号:11

类别	资产编号	资产名称	规格型号	建造单位			数量	原值	月摊销额	使用年限	累计已摊销额	净值	所在地	入账
				名称	日期	编号								
	011	专利					1	3 060 000						

经办人:李昊

图6.2　无形资产入账通知单

重庆市长江有限责任公司的账务处理如下：

借：无形资产——专利权　　3 060 000

　贷：银行存款　　3 060 000

【工作资料6-2】:2012年7月1日，重庆市长江有限责任公司经董事会批准研发某项新产品专利技术，该公司董事会认为，研发该项目具有可靠的技术和财务等资源的支持，并且一旦研发成功将降低该公司生产产品的生产成本。该公司在研究开发过程中发生材料费5 000万元、人工工资1 000万元，以及其他费用4 000万元，总计10 000万元，其中，符合资本化条件的支出为6 000万元。2012年12月31日，该专利技术已经达到预定用途。

重庆市长江有限责任公司的账务处理如下：

①发生研发支出

借：研发支出——费用化支出　　40 000 000

　　　　——资本化支出　　60 000 000

　贷：原材料　　50 000 000

　　应付职工薪酬　　10 000 000

　　银行存款　　40 000 000

②2012年12月31日，该专利技术已经达到预定用途

借：管理费用　　40 000 000

　无形资产　　60 000 000

　贷：研发支出——费用化支出　　40 000 000

　　　　——资本化支出　　60 000 000

实践总结：

研究阶段的支出，应于发生时计入“研发支出”科目，期末再将研发支出科目归集的费用化支出金额转入“管理费用”科目。

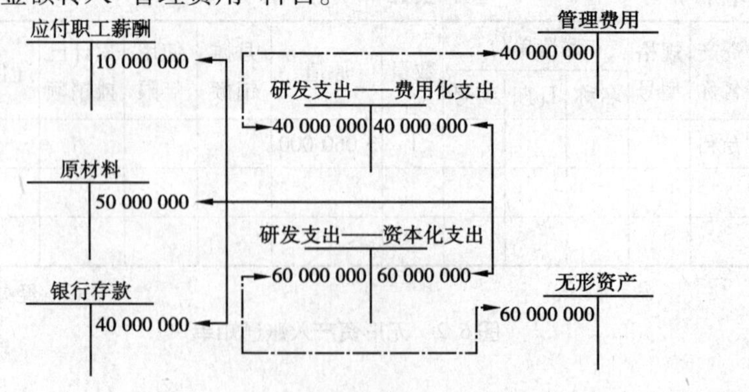

图6.3　自主研发无形资产核算流程

2）无形资产的摊销

【工作资料6-3】:2012年1月1日,重庆市长江有限责任公司从外单位购得一项非专利技术,支付价款5 000万元,款项已支付,估计该项非专利技术的使用寿命为10年,该项非专利技术用于产品生产;同时,购入一项商标权,支付价款3 000万元,款项已支付,估计该商标权的使用寿命为15年。假定这两项无形资产的净残值均为零,并按直线法摊销。

重庆市长江有限责任公司的账务处理如下:

①取得无形资产时

借:无形资产——非专利技术　50 000 000

　无形资产——商标权　30 000 000

　贷:银行存款　80 000 000

②按年摊销时,编制摊销表,据此编制记账凭证

表6.1　无形资产摊销计算表

无形资产名称	原　值	预计摊销年限	已摊销年限	本次摊销价值	剩余价值
非专利技术	50 000 000	10	0	5 000 000	45 000 000
商标权	30 000 000	15	0	2 000 000	28 000 000

借:制造费用——非专利技术　5 000 000

　管理费用——商标权　2 000 000

　贷:累计摊销　7 000 000

实践总结:

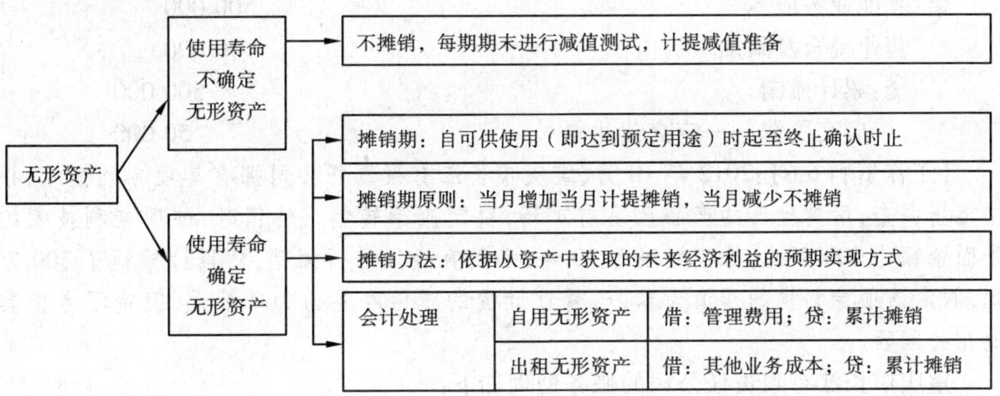

图6.4　无形资产摊销图示

3）无形资产的处置

【工作资料 6-4】：重庆市长江有限责任公司拥有某项专利技术的成本为 1 000 万元，已摊销金额为 500 万元，已计提的减值准备为 20 万元。2012 年 1 月 1 日，该公司将该项专利技术出售给 B 公司，取得出售收入 600 万元，应交纳的营业税等相关税费为 36 万元。

重庆市长江有限责任公司的账务处理为：

借：银行存款　　6 000 000
　　累计摊销　　5 000 000
　　无形资产减值准备　　200 000
　　贷：无形资产　　10 000 000
　　　　应交税费——应交营业税　　360 000
　　　　营业外收入——处置非流动资产利得　　840 000

【工作资料 6-5】：2012 年 1 月 1 日，重庆市长江有限责任公司将一项专利技术出租给 A 企业使用，该专利技术账面余额为 500 万元，摊销期限为 10 年，出租合同规定，承租方每销售一件用该专利生产的产品，必须付给出租方 10 元专利技术使用费。假定承租方当年销售该产品 10 万件，应交的营业税金为 5 万元。

重庆市长江有限责任公司的账务处理如下：

①取得该项专利技术使用费时

借：银行存款　　1 000 000
　　贷：其他业务收入　　1 000 000

②按年对该项专利技术进行摊销并计算应交的营业税

借：其他业务成本　　500 000
　　营业税金及附加　　50 000
　　贷：累计摊销　　500 000
　　　　应交税费——应交营业税　　50 000

【工作资料 6-6】：2012 年 10 月，重庆市长江有限责任公司拥有某项专利技术，根据市场调查，用其生产的产品已没有市场，决定应予转销。转销时，该项专利技术的账面余额为 600 万元，摊销期限为 10 年，采用直线法进行摊销，已累计摊销了 300 万元，假定该项专利权的残值为零，已累计计提的减值准备为 160 万元，假定不考虑其他相关因素。

重庆市长江有限责任公司的账务处理如下：

借:累计摊销 3 000 000

无形资产减值准备 1 600 000

营业外支出——处置非流动资产损失 1 400 000

贷:无形资产——专利权 6 000 000

实践总结:

无形资产出售时应当将取得的价款与该无形资产账面价值的差额计入当期损益(营业外收入或营业外支出)。

无形资产报废时应当将该无形资产的账面价值予以转销,其账面价值转作当期损益(营业外支出)。

4)无形资产减值

【工作资料6-7】:重庆市长江有限责任公司拥有一项市场领先的畅销产品的商标,2012年12月31日商标账面价值净值为6 000万元,剩余摊销年限为5年,A公司对该商标按照资产减值的原则进行减值测试,经测试表明该商标已发生减值。2012年12月31日,该商标的公允价值为4 000万元。

借:资产减值损失(60 000 000 - 40 000 000) 20 000 000

贷:无形资产减值准备——商标权 20 000 000

实践总结:

经减值测试表明已发生减值,则需要计提相应的减值准备,其相关的账务处理为:借记"资产减值损失"科目,贷记"无形资产减值准备"科目。

任务2 其他资产业务

◎预备知识

其他资产是指除货币资金、交易性金融资产、应收及预付款项、存货、长期股权投资、固定资产、无形资产等以外的资产,如长期待摊费用等。

子任务1 长期待摊费用核算

○任务分析

长期待摊费用是指企业已经支出,但摊销期限在1年以上(不含1年)的各项费用。应当由本期负担的借款利息、租金等，不得作为长期待摊费用处理。长期待摊费用应当单独核算，在费用项目的受益期限内分期平均摊销。

除购置和建造固定资产以外，所有筹建期间所发生的费用，包括人员工资、办公费、培训费、印刷费、注册登记费以及不计入固定资产价值的借款费用等，应先在长期待摊费用中归集，待企业开始生产经营的当月起一次计入开始生产经营当月的损益，借记“管理费用”账户，贷记“长期待摊费用”账户。

如果长期待摊费用的项目不能使以后会计期间受益的，应当将尚未摊销的该项目的摊余价值全部转入当期损益。

企业发生的长期摊费用，应按实际发生的金额，借记“长期待摊费用”账户，贷记有关账户。摊销时，按每期应摊销的金额，借记“制造费用”“销售费用”“管理费用”等账户，贷记“长期待摊费用”账户。

子任务2　其他长期资产核算

○任务分析

其他长期资产一般包括国家批准储蓄的特种物资、银行冻结存款及临时设施和涉及诉讼中的财产等。其他长期资产可以根据资产的性质及特点单独设置相关账户核算。

学习情境 7 流动负债业务核算

引言

当你在上大学时,有时会遇到这种情况,快到期末了,突然发现自己的生活费快用完了,这时候你首先会想到先向同学借点,等开学来了就还给同学。企业在日常经营活动中也有类似情况,如为支付紧急货款可以通过银行借一两个月的款临时急用,以上在会计上对这些借款又是如何称呼呢?企业在日常核算时又是如何核算上述业务的呢?

项目内容概述

负债是指企业过去的交易或者事项形成的、预期会导致经济利益流出企业的现时义务。一般负债具有以下三个主要特征:

1. 是企业承担的现时义务;
2. 负债的清偿预期会导致经济利益流出企业;
3. 是由过去的交易或事项形成的。

负债一般按其偿还时间的长短划分为流动负债和长期负债两类。流动负债也叫短期负债,是指将在 1 年或超过 1 年的一个营业周期内偿还的债务,主要包括短期借款、应付票据、应付账款、应付职工薪酬、应交税费、一年内到期的长期负债和其他流动负债如应付利息等。流动负债除了具有负债的基本特征外,还具有以下四个特点:

1. 偿还期短(1 年或超过 1 年的一个营业周期内);
2. 一般举借目的是为了满足经营周转资金的需要;
3. 负债的数额相对较小;
4. 一般以企业的流动资金来偿付。

知识目标

1. 掌握流动负债的概念和特点,识记短期借款、应付票据、应付账款、预收款项、应付职工薪酬、应交税费等科目的概念;
2. 掌握短期借款、应付票据、应付账款、预收款项、应付职工薪酬和应交税费等会计科目的核算内容和基本会计核算方法;
3. 熟悉其他应付款业务的账务处理流程。

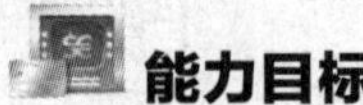

能力目标

1. 熟练掌握各项流动负债的核算要点；

2. 正确开设应付账款、预收账款、应付职工薪酬、应交税费、其他应付款、短期借款等相关账簿；

3. 掌握流动负债业务的各项会计核算的特点；

4. 能够运用所学知识，正确核算短期借款、应付账款和其他应付款等业务。

任务1 短期借款业务

○任务分析

目前在我国会计实务中，短期借款是指企业为维持正常的生产经营所需的资金或为抵偿某项债务而向银行或其他金融机构等外单位借入的、还款期限在一年以下（含一年）的各种借款。可见短期借款只是借款的一种，与之相对的期限在一年以上的借款称为长期借款。短期借款主要有经营周转借款、临时借款、结算借款、票据贴现借款、卖方信贷、预购定金借款和专项储备借款等。

◎预备知识

短期借款是指企业向银行或其他金融机构等借入的期限在一年以下（含一年）的各种借款，通常是为了满足正常生产经营的需要。无论借入款项的来源如何，企业均需要向债权人按期偿还借款的本金及利息。在会计核算上，企业要及时如实地反映短期借款的借款人、利息的发生和本金及利息的偿还情况。

企业应通过"短期借款"科目，核算短期借款的取得及偿还情况。该科目贷方登记取得借款的本金数额，借方登记偿还借款的本金数额，余额在贷方，表示尚未偿还的短期借款。本科目可按借款种类、贷款人和币种进行明细核算。企业从银行或其他金融机构取得短期借款时，借记"银行存款"科目，贷记"短期借款"科目。

在实际工作中，银行一般于每季度末收取短期借款利息，为此，企业的短期借款利息一般采用月末预提的方式进行核算。短期借款利息属于筹资费用，应记入"财务费用"科目。企业预提短期借款的利息费用，借记"财务费用"科目，贷记"应付利息"科目；实际支付利息时，根据已预提的利息，借记"应付利息"科目，根据当月应计的利息，借记"财务费用"科目，根据应付利息的总额，贷记"银行存款"科目。

◎知识拓展

企业在银行开的户分为基本户和一般户，而一般企业的短期借款都是向银行借入的款项，在核算时应根据银行所设置明细账来进行，同时在核算时应结合企业开户银行的知识来掌握。

思考：

一年内到期的长期借款是属于短期借款核算内容吗？

子任务1　短期借款概述

◎预备知识

1）短期借款定义

短期借款是指企业向银行或其他金融机构等借入的期限在一年以下（含一年）的各种借款。短期借款一般是企业为维持正常的生产经营所需的资金，而借入的或者为抵偿某项债务而借入的款项。短期借款是企业的一项重要的资金来源。在会计实务中，常出现的错弊有：短期借款使用不当、短期借款归还不及时和没有合理的短期借款使用计划和还款计划等。为了既保证经营业务的需要，又节约借款利息支出，在会计核算时应注意以下几点：

①必须根据业务需要编制借款计划，取得借款后按规定范围使用；

②企业从银行贷款必须有相应的物资保证；

③短期借款必须到期偿还；

④按规定利率支付借款利息；

⑤短期借款应按借款对象、种类、金额、利率和偿还期分别进行明细核算。

2）短期借款的种类

目前我国短期借款按照目的和用途分为生产周转借款、临时借款、结算借款等；按利息支付方式不同分为收款法借款、贴现法借款和加息法借款；按有无担保分为抵押借款和信用借款等。下面介绍经营周转借款、临时借款和结算借款。

①经营周转借款：亦称生产周转借款或商品周转借款。企业因流动资金不能满足正常生产经营需要，而向银行或其他金融机构取得的借款。

②临时借款：企业因季节性和临时性客观原因，正常周转的资金不能满足需要而借的款。临时借款实行“逐笔核贷”的办法，借款期限一般为3～6个月。

③结算借款：是指在采用托收承付结算方式办理销售贷款结算的情况下，企业为解决商品发出后至收到托收贷款前所需要的在途资金而借入的款项。

3）短期借款的成本

短期借款成本主要包括利息、手续费等。短期借款成本的高低主要取决于贷款利率的高低和利息的支付方式。短期借款的利息结算方式分为按月支付、按季支付、按半年支付和到期一次还本付息方式。如果企业的短期借款利息按月支付，或者利息是在借款到期归还本金时一并支付、且数额不大的，可以在实际支付或收到银行的计息通知时，直接计入当期损益。如果短期借款的利息按期支付（如按季），或者利息是在借款到期归还本金时一并支付、且数额较大的，为了正确计算各期的盈亏，应采用预提的办法，先按月预提，计入当期损益，到期再进行支付。

子任务2　短期借款核算

◎预备知识

短期借款的核算主要包括三个方面的内容：第一，取得借款的核算；第二，借款利息的核算；第三，归还借款的核算。

短期借款一般期限不长，通常在取得借款日，按取得的金额入账。短期借款利息支出，是企业理账活动中为筹集资金而发生的耗费，应作为一项财务费用计入当期损益。由于利息支付的方式不同，其会计核算也不完全一样。若短期借款的利息按月计收，或还本付息一次进行，但利息数额不大时，利息费用可直接计入当期损益；若短期借款的利息按季（或半年）计收，或还本付息一次进行，但利息数额较大时，则可采有预提的方式按月预提、确认和费用。

企业向银行或其他金融机构等借入的期限在一年以下（含一年）的各种借款，通过“短期借款”科目核算。企业向银行或其他金融机构等借入的期限在一年以上的各种借款，在“长期借款”科目核算。“短期借款”科目应当按照借款种类、贷款人和币种进行明细核算。“短期借款”科目属于负债类科目，其贷方登记企业取得借款的本金数额，借方登记企业偿还短期借款的本金数额，期末余额在贷方，表示企业尚未偿还的借款本金数额。

○职业判断与账务处理

【工作资料7-1】：重庆市长江有限责任公司于2012年1月1日向银行借入80万元，期限9个月，年利率4.5%，该借款的利息按季支付，本金到期归还。有关处理如下：

①1月1日借入款项时

借：银行存款　　　　800 000

　　贷：短期借款　　　　800 000

②1 月末预提当月利息 800 000 ×4.5%/12 =3 000 元

借:财务费用 3 000

　　贷:应付利息 3 000

2 月末预提当月利息的处理相同。

③3 月末支付本季度应付利息时

借:财务费用 3 000

　　应付利息 6 000

　　贷:银行存款 9 000

第二季、第三季度的债务处理同上。

④10 月 1 日偿还借款本金时

借:短期借款 800 000

　　贷:银行存款 800 000

实践总结:

企业借入的各种短期借款,借记"银行存款"科目,贷记"短期借款"科目;归还借款时,做相反的会计分录。按利率计算确定的短期借款利息的金额,企业一般采用月末预提的方式,在资产负债表日按计算确定的短期借款利息费用,借记"财务费用",贷记"应付利息",实际支付利息时,根据已经预提的利息,借记"应付利息"科目,根据应计利息,借记"财务费用"科目,根据应付利息总额,贷记"银行存款"科目。可以用图 7.1 表示:

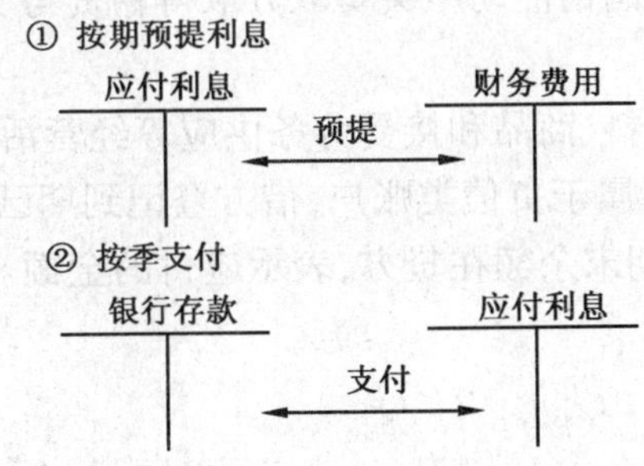

图 7.1　利息核算示意图

任务 2　应付及预收款业务

○任务分析

企业应付及预收款业务主要包括应付票据、应付账款和预收账款三种业务。

1）应付票据

应付票据是由出票人出票，委托付款人在指定日期无条件支付确定的金额给收款人或持票人的票据。应付票据也是付款人允诺在一定时期内支付一定款额的书面证明。在我国应付票据是在采用商业汇票结算方式下发生的。

为了核算和监督企业商业汇票的开出、承兑和支付情况，应设置“应付票据”账户，该账户属于负债类账户，借方登记到期承兑支付的票款或转出的金额，贷方登记开出承兑汇票时的票面金额，期末余额在贷方，表示应付的商业汇票金额。在“应付票据”账户下，应按收款单位设置明细账户进行明细核算。为了具体反映应付票据的种类、号数、签发日、到期日、票面金额、合同交易号、收款人姓名或单位名称及付款日和金额等详细资料，应设置“应付票据查簿”登记签发和支付的详细情况。

2）应付账款

应付账款是指企业因购买材料、商品或接受劳务供应等业务应支付给供应者的账款。应付账款是由于在购销活动中买卖双方取得物资与支付货款在时间上的不一致而产生的负债。

为核算企业因购买材料、商品和接受劳务供应等经营活动应支付的款项，应设置“应付账款”科目。该账户属于负债类账户，借方登记到期已支付的金额，贷方登记应支付还没有支付的金额，期末余额在贷方，表示应付的金额。本科目应当按照不同的债权人进行明细核算。

3）预收账款

企业在进行各项交易时均是有风险的，特别是在首次对不熟悉的客户进行交易或认为客户的信用状况不佳，存在拒付风险的交易事项时，企业往往采取先收款后发货的交易方式，即采用预收账款来处理。这种先款后货通常有两种方式：一是全额先款后货，即通常的收多少钱，发多少货；二是先预收一定比例的款项，收到头款后发货，待客户收到货后再收尾款或依其他约定方式收款。

为核算这种先收款后发货，应设置“预收账款”科目来核算企业向购买单位或接受劳务的单位在未发出商品或提供劳务时预收的款项。该账户属于负债类账户，借方登记已发货而减少的金额，贷方登记表示预收账款增加。“预收账款”科目期末贷方余额，反映企业向购货单位预收的款项，期末借方余额属应收账款性质，反映企业应向购货单位或接通受劳务单位收取的款项。另外，有些公司的报表中没有预收账款一栏，可能是因为该单位没有此项目的业务，也可能是该单位将此项目归并到其他往来款项目，体现在流动负债中。

思考：

在学流动资产时，我们学到的“应收票据”“应收账款”和“预付账款”与上面提到的“应付票据”“应付账款”和“预收账款”这三个负债科目是什么关系呢？

子任务1 应付票据核算

◎预备知识

1）应付票据认知

商业汇票按是否带息，分为带息票据和不带息票据。带息票据是指按票据上表明的利率，在票据票面金额上加上利息的票据，所以，到期承兑时，除支付票面金额外，还要支付利息。不带息票据是指票据到期时按面值支付，票据上无利息的规定。商业汇票的承兑期限一般不超过6个月，无论是带息的票据还是不带息的票据，核算时一般均以面值对应付票据进行计价。目前我国常用的是不带息票据。

2）应付票据的核算

“应付票据”账户核算企业购买材料、商品和接受劳务供应等而开出承兑商业汇票的情况。贷方登记开出的商业汇票面值和应计利息；借方登记支付票据的款项，期末贷方余额反映企业开出的尚未到期的应付票据本息。

①开出承兑商业汇票

借：原材料（在途物资；材料采购；库存商品等）

　　应交税费——应交增值税（进项税额）

　　贷：应付票据

②支付银行承兑汇票手续费

借：财务费用

　　贷：银行存款

③以商业汇票抵付货款

借：应付账款

　　贷：应付票据

④到期付款

借:应付票据

　贷:银行存款

⑤应付票据到期,企业无力支付票款,按应付票据的账面余额

借:应付票据

　贷:应付账款(若是银行承兑的则为“短期借款”)

○职业判断与账务处理

【工作资料 7-2】:重庆市长江有限责任公司(一般纳税人)2012 年 2 月 1 日开出一张面值为 351 000 元、期限为 3 个月的不带息商业汇票,用以采购一批原材料,材料已经验收入库,材料采用实际成本法核算。收到的增值税专用发票上注明的材料价款为 300 000 元,增值税额 51 000 元。根据上述资料,该公司的账务处理如下:

①购入商品时

借:原材料	300 000	
应交税费——应交增值税(进项税额)	51 000	
贷:应付票据		351 000

②2012 年 5 月 1 日票据到期付款时

借:应付票据	351 000	
贷:银行存款		351 000

③到期无力付款时

如为商业承兑汇票:

借:应付票据	351 000	
贷:应付账款		351 000

如为银行承兑汇票:

借:应付票据	351 000	
贷:短期借款		351 000

实践总结:

企业开出并承兑的商业汇票如果不能如期支付需要转入“应付账款”账户,等下次支付款项时再按不同的付款方式做不同的账务处理。如以存款支付,则贷记“银行存款”账户;若重新开出票据时则贷记“应付票据”账户。但是银行承兑汇票,如果票据到期,企业无力支付到期票款时,承兑银行凭票向持票人无条件付款时,对出票人尚未支付的票款金额转作逾期贷款处理;并按每天万分之五计取罚息。开出汇票的企业到期无力支付银行承兑汇票,在接到银行转来的“X X 号汇票,无款支付转入逾期贷款户”等有关凭证时,应借记“应付票据”,贷记“短期借款”。可以用下面流程图

表示：

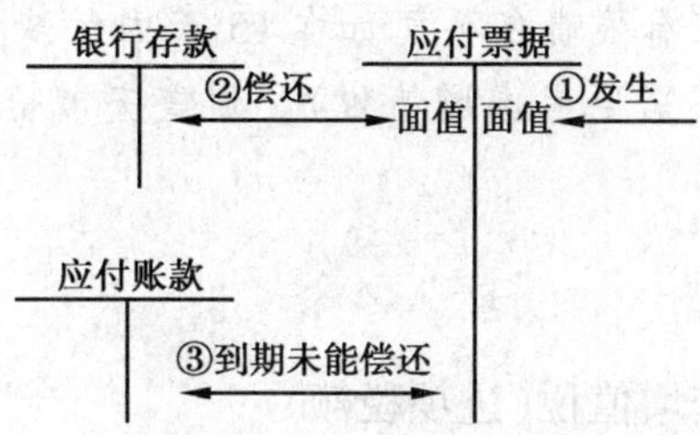

图7.2 应付票据结算图示

子任务2 应付账款核算

◎预备知识

应付账款是指企业因购买材料、商品或接受劳务供应等经营活动应支付的款项。企业应通过“应付账款”科目核算应付账款的发生、偿还、转销等情况。企业购入材料、商品等或接受劳务所产生的应付账款，应按应付金额入账。

1）应付账款核算使用的主要科目

为了总括地反映和监督企业应付账款的发生及偿还情况，应设置“应付账款”科目。该科目的贷方登记企业购买材料、物资及接受劳务供应的应付但尚未付的款项；借方登记偿还的应付账款、以商业汇票抵付的应付账款；期末贷方余额表示尚未支付的应付款项。该科目应按照供应单位设置明细账，以进行明细分类核算。

2）应付账款主要的账务处理

公司购入材料、商品等验收入库，但货款尚未支付，根据有关凭证（发票账单随货同行则发票上记载的实际价款，或发票账单不随货同行则暂估价值），借记“原材料”“库存商品”“应交税金——应交增值税（进项税额）”等科目，贷记“应付账款”科目。企业接受供应单位提供劳务而发生的应付但尚未支付的款项，应根据供应单位的发票账单，借记“制造费用”“管理费用”等有关成本费用科目，贷记“应付账款”科目；企业偿付应付账款时，借记“应付账款”科目，贷记“银行存款”科目。企业开出、承兑商业汇票抵付购货款时，借记“应付账款”科目，贷记“应付票据”科目。企业的应付账款，因对方单位发生变故确实无法支付时，报经有关部门批准后，可视同企业经营业务以外的一项额外收入，借记“应付账款”科目，贷记“营业外收入”科目。

○职业判断与账务处理

【工作资料7-3】：重庆市长江有限责任公司于2012年4月2日，从A公司购入一批家电产品并已验收入库。增值税专用发票列明价款为 100 万元，增值税 17 万元，按照购货规定，重庆市长江有限责任公司如在 15 天内付清货款，将获得 1% 的现金折扣（假设计算现金折扣时不需要考虑增值税）。则重庆市长江有限责任公司有关会计分录编制如下：

①购入时

借：库存商品　　1 000 000

　应交税费——应交增值税（进项税额）　　170 000

　贷：应付账款　　1 170 000

②2012 年 4 月 10 日偿还应付款

重庆市长江有限责任公司获得的现金折扣 = 1 170 000 × 1% = 11 700 元，实际支付货款 = 1 170 000 − 11 700 = 1 158 300 元。获得的现金折扣冲减财务费用。

借：应付账款——A 公司　　1 170 000

　贷：银行存款　　1 158 300

　　财务费用　　11 700

实践总结：

企业应付账款一般按应付金额入账，而不按到期应付金额的现值入账。如果购入的资产在形成一笔应付账款时是带有现金折扣的，应付账款的入账金额的确定按发票上记载的应付金额的总值确定。在这种方法下，应按发票上记载的全部应付金额，借记有关科目，贷记“应付账款”科目，在获得的现金折扣时，冲减财务费用。如果是商业折扣，则是按折扣后的金额入账。偿还的对应账户关系图为：

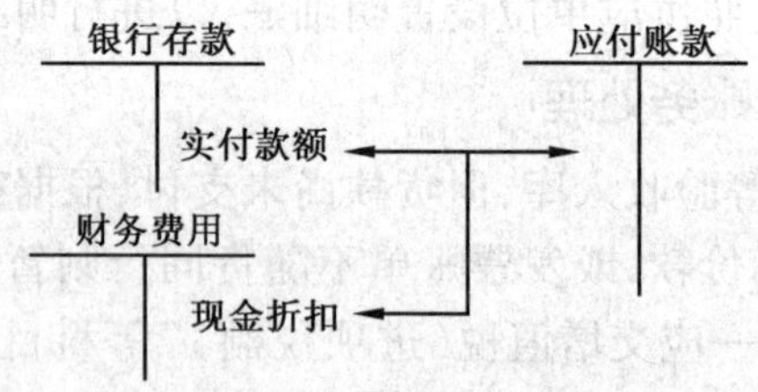

图 7.3　有现金折扣的账款回收

子任务 3　预收账款核算

◎预备知识

预收账款是用来核算企业按照合同规定向购货单位预收的款项。与应付账款不同，预收账款所形成的负债不是以货币偿还，而是以货物偿付。预收到货款时，借记

"银行存款"科目,贷记"预收账款"科目;销售实现时,借记"预收账款"科目,按照实现的营业收入,贷记"主营业务收入"科目,按照增值税专用发票上注明的增值税税额,贷记"应交税费——应交增值税(销项税额)"等科目。

在预收款项业务不多的企业可以将预收的款项直接记入"应收账款"的贷方,不单独设置本科目。在使用本科目时,要注意与"应收账款"科目的关系,预收账款与应收账款的共同点是:两者都是企业因销售商品、产品、提供劳务等,应向购物单位或接受劳务单位收取的款项。不同点:预收账款是收款在先,出货或提供劳务在后,而应收账款是出货或提供劳务在先,收款在后。另外预收账款科目性质是属于负债类,应收账款科目性质是属于资产类。

○职业判断与账务处理

【工作资料7-4】:重庆市长江有限责任公司为增值税一般纳税人,2012年5月3日,重庆市长江有限责任公司与乙公司签供货合同,向其出售一批产品,货款金额共计100 000元,应交增值税17 000元。根据购货合同的规定,乙公司在购货合同签订后一周内,应当向重庆市长江有限责任公司预付货款60 000元,剩余货款在交货后付清。5月9日,收到乙公司交来的预付货款60 000元并存入银行,5月19日重庆市长江有限责任公司将货物发到乙公司并开出增值税专用发票,乙公司验收后付清了剩余货款。

1. 重庆市长江有限责任公司通过设置"预收账款"科目来核算有关业务,重庆市长江有限责任公司的有关会计分录如下:

①5月9日收到乙公司交来的预付货款60 000元

借:银行存款　　60 000

　　贷:预收账款——乙公司　　60 000

②5月19日按合同规定,向乙公司发出货物

借:预收账款——乙公司　　117 000

　　贷:主营业务收入　　100 000

　　　　应交税费——应交增值税(销项税额)　　17 000

③收到乙公司补付的货款

借:银行存款　　57 000

　　贷:预收账款　　57 000

2. 假设重庆市长江有限责任公司不设置"预收账款"科目,通过"应收账款"科目核算有关业务。重庆市长江有限责任公司的有关会计分录如下:

①5 月 9 日收到乙公司交来的预付货款 60 000 元

借:银行存款　　60 000

　　贷:应收账款——乙公司　　60 000

②5 月 19 日按合同规定,向乙公司发出货物

借:应收账款——乙公司　　117 000

　　贷:主营业务收入　　100 000

　　　　应交税费——应交增值税(销项税额)　　17 000

③收到乙公司补付的货款

借:银行存款　　57 000

　　贷:应收账款——乙公司　　57 000

实践总结:

企业预收账款核算企业按照合同规定向购货单位预收的款项。与应付账款不同,预收账款所形成的负债不是以货币偿还,而是以货物偿付。预收账款主要是核算销售业务中先收款后发货,其性质也是负债,但不是偿还钱,而是偿还货物或劳务等,另外还可以与"应收账款"并入核算,总之,可以用下图表示:

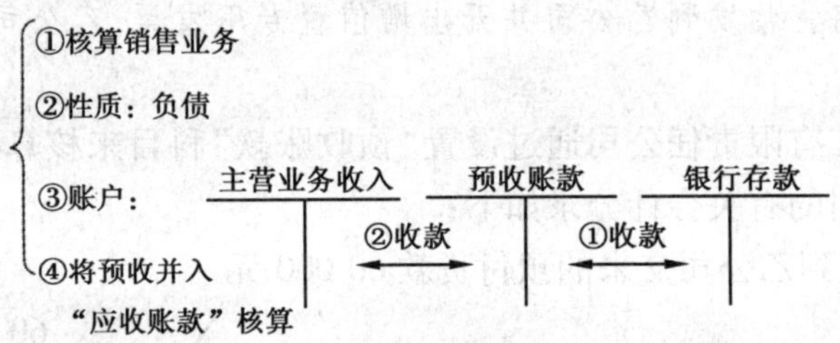

图 7.4　预收账款核算图示

任务 3　应付职工薪酬业务

○任务分析

应付职工薪酬是指企业在一定时期内使用职工的知识、技能、时间和精力,而应该支付给职工的劳动报酬,它集中表明企业应付全部职工的工资总额。它包括基本工资、经常性奖金及工资性津贴和其他工资。职工薪酬是职工对企业投入劳动而获

得的报酬,是企业必须付出的人力成本。

1)应付职工薪酬核算的内容

按现行规定,职工薪酬主要包括:职工的工资、奖金、津贴和补贴,职工福利费,医疗、养老、失业、工伤、生育等社会保险费,住房公积金,工会经费,职工教育经费,非货币性福利等。这些,对企业来说,都是因职工提供服务而对职工产生的义务。

2)应付职工薪酬核算账户设置

为了核算企业支付和应付给职工的各项劳动报酬,企业应设置"应付职工薪酬"会计科目。该科目属于负债类会计科目,贷方登记分配计入有关成本费用项目的职工薪酬的数额,借方登记实际发放或支付的职工薪酬的数额;该科目期末贷方余额,反映企业应付未付的职工薪酬。"应付职工薪酬"会计科目核算企业应付给职工的工资总额,而不论是否在当月支付。但不包括不属于工资总额的连同工资发给职工的款项,如福利补助、退休金等。

该科目可以根据实际情况设置明细账,如"工资""职工福利""社会保险费""住房公积金""工会经费""职工教育经费""非货币性福利"等明细科目,进行明细核算。如:"应付职工薪酬——工资""应付职工薪酬——职工福利""应付职工薪酬——社会保险费"等。

◎预备知识

按照劳动工资制度的规定,企业应根据考勤记录、工时记录、产量记录、工资标准、工资等级等,编制"工资单"计算各种工资。财会部门应将"工资单"进行汇总,编制"工资汇总表",并按工人所在岗位进行分配,计入相应的费用成本等相关账户。属于车间生产工人的工资,列入"生产成本"账户;属于生产车间管理人员工资,列入"制造费用"账户,属于销售机构人员工资,列入"销售费用"账户;属于厂部管理人员工资,列入"管理费用"账户;属于其他经营业务人员工资,列入"其他业务成本"账户;属于医务福利部门人员工资,列入"应付职工薪酬——福利费"账户;属于建筑安装固定资产人员工资,列入"在建工程"账户。

◎知识拓展

一般制造企业人员工资是按照服务对象进行归集和分配,如为生产产品的工人工资计入生产成本,车间管理人员工资计入制造费用,管理人员工资计入管理费用。

思考:

财务人员的工资是计入财务费用吗?

子任务1　应付职工薪酬概述

◎预备知识

应付职工薪酬是指企业为获得职工提供的服务而给予各种形式的报酬以及其他相关支出。具体包括以下支出：

①职工工资、奖金、津贴和补贴；

②职工福利费；

③医疗保险费、养老保险费、失业保险费、工伤保险费和生育保险费等社会保险费；

④住房公积金；

⑤工会经费和职工教育经费；

⑥非货币性福利；

⑦因解除与职工的劳动关系给予的补偿；

⑧其他为获得职工提供的服务相关的支出。

子任务2　应付职工薪酬核算

◎预备知识

应付职工薪酬核算一般需要经过四个环节或步骤进行，首先计提工资，即企业应当在职工为其提供服务的会计期间，将计提的职工薪酬确认为负债，除因解除与职工的劳动关系给予的补偿外，应当根据职工提供服务的受益对象，分别分配到相应的科目中去，即借记相应科目，贷记“应付职工薪酬”账户。其次要从应付职工薪酬中扣还的各种款项（如代扣个人所得税等），借记“应付职工薪酬”账户，贷记“应交税费应——交个人所得税”等账户。按规定手续向银行提取现金，准备发放工资，即借记“库存现金”账户，贷记“银行存款”账户。最后实际支付工资时，借记“应付职工薪酬”账户，贷记“库存现金”账户。

○职业判断与账务处理

【工作资料7-5】：重庆市长江有限责任公司2012年11月份工资结算汇总资料如下：应付职工薪酬总额200 000元，其中生产车间直接生产工人工资110 000元，车间管理人员工资20 000元，厂部管理人员工资15 000元，医务福利人员工资10 000元，销售部门人员工资30 000元，基建工程人员工资15 000元，应代扣房租8 000元，应代扣代交的个人所得税2 000元。重庆市长江有限责任公司在核算和发放工资时应该编制以下会计分录：

①首先计提工资或称工资的分配

借:生产成本	110 000
制造费用	20 000
管理费用	15 000
应付职工薪酬——福利费	10 000
销售费用	30 000
在建工程	15 000
贷:应付职工薪酬——工资	200 000

②代扣款项

借:应付职工薪酬——工资	10 000
贷:其他应付款——房管部门	8 000
应交税费——应交个人所得税	2 000

③提取现金,准备发放工资(一般企业在次月发放上月工资)

借:库存现金	190 000
贷:银行存款	190 000

④实际支付工资

借:应付职工薪酬——工资	190 000
贷:库存现金	190 000

实践总结:

一般企业都是本月计提工资,在次月发放,故发放的工资都是上月计提的工资。即可以用图7.5所示的流程图表示:

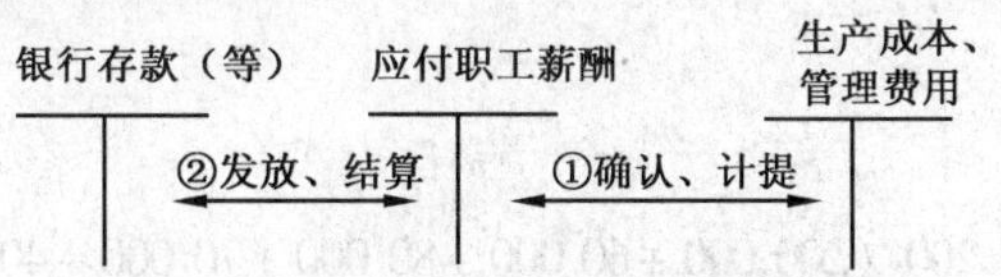

图7.5 应付职工薪酬核算图示

子任务3 职工福利费核算

◎预备知识

职工福利费是指企业支付的职工医疗、补助以及其他福利事业的经费。其主要开支范围包括:

①职工医药费。

②职工的生活困难补助，是指对生活困难的职工实际支付的定期补助和临时性补助。包括因公或非因工负伤、残废需要的生活补助。

③职工及其供养直系亲属的死亡待遇。

④集体福利的补贴，包括职工浴室、理发室、洗衣房，哺乳室、托儿所等集体福利设施支出与收入相抵后的差额的补助，以及未设托儿所的托儿费补助和发给职工的修理费等。

⑤其他福利待遇，主要是指上下班交通补贴、计划生育补助、住院伙食费等方面的福利费开支。

为核算职工福利费应设置"应付职工薪酬——福利费"来进行账务处理，该科目是应付职工薪酬的二级科目，性质同应付职工薪酬。每月据实支付、使用福利费时，借记"应付职工薪酬——福利费"科目，贷记"库存现金""银行存款"等科目。然后再按工资比例提取各类人员福利费，分别计入的费用与各类人员的工资分别列支的费用基本上一致。提取福利费时，借记"生产成本""制造费用""管理费用""销售费用""在建工程"等科目，贷记"应付职工薪酬——福利费"科目。

○职业判断与账务处理

【工作资料 7-6】：2012 年 5 月，重庆市长江有限责任公司本月共为职工支付福利费 67 200 元，本月的工资费用发放表为：应发放给生成工人的工资及奖金 200 000 元，车间管理人员的工资及奖金 60 000 元，行政管理人员工资及奖金 80 000 元，专设的销售机构人员的工资及奖金 70 000 元，在建工程人员工资及奖金 40 000 元，研究开发人员的工资及奖金 30 000 元。计提职工福利费的会计分录为：

①支付福利费

借：应付职工薪酬　　67 200

　贷：银行存款　　67 200

②提取福利费

福利费提取率 = 67 200/(200 000 + 60 000 + 80 000 + 70 000 + 40 000 + 30 000) = 14%

借：生产成本——福利费　　28 000

　制造费用——福利费　　8 400

　管理费用——福利费　　11 200

　销售费用——福利费　　9 800

　在建工程——福利费　　5 600

　无形资产——研发费　　4 200

　贷：应付职工薪酬——福利费　　67 200

实践总结：

按现行会计制度规定，职工福利费不再计提，每月据实列支。

子任务4 工会及职工教育经费核算

◎预备知识

工会及职工教育经费是按工资总额的一定比例提取用于工会组织活动的经费和职工教育事业的一项费用。单位职工不但有取得劳动报酬的权利、享有集体福利的权利,还有接受岗位培训、后续教育的权利,为此需要一定的教育经费。

工会经费的计提比例是应付职工薪酬总额的2%,其用途是用于工会组织活动的经费。

其计入受益对象管理费用中,在计提时的分录:

借:管理费用——工会经费

  贷:应付职工薪酬——应付工会经费

拨交工会时:

借:应付职工薪酬——应付工会经费

  贷:银行存款/库存现金

职工教育经费的计提比例是应付工资总额的1.5%,其用途是用于职工教育,提高技能活动的经费,其计入受益对象也是管理费用。

计提时的分录:

借:管理费用——工会经费

  贷:应付职工薪酬——职工教育经费

实际支付时:

借:应付职工薪酬——职工教育经费

  贷:银行存款/库存现金

○职业判断与账务处理

【工作资料7-7】:2012年5月,重庆市长江有限责任公司的工资费用发放表为:应发放给生产工人的工资及奖金200 000元,车间管理人员的工资及奖金60 000元,行政管理人员工资及奖金80 000元,专设的销售机构人员的工资及奖金70 000元,在建工程人员工资及奖金40 000元,研究开发人员的工资及奖金30 000元。若按工资总额的2%和1.5%计提职工工会经费和教育经费,编制工资总额、工会经费、职工教育经费提取表:

表 7.1　工会经费、职工教育经费提取表

2012 年 5 月 31 日

部　门	类　别	工　资	工会经费(2%)	职工教育经费(1.5%)
生产车间	生产工人的工资	200 000	4 000	3 000
	车间管理人员的工资	60 000	1 200	900
管理部门	行政管理人员的工资	80 000	1 600	1 200
销售机构	销售机构人员的工资	70 000	1 400	1 050
工程部门	在建工程人员的工资	40 000	800	600
研发部	研究开发人员的工资	30 000	600	450
	合　计	480 000	9 600	7 200

根据提取表编制记账凭证为：

借：管理费用　　3 850
　　销售费用　　2 450
　　在建工程　　1 400
　　制造费用　　2 100
　　生产成本　　7 000
　　贷：应付职工薪酬——职工教育经费　　7 200
　　　　　　　　　——工会经费　　9 600

实际支付时，根据缴款书记账：

行政拨付工会经费缴款书（留底）

缴款日期：2012年06月06

<table>
<tr><td rowspan="4">缴款单位</td><td>代码</td><td colspan="5">130106763425889</td><td colspan="4" rowspan="3">预算科目</td><td colspan="3">编号</td><td colspan="10">102010102</td></tr>
<tr><td>全称</td><td colspan="5">重庆长江股份有限公司</td><td colspan="3">名称</td><td colspan="10">企业单位基本养老保险收入</td></tr>
<tr><td>开户银行</td><td colspan="5">重庆市分行沙坪坝支行</td><td colspan="3">级次</td><td colspan="10">县区100%</td></tr>
<tr><td>账号</td><td colspan="5">11000096875432</td><td colspan="7">收款国库</td><td colspan="10">江北支库</td></tr>
<tr><td rowspan="2">职工人数</td><td rowspan="2">上月份工资</td><td rowspan="2">应交2%工会经费</td><td colspan="9">留用于基层</td><td colspan="5">滞纳金</td><td colspan="7">合计</td></tr>
<tr><td>比例</td><td>十</td><td>万</td><td>千</td><td>百</td><td>十</td><td>元</td><td>角</td><td>分</td><td>百</td><td>十</td><td>元</td><td>角</td><td>分</td><td>十</td><td>万</td><td>千</td><td>百</td><td>十</td><td>元</td><td>角</td></tr>
<tr><td>400</td><td>480 000</td><td>¥9,600.00</td><td>60%</td><td></td><td>¥</td><td>9</td><td>6</td><td>0</td><td>0</td><td>0</td><td>0</td><td>-</td><td>-</td><td>-</td><td>-</td><td>-</td><td></td><td>¥</td><td>9</td><td>6</td><td>0</td><td>0</td><td>0</td></tr>
<tr><td colspan="2">缴费所属月份</td><td colspan="5">2012年5月份</td><td colspan="17">人民币（大写）玖仟陆佰元整</td></tr>
<tr><td colspan="7">上述款项，已委托本单位账户划收款单位账户
付款单位</td><td colspan="17">备注</td></tr>
</table>

图 7.6　工会经费缴款书

借：应付职工薪酬——工会经费　　9 600
　　贷：银行存款　　9 600

职工教育经费在发生职工教育经费时,跟工会经费一样处理,根据业务发生时取得的各种凭证,登记记账。

子任务5　五险一金核算

◎预备知识

1）“五险一金”的概念

“五险一金”中的“五险”是指:养老保险、医疗保险、失业保险、工伤保险、生育保险,“一金”指的是住房公积金。在五险中,其中养老保险、医疗保险和失业保险,这三种险是由企业和个人共同缴纳的保费,工伤保险和生育保险完全是由企业承担,个人不需要缴纳。住房公积金是单位、个人各负担一部分。这里要注意的是“五险”是法定的,而“一金”不是法定的。所谓法定就是国家法律规定必须缴纳。“五险一金”的缴费比例和缴费基数各地方不一定相同,目前大多地方缴费比例分别是:

养老保险:单位每个月为你缴纳21%,个人缴纳8%;

医疗保险:单位每个月为你缴纳9%,个人缴纳2%外加10元的大病统筹;

失业保险:单位每个月为你缴纳2%,个人缴纳1%;

工伤保险:单位每个月为你缴纳0.5%,个人不需要缴纳;

生育保险:单位每个月为你缴纳0.8%,个人不需要缴纳;

住房公积金:单位每个月为你缴纳8%,个人缴纳8% 。

2）“五险一金”的会计账务处理

(1)五险的账务处理

①个人负担部分从工资中扣除

借:应付职工薪酬——工资

　　贷:应付职工薪酬——社会保障金(代扣职工应交纳的部分)

②企业负担部分,单独提取

借:管理费用——劳动保险费

　　贷:应付职工薪酬——社会保障金(养老、医疗、失业、工伤、生育保险)

③交纳时

借:应付职工薪酬——社会保障金（单位 + 代扣个人应缴的金额）

　　贷:银行存款(总交纳的金额)

(2)住房公积金的账务处理

①单位负担部分,按工资总额单独提取

借:管理费用——住房公积金

贷:应付职工薪酬——住房公积金

②个人部分从工资中扣除

借:应付职工薪酬——工资

贷:应付职工薪酬——住房公积金

③上交时

借:应付职工薪酬——住房公积金(单位+个人应缴的金额)

贷:银行存款或库存现金

○职业判断与账务处理

【工作资料7-8】:2012年5月,重庆市长江有限责任公司的工资费用发放表为:应发放给生成工人的工资及奖金200 000元,车间管理人员的工资及奖金60 000元,行政管理人员工资及奖金80 000元,专设的销售机构人员的工资及奖金70 000元,在建工程人员工资及奖金40 000元。若每月养老保险:单位缴纳21%,个人缴纳8%;医疗保险:单位缴纳9%,个人缴纳2%;失业保险:单位缴纳2%,个人缴纳1%;工伤保险:单位缴纳0.5%;生育保险:单位缴纳0.8%,会计分录为:

借:生产成本	66 600	
制造费用	19 980	
管理费用	26 640	
销售费用	23 310	
在建工程	13 320	
贷:应付职工薪酬——社会保险		149 850

任务4 应交税费业务

○任务分析

企业必须按照国家规定履行纳税义务,对其经营所得依法缴纳各种税费。这些应缴税费应按照权责发生制原则进行确认、计提,在尚未缴纳之前暂时留在企业,形成一项负债即应该上缴国家暂未上缴国家的税费。

企业应通过"应交税费"科目,总括反映各种税费的缴纳情况该科目的贷方登记应交纳的各种税费,借方登记已交纳的各种税费,期末贷方余额反映尚未交纳的税费;期末如为借方余额反映多交或尚未抵扣的税费。

"应交税费"科目按照应交税费项目或税种进行明细核算,如企业按照税法规定计算应交纳的各种税费,包括增值税、消费税、营业税、所得税、资源税、土地增值税、城市维护建设税、房产税、土地使用税、车船使用税、教育费附加、矿产资源补偿费等。

子任务1 应交增值税核算

◎预备知识

增值税是指在我国境内销售货物或提供加工、修理修配劳务以及进口货物的单位和个人的增值额征收的一种流转税,根据纳税人的经营规模及会计核算的健全程度,增值税纳税人又分为一般纳税人和小规模纳税人。应交增值税就是指一般纳税人和小规模纳税人销售货物或者提供加工、修理修配劳务活动本期应交纳的增值税。

在一般纳税人企业,进货时收到对方开具的增值税专用发票可以抵扣,故其当月缴纳的增值税是按销项税额与进项税额之间的差额来缴纳,即增值额缴纳。特别指出的是购入的用于生产的固定资产的增值税可以抵扣;采购材料过程中的运输费可以抵扣7%。销项税额核算时,需要注意视同销售业务的增值税,视同销售的情况有:

①将自产的、委托加工的物资和购买的物资用于分红;

②将自产的、委托加工的物资和购买的物资用于对外投资;

③将自产的、委托加工的物资和购买的物资用于捐赠;

④将自产的、委托加工的物资用于个人消费;

⑤将自产的、委托加工的物资用于其他非应税项目;

⑥将自产的、委托加工的物资用于在建工程。

进项税额核算时,不予抵扣的情况有:

①将购买的物资或接受的劳务用于在建工程;

②将购买的物资或接受的劳务用于集体福利或个人消费;

③将购买的物资或接受的劳务用于其他非应税项目;

④非正常损失(人为、管理不善等原因)的产成品、半成品和购进物资所对应的进项税额;

⑤购进非生产用固定资产。

在不考虑进出口业务时,一般纳税人企业应交增值税 = 销项税额 - 进项税额 + 进项税额转出 - 期初留抵进项税额。

小规模企业应按销售额依照增值税税率计算应纳税额,不得抵扣进项税额,也不得使用增值税专用发票。目前,小规模企业增值税税率为3%,一般纳税人企业增值税税率为17%。

为了核算企业应交增值税的发生、抵扣、进项转出、计提、交纳、退还等情况,应在

"应交税费"科目下设置"应交增值税"明细科目。其中，一般纳税人在"应交税费——应交增值税"明细账的借、贷方还进一步设置明细项目，即在其借方栏内还设"进项税额""已交税金"等项目；在贷方栏内设"销项税额""出口退税""进项税额转出"等项目。

一般纳税人账务处理是：当月缴纳增值税（例如开具专用缴款书预缴税款）时，借记"应交税费——应交增值税（已交税金）"贷记"银行存款"；"应交税费——应交增值税"科目的期末借方余额反映尚未抵扣的进项税额，贷方余额反映本月应交的增值税。

小规模纳税人核算比较简单，纳税时直接借：应交税费——应交增值税，贷：银行存款等。

○职业判断与账务处理

【工作资料 7-9】：重庆市长江有限责任公司为增值税一般纳税人，2012 年 4 月 1 日"应交税费——应交增值税"科目贷方余额为 6 000 元，为上月未交增值税额。4 月份发生如下经济业务（假定本月取得的增值税专用发票和运费发票均在本月内已申请认证）：①交纳上月未交增值税；②购进一批原材料，取得的增值税专用发票上注明的价款是 100 000 元，税款是 17 000 元，另支付运费 1 000 元，装卸费 1 500 元，取得运费发票，材料已验收入库，款项已付；③购入一台设备（此设备为公司员工生活娱乐使用），取得的增值税专用发票上注明设备价款 200 000 元，增值税额 34 000 元，设备已经到达并交付使用，款项已经支付；④用产成品对外投资，双方协议按成本作价，该批产成品的成本为 160 000 元，计税价格为 200 000 元，应交纳的增值税额为 34 000 元；⑤销售产品一批，销售价格为 300 000 元（不含增值税），实际成本为 235 000 元，产品已发出，货款尚未收到；⑥在建工程领用原材料一批，该批原材料实际成本为 20 000 元，应由该批原材料负担的增值税额为 3 400 元；⑦将自产的一批产成品分配给投资者，该批产品的实际成本为 80 000 元，计税价格为 90 000 元，适用的增值税税率为 17%。

重庆市长江有限责任公司 2012 年 4 月会计核算如下：

①交纳上月增值税时，根据完税凭证处理

借：应交税费——应交增值税（已交税金）　　6 000

　贷：银行存款　　6 000

②材料入库时

借：原材料　　102 430

　应交税费——应交增值税（进项税额）（17 000 + 1 000 × 7%）

　　17 070

　贷：银行存款（100 000 + 17 000 + 1 000 + 1 500）　　119 500

<table>
<tr><td colspan="4">中华人民共和国
税收转账专用完税证</td></tr>
<tr><td colspan="4">签发日期：2012年4月1日　（20091）渝国转电　00750421号</td></tr>
<tr><td>纳税人代码</td><td>130106763425889</td><td>征税机关</td><td>重庆市江北国税第一税务分局</td></tr>
<tr><td>纳税人全称</td><td colspan="3">重庆长江股份有限公司</td></tr>
<tr><td>税种</td><td></td><td>税款所属时期</td><td>实缴金额</td></tr>
<tr><td>增值税</td><td></td><td>2012年3月</td><td>6000.00</td></tr>
<tr><td>金额合计</td><td colspan="2">（人民币大写）陆仟元整</td><td>￥6000.00</td></tr>
<tr><td>税务机关（盖章）</td><td>代办银行（邮局）（盖章）</td><td>填票人（盖章）</td><td>备注：从402021529300000账户扣除</td></tr>
</table>

图7.7　完税证

③购入固定资产时

借：固定资产　　234 000

　　贷：银行存款　　234 000

④对外投资时

借：长期股权投资　　194 000

　　贷：库存商品　　160 000

　　　　应交税费——应交增值税（销项税额）　　34 000

⑤销售产品时

借：应收账款　　351 000

　　贷：主营业务收入　　300 000

　　　　应交税费——应交增值税（销项税额）　　51 000

借：主营业务成本　　235 000

　　贷：库存商品　　235 000

⑥工程领用材料时

借：在建工程　　23 400

　　贷：原材料　　20 000

　　　　应交税费——应交增值税（进项税额转出）　　3 400

⑦分配股利，视同销售

借：利润分配——应付现金股利或利润　　105 300

　　贷：应付股利　　105 300

借：应付股利　　105 300

　　贷：主营业务收入　　90 000

应交税费——应交增值税(销项税额) 15 300

借:主营业务成本 80 000

贷:库存商品 80 000

⑧月末计算应交未交增值税

应交增值税额 = 销项税额 - 进项税额 + 进项税额转出 - 期初留抵的进项税额

= (34 000 + 51 000 + 15 300) - 17 070 + 3 400 = 86 630 元

子任务2 应交营业税核算

◎预备知识

营业税是对提供劳务、出售无形资产或者销售不动产的单位和个人征收的税种。营业税按照营业额和规定的税率计算应纳税额,其计算公式为:应纳营业税额 = 营业额 × 税率,公式中的营业额是指企业提供应税劳务、出售无形资产或者销售不动产而向对方收取的全部价款和价外费用。价外费用包括向对方收取的手续费、基金、集资费、代收款项、代垫款项及其他各种性质的价外收费。

企业按规定应交的营业税,在"应交税费"科目下设置"应交营业税"明细科目进行核算。企业主营业务收入应交的是营业税,则通过"主营业务税金及附加"科目核算。企业按营业额和规定的税率计算应交纳的营业税,借记"主营业务税金及附加"等科目,贷记"应交税费——应交营业税"科目。企业其他业务所取得的收入,按规定应交的营业税,应通过"其他业务支出"科目核算,即借记"其他业务支出"科目,贷记"应交税费——应交营业税"科目。企业销售不动产如厂房、建筑物等,应当向不动产所在地主管税务机关申报交纳营业税。企业销售不动产按规定应交的营业税,在"固定资产清理"科目核算。而房地产开发企业经营房屋不动产所交纳的营业税,应通过"主营业务税金及附加"科目核算。

○职业判断与账务处理

【工作资料 7-10】:重庆市长江有限责任公司 2012 年 10 月份有关收入资料如下:其他业务收入向某单位转让一项专利权,取得转让收入 80 000 元;房屋出租收入 30 000元,包装物出租收入 10 000 元;车队承接外部运输业务,取得运输收入 60 000 元;出售临街房屋一间,获得价款收入 240 000 元;按规定,技术转让收入属于"转让无形资产"税目,应按 5% 税率征收营业税。其以上收入应纳税额分别为:

转让专利收入应纳税额 = 80 000 × 5% = 4 000 元

固定资产和包装物出租收入属于"服务业"税目,应按 5% 税率征收营业税。其应纳税额为:应纳税额 = 40 000 × 5% = 2 000 元运输业务收入属于“交通运输业”税目，应按3%税率征收营业税。其应纳税额为：

应纳税额 = 60 000 × 3% = 1 800 元

则其他业务收入应纳营业税为：

应纳税额 = 4 000 + 2 000 + 1 800 = 7 800 元

企业应作如下会计分录：

借：其他业务成本　　　　7 800

　　贷：应交税费——应交营业税　　　　7 800

企业出售房屋价款收入属于“销售不动产”税目，应按5%税率征收营业税。其应纳税额为：应纳税额 = 240 000 × 5% = 12 000 元

企业应作如下会计分录：

借：固定资产清理　　　　12 000

　　贷：应交税费——应交营业税　　　　12 000

下月上缴以上税款取得地税完税证明：

中华人民共和国
税收通用缴款书

隶属关系：（区）　　渝地缴电：03974589号

注册类型：其他股份有限责任公司　　填发日期：2012年06月06日　　征税机关：江北地税局征收分局

缴款日期：2012年06月06

缴款单位	代码	130106763425889	预算科目	编号	101090300
	全称	重庆长江股份有限公司		名称	股份制企业城市维护建设税
	开户银行	重庆市分行沙坪坝支行		级次	县区100%
	账号	11000096875432	收款国库		江北支库
税款所属时期2012年5月			税款限缴日期2012年6月10日		

品名名称	课税数量	计税金额或销售收入	税率或单位税额	已交或扣除数	实缴金额
增值税（市区、郊区、矿区）		￥80,000.00	5%		4000
		￥40,000.00	5%		2000
		￥60,000.00	3%		1800
		￥240,000.00	5%		12000
金额合计	壹万玖仟捌百元整		￥19800.00		
缴款单位（盖章） 经办人（章）	税务机关（盖章） 填表人	以上款项已收妥并划转收款单位账户 国库（银行）盖章 年　月　日	备注		流水号：j081101910002785 税票号：7 操作员：马丽

图7.8　税收通用缴款书

应作如下会计分录：

借：应交税费——应交营业税　　　　19 800

　　贷：银行存款　　　　19 800

子任务3　应交消费税核算

◎预备知识

为了调节消费结构，正确引导消费方向，国家在普遍征收增值税的基础上，选择部分消费品，如烟、酒、鞭炮、化妆品、汽油、小汽车及摩托车等，再征收一道消费税。它是对在我国境内从事生产、委托加工和进口应税消费品的单位和个人就其应税消费品的销售额或销售数量征收的一种税，即消费税在生产和进口环节征收，一旦出了生产环节，进入流通领域不再交纳消费税（注：金银首饰应交纳消费税除外。）因此，消费税一般由生产及进口企业交纳。

企业应交的消费税 = 企业应税收入 × 消费税税率，消费税实行价内征收，企业应交纳的消费税计入销售税金抵减产品销售收入。企业按规定应交的消费税，在"应交税费"科目下设置"应交消费税"明细科目进行核算。企业将生产的应税消费品直接对外销售时，对外销售产品应交纳的消费税，应通过"主营业务税金及附加"科目核算。企业按规定计算出应交的消费税，借记"主营业务税金及附加"科目，贷记"应交税费——应交消费税"科目。

○职业判断与账务处理

【工作资料7-11】：重庆市长江有限责任公司自产轮胎用于生产汽车和直接对外销售，2012年5月的生产和销售资料如下：

①100套轮胎用于生产小轿车，200套用于生产小货车，每套对外销售价格为1 000元；

②向外销售轮胎取得收入68.82万元，其中包括增值税税额10万元；

③接受某汽车厂委托加工特制轮胎一批，耗费材料20万元，收取加工费250万元。

针对上述三种情况中，计算过程分别为：

第一，根据消费税条例规定，消费税应税产品用于连续生产应税产品，不纳税，用于生产非应税产品的要纳税。所以，用于生产小轿车的100套轮胎不纳税，用于生产小货车的200套要纳消费税。

应纳税额 = 200 × 1 000 × 10% = 20 000 元

消费税计入小货车成本，会计分录如下：

借：生产成本——小货车　　30 000

　　贷：应交税费——应交消费税　　30 000

第二，对外销售时企业应缴纳的消费税为：

应纳税额 =(688 200 - 100 000)×10% =58 820 元

会计分录为:

借:银行存款 688 200

  贷:产品销售收入 588 200

    应交税费——应交增值税 100 000

借:营业税金及附加 58 820

  贷:应交税费——应交消费税 58 820

第三,接受委托加工,该企业代收代缴的消费税为:

组成计税价格 =(20 +250)÷(1 -10%)=300 万

应代缴税额 =300 ×10% =30 万

会计分录为:

借:其他应收款——消费税 300 000

  贷:应交税费——消费税 300 000

子任务4 其他应交税费核算

◎预备知识

对于除上述税金以外的应交城市维护建设税、资源税、土地增值税、房产税、土地使用税、车船税、个人所得税、企业所得税、教育费附加、矿产资源补偿费等,企业应当在“应交税费”科目下设置相应的明细科目进行核算。

企业应交的城市维护建设税、教育费附加,借记“营业税金及附加”等科目,贷记“应交税费——应交城市维护建设税(或应交教育费附加)”科目。

企业对外销售应税产品应交纳的资源税,借记“营业税金及附加”科目,贷记“应交税费——应交资源税”科目,企业自产自用应税产品而应交纳的资源税,借记“生产成本”“制造费用”等科目,贷记“应交税费——应交资源税”科目。

企业转让的土地使用权连同地上建筑物及其附着物一并在“固定资产”等科目核算的,转让时应交的土地增值税,借记“固定资产清理”科目,贷记“应交税费——应交土地增值税”科目;土地使用权在“无形资产”科目核算的,按实际收到的金额,借记“银行存款”科目,按应交的土地增值税,贷记“应交税费——应交土地增值税”科目,同时冲销土地使用权的账面价值,贷记“无形资产”科目,按其差额,借记“营业外支出”科目或贷记“营业外收入”科目。

企业按规定计算的代扣代交的职工个人所得税,借记“应付职工薪酬”科目,贷记“应交税费——应交个人所得税”科目。

企业应交的房产税、土地使用税、车船税、矿产资源补偿费，借记“管理费用”科目，贷记“应交税费——应交房产税（或应交土地使用税、应交车船税、应交矿产资源补偿费）”科目。

任务5 其他流动负债业务

○任务分析

其他流动负债是指不能归属于上述所讲的短期借款、应付票据、应付账款、预收账款、应付职工薪酬、其他应付款和应交税费等项目的流动负债。一般包括应付股利、应付利息和其他应付款等。

子任务1 应付股利核算

◎预备知识

应付股利是指企业经董事会或股东大会，或类似机构决议确定分配的现金股利或利润。获得投资收益是出资者对企业进行投资的初衷。企业在宣告给投资者分配股利或利润时，一方面将冲减企业的所有者权益，另一方面也形成“应付股利”这样一笔负债；随着企业向投资者实际支付利润，该项负债即行消失。

企业应通过“应付股利”科目，核算企业确定或宣告支付但尚未实际支付的现金股利或利润。本科目核算企业分配的现金股利或利润。企业分配的股票股利，不通过本科目核算。本科目应当按照投资者进行明细核算。企业应根据股东大会或类似机构通过的利润分配方案，按应支付的现金股利或利润，借记“利润分配”科目，贷记本科目。实际支付现金股利或利润，借记本科目，贷记“银行存款”“现金”等科目。本科目期末贷方余额，反映企业尚未支付的现金股利或利润。另外，企业董事会或类似机构通过的利润分配方案中拟分配的现金股利或利润，不作账务处理。

○职业判断与账务处理

【工作资料7-12】：重庆市长江有限责任公司有甲、乙两个股东，分别占注册资本的40%和60%。2011年度该公司实现净利润8 000万元，2012年3月6日经过董事会批准，决定分配2010年现金股利1 000万元。2012年4月6日经过股东大会批准，决定分配2009年现金股利2 000万元。2012年4月16日股利已经用银行存款支付。有关会计处理如下：（以下单位均为万元）

①2012 年 3 月 6 日

不编制会计分录

②2012 年 4 月 6 日

借:利润分配——应付股利　　2 000

　贷:应付股利——甲股东　　800

　　　　　　——乙股东　　1 200

③2012 年 4 月 16 日

借:应付股利——甲股东　　800

　　　　　——乙股东　　1 200

　贷:银行存款　　2 000

子任务 2　应付利息核算

◎预备知识

本科目核算企业按照合同约定应支付的利息,包括吸收存款、分期付息到期还本的长期借款、企业债券等应支付的利息。本科目可按存款人或债权人进行明细核算。

应付利息的主要账务处理。资产负债表日,应按摊余成本和实际利率计算确定的利息费用,借记"利息支出""在建工程""财务费用""研发支出"等科目,按合同利率计算确定的应付未付利息,贷记本科目,合同利率与实际利率差异较小的,也可以采用合同利率计算确定利息费用。实际支付利息时,借记本科目,贷记"银行存款"等科目。本科目期末贷方余额,反映企业应付未付的利息。

○职业判断与账务处理

【工作资料 7-13】:重庆市长江有限责任公司于 2012 年 1 月 1 日向银行借入一笔生产经营用短期借款,共计 120 000 元,期限为 9 个月,年利率为 8%。根据与银行签署的借款协议。该项借款的本金到期后一次归还;利息分月预提,按季支付。重庆市长江有限责任公司的有关会计处理如下:

①1 月 1 日借入短期借款时

借:银行存款　　120 000

　贷:短期借款　　120 000

②1 月末,计提 1 月份应计利息时

借:财务费用　　800

　贷:应付利息　　800

本月应计提的利息金额 = 120 000 × 8% ÷ 12 = 800 元

本例中，短期借款利息800元属于企业的筹资费用，应计入“财务费用”科目。2月末计提2月份利息费用的处理与1月份相同。

③3月末支付第一季度银行借款利息时

借：财务费用　　800

　应付利息　　1 600

　贷：银行存款　　2 400

本例中，1月至2月已经计提的利息为1 600元，应借记“应付利息”科目，3月份应当计提的利息为800元，应借记“财务费用”科目；实际支付利息2 400元，贷记“银行存款”科目。

第二、三季度的会计处理同上。

④10月1日偿还银行借款本金时

借：短期借款　　120 000

　贷：银行存款　　120 000

如果上述借款期限是8个月，则到期日为9月1日，8月末之前的会计处理与上述相同。9月1日偿还银行借款本金，同时支付7月和8月已提未付利息：

借：短期借款　　120 000

　应付利息　　1 600

　贷：银行存款　　121 600

应付利息核算企业按照合同约定应支付的利息，包括短期借款、分期付息到期还本的长期借款、企业债券等应支付的利息。

【工作资料7-14】：重庆市长江有限责任公司2012年1月1日借入5年期到期还本每年付息的长期借款5 000 000元，合同约定年利率为3.5%。该企业的会计分录如下：

①每年计算确定利息费用时

借：财务费用　　175 000

　贷：应付利息　　175 000

企业每年应支付的利息＝5 000 000×3.5%＝175 000元

②每年实际支付利息时

借：应付利息　　175 000

　贷：银行存款　　175 000

子任务3　其他应付款核算

◎预备知识

其他应付款是指企业除应付票据、应付账款、预收账款、应付职工薪酬、应交税费、应付股利等经营活动以外的其他各项应付、暂收的款项,如应付租入包装物租金、存入保证金等。企业应通过“其他应付款”科目,核算其他应付款的增减变动及其结存情况,并按照其他应付款的项目和对方单位(或个人)设置明细科目进行明细核算。

企业产生其他各种应付、暂收款项时,借记“管理费用”等科目,贷记“其他应付款”科目;支付或退回其他各种应付、暂收款项时,借记“其他应付款”科目,贷记“银行存款”等科目。

○职业判断与账务处理

【工作资料7-15】:重庆市长江有限责任公司从2012年1月1日起,以经营租赁方式租入管理用办公设备一批,每月租金5 000元,按季支付。3月31日,重庆市长江有限责任公司以银行存款支付应付租金。

①1月31日计提应付租赁方式租入固定资产租金。

借:管理费用　　5 000

　　贷:其他应付款　　5 000

②2月底计提应付租赁方式租入固定资产租金,同上。

③3月31日支付租金。

借:其他应付款　　10 000

　　管理费用　　5 000

　　贷:银行存款　　15 000

学习情境 8 非流动负债业务核算

任务导入

2012 年 8 月就在苏宁和京东商城打响并愈演愈烈的电商价格战之后，苏宁宣布发行 80 亿公司债，将此次电商战役再次推向高潮，东方财富网刊发了标题为“拟发行 80 亿公司债，苏宁豪赌未来”的文章，文章作了如下报道：

苏宁电器副董事长孙为民说：“这次发行 80 亿公司债是基于未来长远的发展战略，综合考虑了融资成本。苏宁在目前负债率较低、总体现金流良好的情况下，选择发债进行债务结构的调整，进行创新转型运营资金的补充。”

按照公告，此次募集资金将主要用于苏宁采购模式、研发平台、物流运营体系的创新和优化，主要用途包括，推进营销转型变革、加大云数据中心和智能化店面建设、优化物流体系。

苏宁为此增加的成本并不少。光大证券发布研报显示，根据近期发行的长期公司债票面利率，估计苏宁本次发行的公司债票面利率为 6%；若 80 亿融债规模全部顺利完成，苏宁 2013 年以后每年将增加财务费用约 4.8 亿元。

请问这种债务和流动负债有什么区别？会计核算该如何处理？

项目内容概述

非流动负债是指借款期限比较长，这区别于流动负债，因此账务处理上也大大区别于流动负债。非流动负债一般包括长期借款、应付债券以及由融资租赁产生的长期应付款业务，各种非流动负债持续期限很长，账务处理也会很复杂。因为期限较长，这些业务也往往和企业固定资产投资有关，因此资金的时间价值必须考虑，并且利息支付庞大，完全计入当期损益，负担很重，所以资本化又是这个项目的一个重要内容。

本项目重要的内容就是债券的核算、融资租赁的处理。

知识目标

1. 理解、掌握非流动负债的分类；
2. 掌握长期借款账户设置方法及核算流程；
3. 掌握普通债券、可转换债券投资的两种核算方法；
4. 掌握融资租赁业务账务处理流程。

能力目标

1. 能区分非流动负债与流动负债的区别；
2. 能对长期借款根据付息方式的区别进行初始、后续计量及账务处理；
3. 能对普通债券、可转换债券进行初始、后续计量及账务处理；
4. 能对融资租赁及长期应付款进行初始、后续计量及账务处理。

任务1　长期借款

任务导入

2012年，重庆长江股份有限公司为了购置新设备，根据股东大会决议，向银行申请300万借款，商定利率16%，一年付息一次，6月12日贷款出纳人员从银行取得贷款凭证，请问出纳对该笔业务应如何进行初始及后续计量？在长期借款前如果又发生一些手续支出，又该如何操作？

贷款申请书（第五联）

申请日期：2012年6月10日

贷款日期：2012年6月10日

贷款单位名称	重庆长江股份有限公司	贷款户账号	8310112306201	
贷款金额（大写）	叁佰万元整		千 百 十 万 千 百 十 元 角 分	¥ 3 0 0 0 0 0 0 0 0
贷款种类	长期贷款	利率 6.57%	约定还款日期	2017年9月12日
兹向你行借支上列款项用于 固定资产更新改造 重庆长江股份有限公司 财务专用章 贷款单位签章 （预留印签）	银行审核意见 同意贷款 中国工商银行北支行 合同专用章	借方科目： 贷方科目： 中国工商银行重庆分行江北支行 2012.06.10 转讫章	复核：	记账

行长：　　会计科长：韩玉静　　信贷科长：王明　　客户经理：杨晓静

图8.1　长期借款凭证

子任务1 长期借款会计处理

◎预备知识

长期借款(long-term loans)是指企业向银行或其他金融机构借入的期限在一年以上(不含一年)或超过一年的一个营业周期以上的各项借款。根据贷款的特点对贷款有不同的分类方法:

①按利息结算方式:可将长期借款分为分期付息到期还本长期借款、到期一次还本付息长期借款。这表现在会计科目上的区别在于如果是第一种利息设置科目为应收利息,如果为第二种利息会计科目设置为长期借款——利应计息。

②按所借币种:可分为人民币长期借款和外币长期借款。这种差异会导致会计处理外币贷款在期末必须要进行利率调整形成财务费用——汇兑差异。

③按照用途:可分为固定资产投资借款、更新改造借款、科技开发和新产品试制借款等。这将影响到利息费用的对应科目,一般固定资产形成利息资本化分别对应计入在建工程、无形资产、财务费用等科目。

④按照提供贷款的机构:可分为政策性银行贷款、商业银行贷款等。这将影响到贷款利率的高低及贷款时间的长短。

长期借款与短期借款的区别在于:长期贷款利息率远高于短期借款,因此如果利息全部计入当期损益,不仅对本期利润产生太大的压力,而且不符合配比性原则,因此也就产生利息资本化的问题,同时长短期贷款目的有所不同,长期贷款一般用于固定资产的购建,利息符合要求的情况下可以资本化,短期借款收益期一般在本期,利息费用化。

○任务分析

对于到期一次还本付息的借款来说一般设置以下几个明细:长期借款——本金、长期借款——利息调整、长期借款——应计利息。企业借入长期借款时,按实际收到的金额,借记银行存款,按本金的金额贷记长期借款——本金,按借贷差额,借记长期借款——利息调整,不会出现贷方差额。

资产负债表日,企业应按照长期借款摊余成本和实际利率计算发生的利息费用,借记在建工程、财务费用,按借款本金和合同利率计算的应付未付利息贷记应付利息,按借贷方差额贷记长期借款——利息调整(这一点类似于债券的折价发行,参见长期债券内容)。如果有客观证据表明实际利率和名义利率计算的各期利息费用差额很小,也可以采用名义利率和摊余成本计算。发生的手续费、佣金等交易费用构成的利息调整部分,不得计入当期损益。

但是作为按期计息，到期还本的贷款来说，核算就简单很多，只设置长期借款科目，利息直接通过应付利息来核算。

○职业判断与账务处理

1）到期还本付息贷款处理

【工作资料8-1】：重庆市长江有限责任公司为建造一条生产线，于2012年12月1日从建设银行取得三年期借款500 000元，按单利计算，月利率6‰，企业另有一笔流动资金借款300 000，利率同上，合同规定到期一次还本付息，款项已存入银行。在该贷款取得、使用并计息、归还过程中如何进行会计处理？

按要求完成下列任务：

2012年12月1日取得借款时会计分录；

2012年12月31日，计算本月借款利息；

2015年12月1日，长期借款到期时，企业以银行存款归还本息。

①贷款取得

借：银行存款　　500 000

　　贷：长期借款——本金　　500 000

②利息计算

表8.1　借款利息计算表　　2012年12月31日　　单位：元

借款种类	借款额	月利率	偿还方式	本月利息	备　注
生产经营周转用	300 000	6‰	到期一次还本付息	1 800	
基建借款	500 000	6‰	到期一次还本付息	3 000	
合　计				4 800	

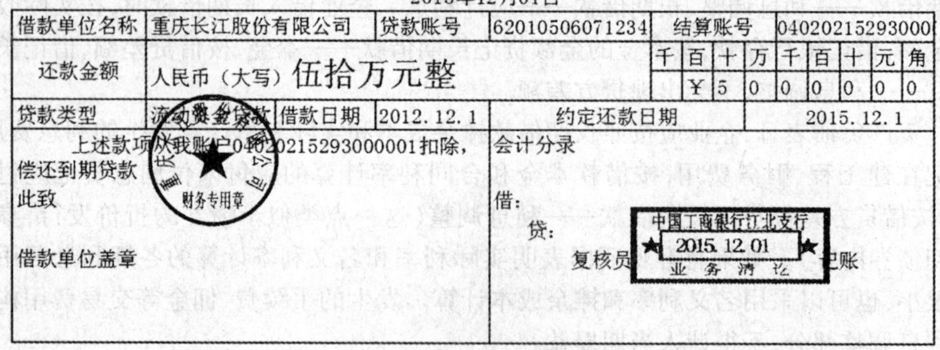

偿还贷款凭证（第一联）

2015年12月01日

借款单位名称	重庆长江股份有限公司	贷款账号	62010506071234	结算账号	04020215293000
还款金额	人民币（大写）伍拾万元整				千 百 十 万 千 百 十 元 角 ¥ 5 0 0 0 0 0 0 0
贷款类型	流动资金贷款	借款日期	2012.12.1	约定还款日期	2015.12.1

上述款项从我账户040202152930000001扣除，偿还到期贷款

此致

借款单位盖章

会计分录

借：

贷：

复核员　　记账

图8.2　贷款偿还凭证

根据借款利息计算单编写会计分录：

借：财务费用　　1 800

　在建工程　　3 000

　贷：长期借款——应计利息　　4 800

③还本付息时，取得贷款偿还凭证与利息，支票存根（略）

ICBC 中国工商银行

中国工商银行存（贷）款利息回单

2015年12月3日

付款人	全称	重庆长江股份有限公司	收款人	全称	重庆工行江北支行
	账号	11000123456789		账号	521001
收（付）金额		500000	计息户账号		162010506071234
借据编号		1201212101	借据序号		11
备注	起息日期		止息日期	利率	利息
	2012.12.1		2013.12.1	7.20%	36000
	2013.12.1		2014.12.1	7.20%	36000
	2014.12.1		2015.12.1		36000
	调整利息：		冲正利息：		
应收（付）利息：108000					

中国工商银行江北支行 2015.12.01 业务清讫

银行章：　　经办人：李红

图8.3　贷款利息回单

借：长期借款——应计利息　　108 000

　　　　　——本金　　500 000

　贷：银行存款　　608 000

实践总结：

企业借入长期借款时，应借记“银行存款”，贷记“长期借款——本金”；对于到期一次还本付息的长期借款，应在资产负债表日根据本金和名义利率计提利息，借记“财务费用”，贷记“长期借款——应计利息”；同时，长期借款计算确定的利息费用，应当按以下原则计入有关成本、费用：属于筹建期间的，计入管理费用；属于生产经营期间的，计入财务费用。如果长期借款用于购建固定资产的，在固定资产尚未达到预定可使用状态前发生的应当资本化的利息支出，计入在建工程成本。

2）分期付息、到期还本贷款处理

【工作资料8-2】：2012年1月1日，重庆市长江有限责任公司向银行借入长期借款500万元，进行固定资产购建，借款年利率8%，借款期限3年，每年年底支付借款利息，2013年末偿还本金200万，余下本金3年期满后一次付清。2012年12月31日前发生料、工、费425万；2014年3月底以前发生费用25万。项目于2013年3月底达到预定可使用状态，交付使用，并办理竣工决算手续。假定根据实际利率和名义利率计算的利息费用相差很少，采用名义利率进行后续计量。

根据资料，处理如下：

①2012 年借入长期借款

借：银行存款　　5 000 000

　贷：长期借款——本金　　5 000 000

②2012 年发生费用

借：在建工程　　4 250 000

　贷：银行存款　　4 250 000

③2012 年利息

借：在建工程　　400 000

　贷：应付利息　　400 000

④2012 支付利息

借：应付利息　　400 000

　贷：银行存款　　400 000

⑤2013 年 3 月发生费用

借：在建工程　　250 000

　贷：银行存款　　250 000

⑥2013 年利息，3 月份已经完工

借：在建工程　　100 000

　财务费用　　300 000

　贷：应付利息　　400 000

⑦2013 年年末支付当年利息和本金

借：应付利息　　400 000

　长期借款——本金　　2 000 000

　贷：银行存款　　2 400 000

⑧2014 年末计算本年利息：3 000 000 × 8% = 240 000

借：财务费用　　240 000

　贷：应付利息　　240 000

⑨2014 年末支付当年利息和偿还本金

借：应付利息　　240 000

　长期借款——本金　　3 000 000

　贷：银行存款　　3 240 000

实践总结：

对于分期付息、到期还本的长期借款，在资产负债表日，企业应根据合同利率预提，计算应付未付成本，借记“财务费用”，贷记“应付利息”。

子任务2 利息资本化

◎预备知识

长期借款费用表现在两个方面：用资费用、筹资费用。

用资费用即为企业使用资金所支付的费用，表现为每期支付的或者预提的利息；筹资费用企业为筹集资金所支付的费用，作为长期借款来说，筹资费用一般包括借款手续费、借款佣金、项目评估费、土地评估费、抵押登记费、财务顾问费等。筹资费用形成对筹资金额的抵减，形成利息调整，但是一般企业将它计入管理费用或财务费用。

利息资本化的重点也就是用资费用，长期借款利息为目标工程支出，因此需要将利息调整进入到在建工程价款中，也就产生了利息资本化的问题。

○任务分析

长期借款利息资本化业务处理应把握以下要点：

①利息资本化的起点。资产支出已经发生、借款费用已经发生、为使资产达到预定可使用状态或者可销售状态所必要的购建或者生产活动已经开始，必须以三个条件同时发生的时间为起点。

②利息资本化的终止。购建的符合资本化条件的固定资产达到预定可使用状态或者可销售状态。

③资本化时间暂停。符合资本化条件的固定资产在购建或者生产过程中发生非正常中断时间连续超过3个月。属于正常的工程施工干燥固化时间除外。

④资本化金额的确定。a. 专门借款的利息资本化。专门借款按照专门借款本期发生的利息，减去闲置资本存放银行获取的利息收入或者投资于暂时性投资获取的收益确定资本化数额。b. 一般借款的利息资本化。为购建符合资本化条件的资产而占用一般借款的，应按照超出专门借款的资本支出的加权平均数或者平均资本占用额乘以一般借款资本化利率（所谓资本化利率就是借款实际利率的加权平均，之所以是加权平均，是因为企业一般借款不是一笔，且支出也没办法分清支出采用的是哪笔一般借款，总之是用了）。

⑤外币借款本金及利息汇兑的处理。当企业为购建或者生产符合资本化条件的资产所借入专门借款为外币借款时，在借款费用资本化期间，外币专门借款本金及其

利息的汇兑差异,应予以资本化,计入符合资本化条件的资产成本。除专门借款之外的其他借款本金及其利息所产生的汇兑差异作为财务费用,计入财务费用。

○职业判断与账务处理

1）一般借款利息的资本化

【工作资料8-3】:2012年1月1日重庆市长江有限责任公司正式动工开发建造一项固定资产,所占用的一般借款有两项(假定这里的支出均为超过专门借款的支出,不再单独考虑专门借款的情况):

①2011年1月1日借入的3年期借款200万元,年利率为6%;

②2011年4月1日发行的3年期债券300万元,票面年利率为5%,有关资产支出如下:

1月1日支出100万元;2月1日支出50万元;3月1日支出50万元;4月1日支出200万元;5月1日支出60万元。

资产建造从1月1日开始,工程项目于2012年6月30日达到预定可使用状态。

要求:

①分别计算2007年第一季度和第二季度适用的资本化率;

②分别计算2007年第一季度和第二季度应予资本化的利息金额并进行相应的账务处理。

任务分析:

①计算2012年第一季度和第二季度适用的资本化率:

由于第一季度只占用了一笔一般借款,资本化率即为该借款的利率,即1.5%(6%×3/12)。

由于第二季度占用了两笔一般借款,适用的资本化率为两项一般借款的加权平均利率。加权平均利率计算如下:

加权平均利率=(一般借款当期实际发生的利息之和+当期应摊销的折价)/一般借款本金加权平均数=[200×6%×3/12+300×5%×3/12]/(200+300)×100%=1.35%。

②计算2012年第一季度和第二季度一般借款应予资本化的利息金额及编制相应会计分录:

第一季度超过专门借款的一般借款累计支出加权平均数=100×3/3+50×2/3+50×1/3=150万元

第一季度应予资本化的利息金额=150×1.5%=2.25万元

第一季度一般借款实际发生的利息金额=200×6%×3/12=3万元

表 8.2 利息计算表

第一季度长期借款利息计算表

2012 年 3 月 31 日　　单位:万元

借款用途	金 额	时 间	利息率	应付利息
在建工程	150	1—3 月	1.50%	2.25
财务费用	50	1—3 月	1.50%	0.75
合 计	200	1—3 月	1.50%	3

账务处理为:

借:在建工程——借款费用　　2.25

　财务费用　　0.75

　贷:应付利息　　3

第二季度超过专门借款的一般借款的累计支出加权平均数 = (100 + 50 + 50 + 200) × 3/3 + 60 × 2/3 = 440 万元

则第二季度应予资本化的利息金额 = 440 × 1.35% = 5.94 万元

第二季度一般借款实际发生的利息和折价摊销金额 = 200 × 6% × 3/12 + 300 × 5% × 3/12 = 6.75 万元

账务处理为:

借:在建工程——借款费用　　5.94

　财务费用　　0.81

　贷:应付利息　　3

　　应付债券——应计利息(300 × 5% × 3/12)　　3.75

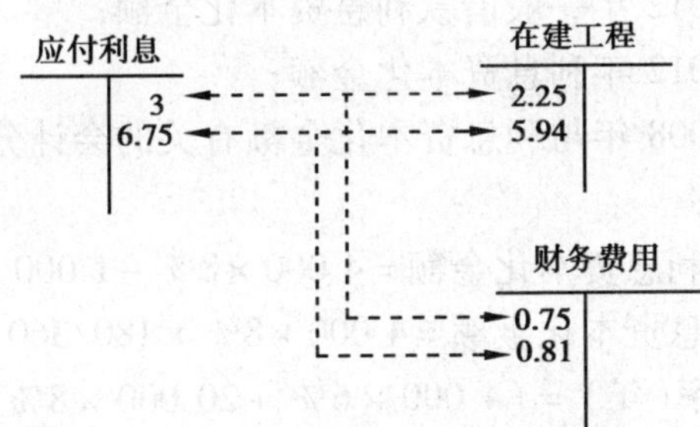

图 8.4 一般借款利息资本化流程

实践总结:

一般借款利息费用化金额 = 累计资产支出超出专门借款部分的资产支出加权平

均数×所占一般借款的资本化率；所占用一般借款的资本化率=所占一般借款加权平均利率=所占用一般借款当期实际发生的利息之和/所占用一般借款本金加权平均数。

2）专门借款、一般借款同时存在情况下的利息资本化

【工作资料8-4】：重庆市长江有限责任公司于2011年1月1日动工兴建一办公楼，工程采用出包方式，每半年支付一次工程进度款。工程于2012年6月30日完工，达到预计可使用状态。

重庆市长江有限责任公司建造工程资产支出如下：

①2010年1月1日，支出3 000万元；

②2010年7月1日，支出5 000万元，累计支出8 000万元；

③2012年1月1日，支出3 000万元，累计支出11 000万元。

重庆市长江有限责任公司为建造办公楼于2011年1月1日专门借款4 000万元，借款期限为3年，年利率为8%，按年支付利息。除此之外，无其他专门借款。

办公楼的建造还占用两笔一般借款：

①从A银行取得长期借款4 000万元，期限为2009年12月1日至2012年12月1日，年利率为6%，按年支付利息；

②平价发行公司债券2亿元，发行日为2011年1月1日，期限为5年，年利率为8%，按年支付利息。

闲置专门借款资金用于固定收益债券临时性投资，假定暂时性投资月收益率为0.5%，假定全年按360天计。

要求：

①计算2011年和2012年专门借款利息资本化金额；

②计算2011年和2012年一般借款利息资本化金额；

③计算2011年和2012年利息资本化金额；

④编制2007年和2008年与利息资本化金额有关的会计分录。

任务分析

①2011年专门借款利息资本化金额=4 000×8%－1 000×0.5%×6=290万元

2012年专门借款利息资本化金额=4 000×8%×180/360=160万元

②一般借款资本化率（年）=（4 000×6%+20 000×8%）/（40 00+20 000）=7.67%

2011年占用了一般借款资金的资产支出加权平均数=4 000×180/360=2 000万元

2012年一般借款利息资本化金额=2 000×7.67%=153.40万元

2012 年占用了一般借款资金的资产支出加权平均数 =（4 000 +3 000）×180/360 =3 500 万元

2012 年一般借款利息资本化金额 =3 500 ×7.67% =268.45 万元

③2011 年利息资本化金额 =290 +153.40 =443.4 万元

2011 年总利息 =4 000 ×6% +20 000 ×8% +4 000 ×8% =2 160 万元

2012 年闲置专门借款的利息 =1 000 ×6% ×6/12 =30 万元

2012 年利息资本化金额 =160 +268.45 =428.45 万元

2012 年总利息 =4 000 ×6% +20 000 ×8% +40 00 ×8% =2 160 万元

④2011 年利息处理

借:在建工程　　443.4

　应收利息　　30

　财务费用　　1 686.6

　贷:应付利息　　2 160

2012 年利息处理:

借:在建工程　　428.45

　财务费用　　1 731.55

　贷:应付利息　　2 160

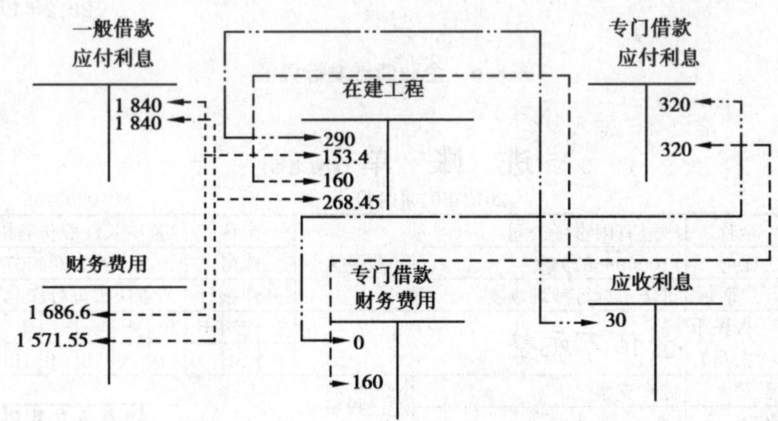

图 8.5 混合筹资下利息资本化核算流程

实践总结:

专门借款利息除去借款闲置资金衍生的收益后资本化,一般借款不确定属于使用的是哪一部分借款,所以要通过资本化利率来完成资本化。

任务2　长期债券

任务导入

重庆市长江股份有限公司2012年委托北方证券有限公司承销面值11元，利率8%的债券10万张，市场利率为6%，北方公司以102万的价格销售后，将协议结算金额100万转账给华兴股份有限公司，请问重庆市长江有限责任公司该如何处理该笔业务，以及如何对此笔业务进行初始及后续计量？

重庆长江股份有限公司

企业债券　　第00001号

经证监会长发（2012）第481号文批准同意发行企业债券100000元

面值：壹拾万元整

发票日期：2012年1月1日

期限：三年

企业地址：重庆市

董事长：江航

2012年1月1日

图8.6　企业债券发行凭证

进　账　单（收账通知）

2012年01月01日　　N0:0003245

付款人	全称	华冠有限责任公司	收款人	全称	重庆长江股份有限公司
	账号	11000096875432		账号	11000123456789
	开户银行	重庆市分行沙坪坝支行		开户银行	重庆市分行江北支行
人民币（大写）		壹佰万元整		千 百 十 万 千 百 十 元 角 分	¥ 1 0 0 0 0 0 0 0 0
票据种类		转账支票	注：投资款		
票据张数		1张			
单位主管　会计　复核　记账			收款人开户行签章	中国工商银行 重庆分行江北支行 2012.01.01 业务清讫	

图8.7　进账单（收账通知联）

子任务1　普通债券核算

◎预备知识

债券是指发行企业依照法定程序对外发行、约定在一定期限内还本付息的有价证券。

债券发行的目的是筹资，筹集资金过程中为了吸引投资者，公司需要将利率提高，但是利率提高之后，债券价格会被市场提高，高价格又会降低投资者的购买欲望。于是债券发行者就要在高利率与高价格之间进行权衡，最终确定债券的利率水平与目标发行价格。

但是债券的发行价格因为票面利率与实际利率的差异会导致债券发行价格与票面金额之间的不一致，这也就形成债券的溢价、折价、评价。

○任务分析

为了核算债券发行价格与票面金额的差异，设置以下几个明细进行反映，应付债券——本金、应付债券——利息调整、应付利息。

1）债券的发行

企业发行债券有溢价发行、折价发行和平价发行。企业发行债券时，按实际收到的款项，借记“银行存款”“库存现金”等科目，按债券票面价值，贷记“应付债券——面值”科目，按实际收到的款项与票面价值之间的差额，贷记或借记“应付债券——利息调整”科目。

2）债券的计息与摊销

①计算利息

应付利息 = 应付债券面值 × 票面利率 × 期限

利息费用 = 应付债券摊余成本 × 实际利率 × 期限

②利息的账务处理

资产负债表日，对于分期付息，企业应按应付债券的摊余成本和实际利率计算确定的债券利息费用，借记“在建工程”“制造费用”“财务费用”等科目，按票面利率计算确定的应付未付利息，贷记“应付利息”科目，按其差额，借记或贷记“应付债券——利息调整”科目。

对于一次还本付息的债券，通过“应付债券——应计利息”科目来核算每期提取的利息。

3）债券的偿还

采用一次还本付息方式的，企业应于债券到期支付债券本息时，借记“应付债券——面值、应计利息”科目，贷记“银行存款”科目。

采用分期付息方式的，在每期支付利息时，借记“应付利息”科目，贷记“银行存款”科目；债券到期偿还本金并支付最后一期利息时，借记“应付债券——面值”“在建工程”“财务费用”“制造费用”等科目，贷记“银行存款”科目，按借贷双方之间的差额，借记或贷记“应付债券——利息调整”科目。

○职业判断与账务处理

【工作资料 8-5】：2012 年 12 月 31 日，重庆市长江有限责任公司经批准发行 5 年期一次还本、分期付息的公司债券 10 000 000 元，债券利息在每年 12 月 31 日支付，票面利率为年利率 6%。假定债券发行时的市场利率为 5%。甲公司该批债券实际发行价格为 10 432 700 元。

重庆市长江有限责任公司根据上述资料，采用实际利率法计算确定的利息费用，见表 8.3。

表 8.3　利息计算表

付款日期	应付利息	利息费用	摊销的利息调整	应付债券摊余成本
2012 年 12 月 31 日				10 432 700
2013 年 12 月 31 日	600 000	521 635	78 365	10 354 335
2014 年 12 月 31 日	600 000	517 717	82 283	10 272 051
2015 年 12 月 31 日	600 000	513 603	86 397	10 185 654
2016 年 12 月 31 日	600 000	509 283	90 717	10 094 937
2017 年 12 月 31 日	600 000	505 063	94 937	10 000 000

根据以上资料，重庆市长江有限责任公司的账务处理如下：

①2012 年 12 月 31 日发行债券

借：银行存款　　10 432 700

　贷：应付债券——面值　　10 000 000

　　　　　　——利息调整　　432 700

②2013 年 12 月 31 日计算利息费用

借：财务费用等　　521 635

　应付债券——利息调整　　78 365

　贷：应付利息　　600 000

2014 年,2015 年,2016 年确认利息费用的会计处理同 2012 年。

③2017 年 12 月 31 日归还债券本金及最后一期利息费用

借:财务费用等　　505 063

　　应付债券——面值　　10 000 000

　　　　　　——利息调整　　94 937

　　贷:银行存款　　10 600 000

应付债券——面值

10 000 000 | 10 000 000

应付利息

| 600 000
600 000 | 600 000
600 000 | 600 000
600 000 | 600 000
600 000 | 600 000
600 000 |

应付债券——利息调整

| 432 700
78 365 |
82 283 |
86 397 |
90 717 |
94 938 |
| 0

银行存款

10 432 700 | 600 000
| 600 000
| 600 000
| 600 000
| 600 000
| 10 000 000

财务费用

521 635
517 717
513 603
509 283
505 063

图 8.8　普通债券利息摊销流程

实践总结:

企业发行债券,无论是面值发行,还是溢价发行或折价发行,均应按实际收到的金额,借记“银行存款”科目,按债券票面金额,借记“应付债券——面值”科目;实际收到的款项与面值的差额,借记或贷记“应付债券——利息调整”科目。对于计提利息时利率的应用,每期计入“财务费用”“在建工程”等科目的利息费用用的是实际利率乘以摊销额;每期确认的“应付利息”用的是票面利率乘以债券的面值。

子任务2　可转换债券核算

○任务分析

1)发行时

企业发行的可转换公司债券,应当在初始确认时将其包含的负债成分和权益成分进行分拆,将负债成分确认为应付债券,将权益成分确认为资本公积。

在进行分拆时，应先对负债成分的未来现金流量进行折现确定负债成分的初始确认金额，再按发行价格总额扣除负债成分初始确认金额后的金额确定权益成分的初始确认金额。企业应按实际收到的款项，借记"银行存款"等科目，按可转换公司债券包含的负债成分面值，贷记"应付债券——可转换公司债券（面值）"科目，按权益成分的公允价值，贷记"资本公积——其他资本公积"科目，按借贷双方之间的差额，借记或贷记"应付债券——可转换公司债券（利息调整）"科目。

2）期末计提利息

对于可转换公司债券的负债成分，在转换为股份前，其会计处理与一般公司债券相同，即按照实际利率和摊余成本确认利息费用，按照面值和票面利率确认应付利息，差额作为利息调整。可转换公司债券持有者在债券存续期间内行使转换权利，将可转换公司债券转换为股份时，对于债券面额不足转换 1 股股份的部分，企业应当以现金偿还。

3）转换时

可转换公司债券持有人行使转换权利，将其持有的债券转换为股票，按可转换公司债券的余额，借记"应付债券——可转换公司债券（面值、利息调整）"科目，按其权益成分的金额，借记"资本公积——其他资本公积"科目，按股票面值和转换的股数计算的股票面值总额，贷记"股本"科目，按其差额，贷记"资本公积——股本溢价"科目。如用现金支付不可转换股票的部分，还应贷记"库存现金""银行存款"等科目。

○职业判断与账务处理

【工作资料 8-6】：重庆市长江有限责任公司经批准于 2012 年 1 月 1 日按面值发行 5 年期一次还本分次付息的可转换公司债券 200 000 000 元，款项已收存银行，债券票面年利率为 6%。债券发行 1 年后可转换为普通股股票，初始转股价为每股 10 元，股票面值为每股 1 元；不足 1 股的按初始转股计算应支付的现金金额。

2013 年 1 月 1 日债券持有人将持有的可转换公司债券全部转换为普通股股票（假定按当日应付债券面值和应付利息之和计算转股数），重庆市长江有限责任公司发行可转换公司债券时二级市场上与之类似的没有转换权的债券市场利率为 9%。重庆市长江有限责任公司的账务处理如下：

（1）2012 年 1 月 1 日发行可转换公司债券

①可转换公司债券负债成分的公允价值 = 200 000 000 × 0.649 9 + 200 000 000 × 6% × 3.889 7 = 176 656 400 元

＊注：$3.8897 = \sum_{i=1}^{15} \frac{1}{(1+9\%)^{i}}$；$0.6499 = \frac{1}{(1+9\%)^{5}}$

或者：可转换公司债券负债成分的公允价值：

$$200\ 000\ 000 \times \frac{1}{(1+9\%)^5} + 12\ 000\ 000 \times \sum_{i=1}^{5} \frac{1}{(1+9\%)^i} = 176\ 656\ 400$$

＊注:12 000 000 为每年应付利息数。

②可转换公司债券权益成分的公允价值 = 200 000 000 - 176 656 400 = 23 343 600元

借:银行存款 200 000 000

应付债券——可转换公司债券(利息调整) 23 343 600

贷:应付债券——可转换公司债券(面值) 200 000 000

资本公积——其他资本公积 23 343 600

(2)2012 年 12 月 31 日确认利息费用

借:财务费用等(摊余成本 176 656 400×实际利率9%) 15 899 076

贷:应付利息(2 亿×6%) 12 000 000

应付债券——可转换公司债券(利息调整) 3 899 076

(3)2013 年 1 月 1 日债券持有人行使转换权

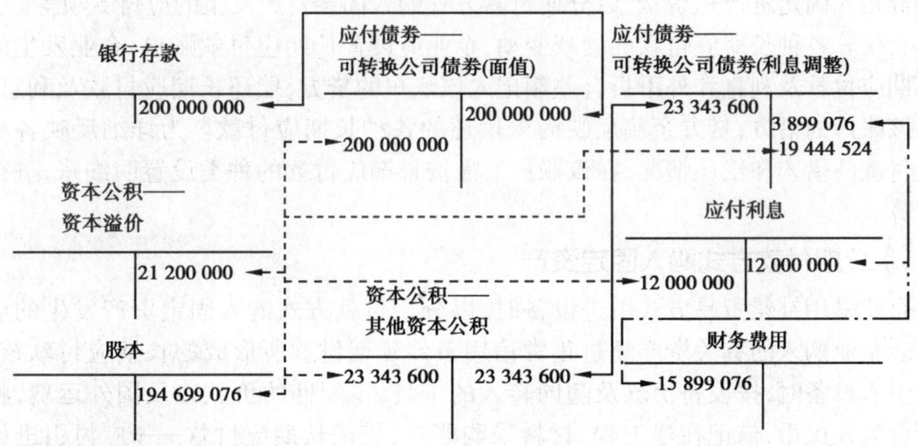

图 8.9 可转换债券核算流程

转换的股份数 =(200 000 000 + 12 000 000)/10 = 21 200 000 股

借:应付债券——可转换公司债券(面值) 200 000 000

应付利息 12 000 000

资本公积——其他资本公积 23 343 600

贷:股本 21 200 000

应付债券——可转换公司债券(利息调整) 19 444 524

资本公积——股本溢价 194 699 076

银行存款/库存现金(支付不可转换股票的尾数)

实践总结:

可转换公司债券的收款在负债成分的公允价值和权益成分的公允价值之间进行分摊。同理,可转换债券的发行费用也应由负债成分和权益成分分别负担。

任务3 长期应付款与融资租赁

子任务1 长期应付款与融资租赁承租人业务核算

◎预备知识

长期应付款是指企业除长期借款、应付债券以外的其他各种非流动负债,包括应付融资租入固定资产租赁费、以分期付款方式购入固定资产发生的应付款项等。

为核算各种长期应付款的增减变动,企业应设置长期应付款账户,企业发生的各种长期应付款及利息和外币折合差额记入该账户的贷方,偿还长期应付款及利息时,记入该账户的借方;贷方余额反映尚未偿还的各种长期应付款。为详细反映各种长期应付款的借入和偿还情况,在该账户下需按长期应付款的种类设置明细账,进行明细核算。

1)分期付款方式购入固定资产

企业采用补偿贸易方式引进设备时,以分期付款方式购入固定资产发生的应付款项。企业购入的有关资产超过正常信用条件延期付款所形成的长期应付款核算,企业引入设备时,按设备价款及随同转入的工具、零配件的价款以及国外运费,将外币折合为人民币,借记在建工程、材料采购账户,贷记长期应付款——应付引进设备款;企业引进设备,发生进口关税、国内运杂费及安装费、调试费等,借记在建工程,贷记银行存款;引进设备应付利息,应计入固定资产价值,借记在建工程,应计入当期损益的,借记财务费用,贷记长期应付款——应付引进设备款;引进设备达到预定可使用状态,按全部价值借记固定资产,贷记在建工程;按合同规定用产品支付的,视同销售借记应收账款,贷记主营业务收入,再借记长期应付款——应付引进设备款,贷记应收账款。

分期付款方式下购入固定资产发生的长期应付款核算,按应付购买价款的现值计量资产初始成本,借记固定资产,按应付的金额计量长期应付款,将两者之间的差额作为未确认融资费用,并在以后存续期内按实际利率摊销。

2）融资租入固定资产

融资租赁(Financial Leasing)又称设备租赁(Equipment Leasing)或现代租赁(Modern Leasing),是指实质上转移与资产所有权有关的全部或绝大部分风险和报酬的租赁。资产的所有权最终可以转移,也可以不转移。

根据我国的企业会计准则,融资租赁是指实质上转移了与资产所有权有关的全部风险和报酬的租赁(资产所有权未必转移)。经营租赁是指融资租赁以外的其他租赁。企业在对租赁进行分类时,应当全面考虑租赁期届满时租赁资产所有权是否转移给承租人、承租人是否有购买租赁资产的选择权、租赁期占租赁资产尚可使用年限的比例等各种因素。以满足以下一项或数项标准的租赁,应当认定为融资租赁:①在租赁期满时,租赁资产的所有权转移给承租人。②承租人有购买租赁资产的选择权,所订立的购买价预计将远低于行使选择权时租赁资产的公允价值,因而在租赁开时日就可以合理确定承租人将会行使这种选择权。③租赁期占租赁资产尚可使用年限的大部分。但是,如果租赁资产在开始租赁前已使用年限超过该资产全新时可使用年限的大部分,该项标准不适用。④就承租人而言,租赁开始日最低租赁付款额的现值几乎相当于租赁开时日租赁资产原账面价值;就出租人而言,租赁开始日最低租赁收款额的现值几乎相当于租赁开时日租赁资产原账面价值。但是如果租赁资产在开始租赁前已使用年限超过该资产全新时可使用年限的大部分,该项标准不适用。

○任务分析

承租人对融资租赁的会计处理。

1）租赁开始日的会计处理

租入资产的入账价值:在租赁开始日,承租人通常应当将租赁开始日租赁资产原账面价值和最低租赁付款额的现值两者中的较低者识别出来,最低租赁付款额的现值为未来现金流的现值折现价值。

2）初始直接费用的会计处理

初始直接费用是指在租赁谈判和签订租赁合同的过程中发生的可直接归属于租赁项目的费用。承租人发生的初始直接费用通常有印花税、佣金、律师费、差旅费、谈判发生的费用等。承租人发生的初始直接费用,应当计入租入资产的入账价值。其账务处理为:借记"固定资产",贷记"银行存款"等科目。

3）未确认融资费用的分摊

在融资租赁下,承租人向出租人支付的租金中,包含了本金和利息两部分。承租人支付租金时,一方面应减少长期应付款,另一方面应同时将未确认的融资租赁费用按一定的方法确认为当期融资费用，在先付租金（即每期起初等额支付租金）的情况下，租赁期第一期支付的租金不含利息，只需减少长期应付款，不必确认当期融资费用。

在分摊未确认融资费用时，承租人应采用一定的方法加以计算。按照准则的规定，承租人可以采用实际利率法，也可以采用直线法和年数总和法等。在采用实际利率法时，根据租赁开始时租赁资产和负债的入账价值基础不同，融资费用分摊率的选择也不同。

承租人对每期应支付的租金，应按支付的租金金额，借记“长期应付款——应付融资租赁款”科目，贷记“银行存款”科目，如果支付的租金中包含有履约成本，应同时借记“制造费用”“管理费用”等科目。同时根据当期应确认的融资费用金额，借记“财务费用”科目，贷记“未确认融资费用”科目。

4）租赁资产折旧的计提

承租人应对融资租入固定资产的计提折旧，主要应解决两个问题：

(1)折旧政策

计提租赁资产折旧时，承租人应与自有资产计提折旧方法相一致。如果承租人或与其有关的第三方对租赁资产提供了担保，则应记折旧总额为租赁开始日固定资产的入账价值扣除余值后的余额。如果承租人或与其有关的第三方对租赁资产余值提供了担保，则应记折旧总额为租赁开始日固定资产的入账价值。

(2)折旧期间

确定租赁资产的折旧期间时，应根据租赁合同的规定。如果能够合理确定租赁期满时承租人将会取得租赁资产所有权，即可认定承租人拥有该项资产的全部尚可使用年限，因此应以租赁开始日租赁资产的尚可使用年限作为折旧期间；如果无法合理确定租赁期满时承租人是否能够取得租赁资产所有权，则应以租赁期与租赁资产尚可使用年限两者中较短者作为折旧期间。

5）履约成本的会计处理

履约成本种类很多，对于融资租入固定资产的改良支出、技术咨询和服务费、人员培训费等应予递增延分摊记入各期费用，借记“长期待摊费用”“其他应付款”“制造费用”“管理费用”等科目，对于固定资产的经常性修理费、保险费等可直接计入当期费用，借记“制造费用”“管理费用”等科目，贷记 “银行存款”等科目。

6）或有租金的会计处理

由于或有租金的金额不确定，无法采用系统合理的方法对其进行分摊，因此在实际发生时，借记“制造费用”“管理费用”等科目，贷记“银行存款”等科目。

7）租赁期满时的会计处理

租赁期满时，承租人通常对租赁资产的处理有三种情况：

①返还租赁资产。借记"长期应付款——应付融资租赁款""累计折旧"科目，贷记"固定资产——融资租入固定资产"科目。

②优惠续租租赁资产。如果承租人行使优惠续租选择权，则应视同该项租赁一直存在而做出相应的会计处理。如果期满没有续租，根据租赁合同要向出租人支付违约金时，借记"营业外支出"科目，贷记"银行存款"等科目。

③留购租赁资产。在承租人享有优惠购买选择权时，支付购价时，借记"长期应付款——应付融资租赁款"，贷记"银行存款"等科目；同时，将固定资产从"融资租入固定资产"明细科目转入有关其他明细科目。

8）相关信息的会计披露

承租人应当在财务报告中披露与融资租赁有关的事项，主要有：

①每类租入资产在资产负债表日的账面原值、累计折旧及账面净值。

②资产负债表日后连续三个会计年度每年将支付的最低付款额，以及以后年度内将支付的最低付款总额。

③未确认融资费用的余额。即未确认融资费用的总额减去已确认融资费用部分后的余额。

④分摊未确认融资费用所采用的方法。如实际利率法、直线法或年数总和法。

○职业判断与账务处理

1）长期应付款与融资租赁账务处理

【工作资料8-7】：2012年12月20日重庆市长江有限责任公司与某租赁公司签订了一份甲设备融资租赁合约，设备全新，2013年1月1日的公允价值为550万元，预计使用年限为5年，重庆市长江有限责任公司与租赁公司发生的初始直接费用均为1万元。合同主要条款如下：

租赁开始日：2013年1月1日；

租赁期：2013年1月1日至2017年12月31日，共4年；

租金支付方式：租赁开始日起每年年末支付150万；

重庆市长江有限责任公司担保租赁期满时甲设备余值为10万元，没有未担保余值；

租赁合同利率7%；

租赁期满时，重庆市长江有限责任公司应将设备归还租赁公司；

重庆市长江有限责任公司对该融资租赁固定资产采用年限平均法计提折旧，与租赁有关的未确认融资费用在相关资产的折旧期限内采用实际利率法摊销并在年末进行。

(1)租赁开始日的会计分录

①先判断租赁类型。租赁期(4 年)占资产尚可使用年限(5 年)的 80%,大于 75% 的标准,属于融资租赁。

②计算租赁开始日最低租赁付款额现值,确定租赁资产的入账价值。本例中重庆市长江有限责任公司无法获得租赁公司的内含利率,因此选择合同利率 7% 作为折现率来计算。

最低租赁付款额 = 150 × 4 + 10 = 610 万元

最低租赁付款额的现值 = 50 × (P/A,4,7%) + 10 × (P/F,4,7%) = 515.71

租赁资产的入账价值 = 最低租赁付款额现值 + 初始直接费用 = 516.71 万元

未确认融资费用 = 610 + 1 − 516.71 = 94.29 万元

③根据固定资产验收单编制会计分录

	借方	贷方
借:固定资产——融资租入固定资产	516.71	
未确认融资费用	94.29	
贷:长期应付款		610
银行存款		1

(2)后续计量与款项的支付

第一年:2013 年 12 月 31 日

①根据对方开具的租赁业专用发票,支付租金,编制会计分录

重庆市服务业专用发票

发票联　　　　发票代码: t15676456

客户名称: 重庆长江股份有限公司　　2013 年 12 月 31 日　　N0:006570

项目	摘要	单位	数量	单价	千	百	十	万	千	百	十	元	角	分
甲设备	租金	台	1	1500000	¥	1	5	0	0	0	0	0	0	0
合计金额(大写)	壹佰伍拾万元整				¥	1	5	0	0	0	0	0	0	0

开票单位(盖章)　　　　制单:程子华

图 8.10　租赁发票

	借方	贷方
借:长期应付款——应付融资租赁款	150	
贷:银行存款		150

②确认当年应分摊的融资费用 =(610 - 94.29)×7% =515.71×7% =36.10

借:财务费用 36.1

　贷:未确认融资费用 36.1

③计提折旧 =(516.71 - 10)/4 =126.68 万元(以后每年相同)

借:制造费用——折旧费 126.68

　贷:累计折旧 126.68

第二年:2014 年 12 月 31 日

①支付租金时

借:长期应付款——应付融资租赁款 150

　贷:银行存款 150

②确认当年应分摊的融资费用 =[(610 - 150) -(94.29 - 36.1)]×7% = 515.71×7% =28.13

借:财务费用 28.13

　贷:未确认融资费用 28.13

③计提折旧 =(516.71 - 10)/4 =126.68 万元(以后每年相同)

借:制造费用——折旧费 126.68

　贷:累计折旧 126.68

第三年:2015 年 12 月 31 日

①支付租金时

借:长期应付款——应付融资租赁款 150

　贷:银行存款 150

②确认当年应分摊的融资费用 =[(610 - 150 - 150) -(94.29 - 36.10 - 28.13]×7% =19.6

借:财务费用 19.6

　贷:未确认融资费用 19.6

③计提折旧 =(516.71 - 10)/4 =126.68 万元(以后每年相同)

借:制造费用——折旧费 126.68

　贷:累计折旧 126.68

第四年:2016 年 12 月 31 日

①支付租金时

借:长期应付款——应付融资租赁款 150

　贷:银行存款 150

②确认当年应分摊的融资费用

[(610 - 150 - 150 - 150) -(94.29 - 36.1 - 28.13 - 19.6)]×7% =10.46

借:财务费用　　10.46
　　贷:未确认融资费用　　10.46

③计提折旧 = (516.71 - 10)/4 = 126.68 万元(以后每年相同)

借:制造费用——折旧费　　126.67
　　贷:累计折旧　　126.67

④归还设备时

借:长期应付款——应付融资租赁款　　10
　　累计折旧　　506.71
　　贷:固定资产　　516.71

上述"未确认融资费用"的分摊也可按下表计算。

表 8.4　未确认融资费用分摊表(实际利率法)

日　期	租　金	确认的融资费用	应付本金减少额	应付本金余额
2013 年 1 月 1 日				515.71
2013 年 12 月 31 日	150	36.1	113.9	401.81
2014 年 12 月 31 日	150	28.13	121.87	279.94
2015 年 12 月 31 日	150	19.6	130.4	149.54
2016 年 12 月 31 日	150	10.46	139.54	10
合　计	600	94.29	505.71	

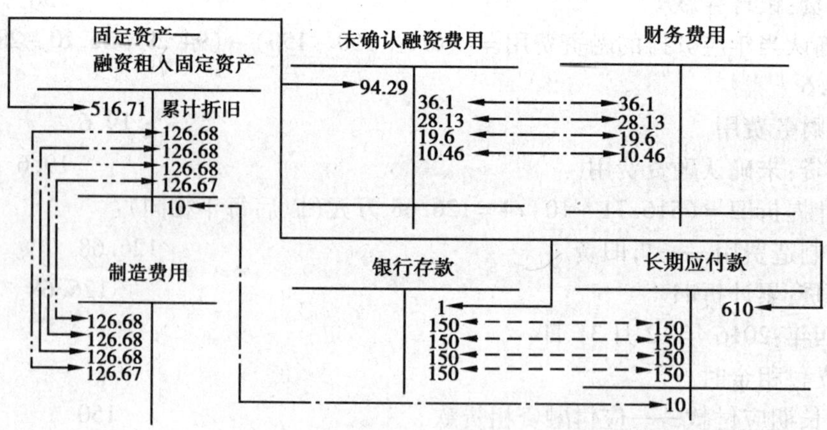

图 8.11　融资租赁承租核算流程

实践总结：

未确认融资费用摊销＝期初长期应付款摊余成本×实际利率＝（期初长期应付款余额－期初未确认融资费用余额）×实际利率；摊销金额确认“财务费用”。

2）专项应付款

专项应付款是指企业取得政府作为企业所有者投入的具有专项或特定用途的款项，如：企业收到政府的固定资产更新改造拨款、技术研究费及开发拨款。这些拨款虽然具有资本性质，但必须按指定用途使用后才算实际取得，如果没有用于指定用途，必须归还政府。因此取得拨款时，不能将它确认为投入资本，而应作为专项应付款。

企业收到专项或特定拨款，应借记银行存款，贷记专项应付款；将专项或特定拨款用于工程项目，借记在建工程，贷记银行存款；最终在建工程完工，借记专项应付款，贷记资本公积——资本溢价；拨款结余需要返还的借记专项应付款，贷记银行存款，固定资产不符合要求，需要核销，借记专项应付款，贷记在建工程。

子任务2 融资租赁出租人业务处理

○任务分析

1）租赁开始日的会计处理

出租人应将租赁开始日最低租赁收款额作为应收融资租赁款的入账价值，并同时记录未担保余值，将最低租赁收款额与担保余值之和与其现值之和的差额记录为未实现融资收益。

在租赁开始日，出租人应按最低租赁收款额，借记“应收融资租赁款”科目，按未担保余值的金额，借记“未担保余值”科目，按租赁资产的原账面价值，贷记“融资租赁资产”科目，按上述科目计算后的差额，贷记“未实现融资收益”科目。

2）初始直接费用的会计处理

出租人发生的初始直接费用，通常包括印花税、佣金、律师费、差旅费、谈判费等。出租人发生的初始直接费用，应当确认为当期费用。借记“管理费用”等科目，贷记“银行存款”等科目。

3）未实现融资收益的分配

出租人每期收到的租金包括本金和利息两部分。未实现融资收益应当在租赁期内各个期间进行分配，确认为各期的融资收入。分配时，出租人应当采用实际利率法计算当期应确认融资收入，在与实际利率法计算结果无重大变化的情况下，也可以采用直线法和年数总和法。

出租人每期收到的租金，借记“银行存款”科目，贷记“应收融资租赁款”科目。同时，每期确认融资租赁收入时，借记“递延收益——未实现融资收益”科目，贷记“主营业务收入融资收入”科目。

当出租人超过一个租金支付期没有收到租金时，应当停止确认收入，其已确认的收入，应予转回，转作表外核算。直至实际收到租金时，再将租金中所含融资收入确认为当期收入。

4）未担保余值发生变动时的会计处理

出租人应当定期对未担保余值进行检查，如果有证据表明未担保余值已经减少，应当重新计算租赁内含利率，并将本期的租赁投资净额的减少确认为当期损失，以后各期根据修正后的投资净额和重新计算的租赁内含利率确定应确认的融资收入。如果已经确认损失的未担保余值得以恢复，应当在原已确认的损失金额内转回，并重新计算租赁内含利率，以后各期根据修正后的投资净额和重新计算的租赁内含利率确定应确认的融资收入。未担保余值增加时，不作调整。其中租赁投资净额是指，融资租赁中最低租赁收款额与未担保余值之和与未实现融资收益之间的差额。

由于未担保余值的金额决定了租赁内含利率的大小，从而决定着融资未实现收益的分配，因此，为了真实反映企业的资产和经营业绩，根据谨慎性原则的要求，在未担保余值发生减少和已确认损失的未担保余值得以恢复的情况下，都应重新计算租赁内含利率，以后各期根据修正后的投资净额和重新计算的租赁内含利率确定应确认的融资收入。未担保余值增加时，不作调整。

期末，出租人的未担保余值的预计可回收金额低于其账面价值的差额，借记“递延收益——未实现融资收益”科目，贷记“未担保余值”科目。如果已确认的未担保余值得以恢复，应当在原已确认的损失金额内转回，科目与前述相反。

5）或有租金的会计处理

或有租金应当在实际发生时确认为收入。借记“应收账款”“银行存款”等科目，贷记“主营业务收入——融资收入”等科目。

6）租赁期满时的会计处理

(1)租赁期满时

租赁期满时，承租人将租赁资产交还出租人。这时有四种情况：

①存在担保余值，不存在未担保余值。出租人收到承租人交还的资产时，借记“融资租赁资产”科目，贷记“应收融资租赁款”科目。

②存在担保余值，同时存在未担保余值。出租人收到承租人交还的资产时，借记“融资租赁资产”科目，贷记“应收融资租赁款”“未担保余值”科目。

③存在未担保余值,不存在未担保余值。出租人收到承租人交还的资产时,借记“融资租赁资产”科目,贷记“未担保余值”科目。

④担保余值和未担保余值都不存在。出租人无需作处理,只需作相应的备查登记。

(2)优惠续租租赁资产

如果承租人行使优惠续租选择权,则出租人应视同该项租赁一直存在而作出相应的账务处理。如果承租人没有续租,根据合同规定向承租人收取违约金时,借记“其他应收款”,贷记“营业外收入”科目。同时将收回的资产按上述规定进行处理。

(3)留购租赁资产

承租人行使了优惠购买选择权。出租人应该按照收到的承租人支付的购买资产的价款,借记“银行存款”等科目,贷记“应收融资租赁款”等科目。

7)相关会计信息的披露

出租人应在财务报告中披露下列事项:

①资产负债表日后连续三个会计年度每年度将收取的最低收款额,以及以后年度内将收取的最低收款总额。

②未确认融资收益的余额。即未确认融资收益的总额减去已确认融资收益部分后的余额。

③分配未确认融资收益所采用的方法。如实际利率法、直线法或年数总和法。

○职业判断与账务处理

【工作资料8-8】:接上例,出租人会计处理方法:

①出租日的处理

最低租赁收款额 = 最低租赁付款额 = 150 ×4 + 10 = 610

未实现融资收益 = 最低租赁收款额 - 租赁资产的公允价值 = 610 - 550 = 60 万元

借:长期应收款 611

贷:融资租赁资产 550

未实现融资收益 60

银行存款 1

②第一年:2013 年 12 月 31 日

先计算租赁内含利率,即指在租赁开始日,使最低租赁收款额的现值与未担保余值现值之和等于租赁资产公允价值与出租人初始直接费用之和的折现率。即:

$50\times(P/A,4,R)+10\times(P/F,4,\mathrm{R})=550+1=551,R=4.16\%$

再计算本年应分摊的融资收益 = (611 - 60) ×4.16% = 22.92

借:银行存款 150

贷:长期应收款 150

借:未实现融资收益　　22.92

　贷:主营业务收入——租赁收入　　22.92

③第三、第四年:2016 年 12 月 31 日

借:银行存款　　150

　贷:长期应收款　　150

借:未实现融资收益　　7.31

　贷:主营业务收入——租赁收入　　7.31

④收回设备时

借:融资租赁资产　　11

　贷:长期应收款　　11

表 8.5　未实现融资收益分摊表(实际利率法)

日　期	租　金	确认的融资收益	应收本金减少额	应收本金余额
2013 年 1 月 1 日				551
2013 年 12 月 31 日	150	22.92	127.08	423.92
2014 年 12 月 31 日	150	17.64	132.36	291.56
2015 年 12 月 31 日	150	12.13	137.87	153.69
2016 年 12 月 31 日	150	7.31	142.69	10
合　计	600	60	540	

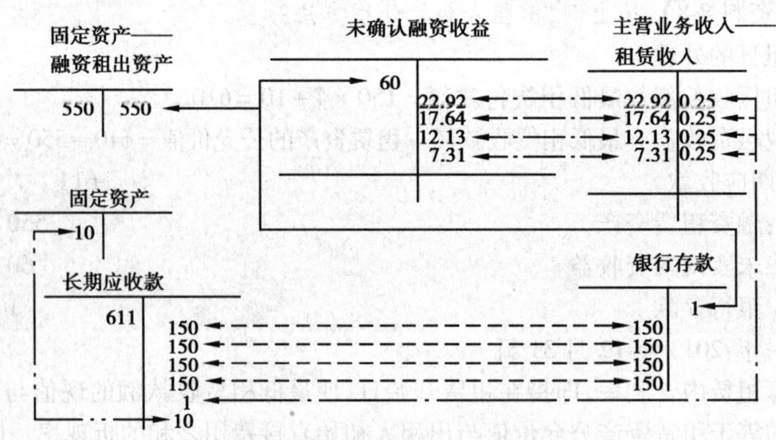

图 8.12　融资租赁出租核算流程

实践总结:

与承租人确认未确认融资费用相比,出租方将最低租赁收款额与担保余值之和与其现值之和的差额记录为未实现融资收益,同时确认"主营业务收入——租赁收入"。

学习情境 9 收入、费用和利润业务核算

任务导入

我们一起来算一算，现在每个月父母给你多少生活费呢？每个月吃饭花了多少？电话费花了多少？买衣服、买鞋花了多少？买学习用具花了多少？最后你还能剩多少呢？剩下的钱是不是就是你的“私房钱”了呢？你父母每月给你的生活费可以视为你的收入，所有花费视为你的费用，最后的剩余视为你的利润，并且利润是留存在你自己这里了。其实我们企业也一样要计算每期的收入、费用和利润。销售商品、提供劳务和其他业务可以带来收入，主营业务成本、其他业务成本、营业税金及附加、销售费用、管理费用和财务费用形成了企业的费用，最后在考虑营业外收支及所得税费用之后就可以核算出利润。那我们企业如何核算上述业务呢？

项目内容概述

收入、费用和利润属于会计六要素的组成部分，用于核算企业一定会计期间所形成的财务成果。收入主要包括主营业务收入和其他业务收入，费用主要包括主营业务成本、其他业务成本、营业税金及附加、销售费用、管理费用和财务费用等，利润主要包括营业利润、利润总额和净利润。

本项目主要包含收入业务核算、费用业务核算以及利润业务核算等任务。

知识目标

1. 理解收入、费用的概念、确认条件、计量原则；
2. 掌握收入、费用各损益类账户的核算范围；
3. 掌握收入、费用等业务的会计核算方法；
4. 掌握利润形成业务的会计核算方法。

能力目标

1. 能处理销售商品、提供劳务及其他业务收入等经济业务的账务处理；
2. 能对各费用经济业务进行准确判断及账务处理；
3. 能对营业外收支经济业务进行准确判断及账务处理；
4. 能计算企业的所得税费用并进行账务处理；

5. 能对企业的利润结转进行相应账务处理。

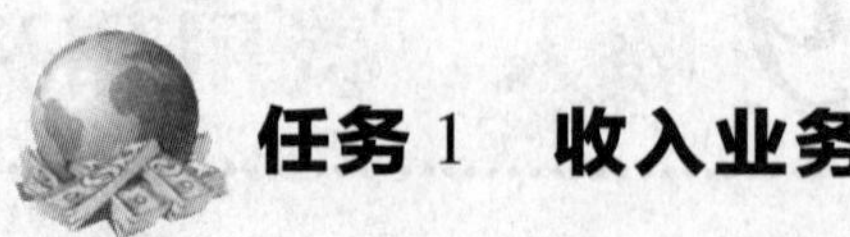

任务1 收入业务

◎预备知识

收入是指企业在日常活动中形成的,会使得所有者权益增加的,与所有者投入资本无关的经济利益的总流入。收入按企业从事日常活动的性质不同,分为销售商品收入、提供劳务收入、出售积压原材料收入和让渡资产使用权收入等。收入按企业经营业务的主次不同,分为主营业务收入和其他业务收入。主营业务收入是指企业为了完成其经营目标所从事的经常性活动所实现的收入。其他业务收入是指企业为完成其经营目标所从事的与经常性活动相关的活动实现的收入。

○任务分析

收入是指企业在日常活动中形成的,会使得所有者权益增加的,与所有者投入资本无关的经济利益的总流入。收入具有以下特点:

1）收入是企业在日常活动中形成的经济利益总流入

“日常活动”是指企业为完成其经营目标所从事的经常性活动及其与经常性活动相关的活动。

①工业企业制造并销售商品、商业企业销售商品、管理服务咨询公司提供服务、劳务公司提供劳务、经营租赁公司提供租赁等,均属于企业的经常性活动,用主营业务收入账户核算;

②企业让渡资产使用权、出售积压原材料等属于企业与经常性活动相关的活动,用其他业务收入账户核算。让渡资产使用权包括企业出租闲置无形资产、固定资产等。

但是,企业处置无形资产、固定资产则既不属于企业的经常性活动,也不属于企业与经常性活动相关的活动,应属于企业利得,用营业外收支账户核算。

◎知识拓展

企业利得指企业在非日常活动中形成的经济利益总流入。利得分为直接计入当期损益的利得和直接计入所有者权益的利得。其中用营业外收支账户核算直接计入当期损益的利得,用资本公积－其他资本公积账户核算直接计入所有者权益的利得。

思考:

“营业外收入”属于收入吗?

2）收入会使得企业所有者权益的增加

企业为第三方代收的款项，如增值税、代售商品等不增加企业所有者权益，不属于收入，应为企业负债。

①收入的形成可能表现为资产的增加。如收到资金，则增加了库存现金或者银行存款；如暂时没有收到资金，则增加了应收账款。

②收入的形成也可能表现为负债的减少。如以前已经预收过账款，则现在减少预收账款。

③收入的形成还会是两者的结合。

3）所有者投入资本与收入无关

所有者投入资本不属于收入，应为企业所有者权益变动。

子任务1　销售商品收入

○任务分析

1）销售商品收入的确认

商品包括企业为销售而生产的产品和为转售而购进的商品，如工业企业生产的产品、商业企业购进的商品等，企业销售的其他存货，如原材料、包装物等，也视为企业的商品。

收入的确定是指企业在什么时候入账，并在利润表中反映。销售商品收入同时满足下列条件时，才能予以确认：

(1)企业已将商品所有权上的主要风险和报酬转移给购货方

企业已将商品所有权上的主要风险和报酬转移给购货方，是指与商品所有权有关的主要风险和报酬同时转移给了购货方。其中，与商品所有权有关的风险，是指商品可能发生减值或毁损等形成的损失；与商品所有权有关的报酬，是指商品价值增值或通过使用商品等形成的经济利益。

判断企业是否已将商品所有权上的主要风险和报酬转移给购货方，应当关注交易的实质，并结合所有权凭证的转移进行判断。如果与商品所有权有关的任何损失均不需要销货方承担，与商品所有权有关的任何经济利益也不归销货方所有，就意味着商品所有权上的主要风险和报酬转移给了购货方。

(2)企业既没有保留通常与所有权相联系的继续管理权，也没有对已售出的商品实施有效控制

通常情况下，企业售出商品后不再保留与商品所有权相联系的继续管理权，也不

再对售出商品实施有效控制，商品所有权上的主要风险和报酬已经转移给购货方，通常应在发出商品时确认收入。

(3)收入的金额能够可靠地计量

收入的金额能够可靠地计量，是指收入的金额能够合理的估计。如果收入的金额不能够合理地估计，则无法确认收入。收入金额能否合理地估计是确认收入的基本前提。

(4)相关的经济利益很可能流入企业

相关的经济利益很可能流入企业，是指销售商品价款收回的可能性大于不能收回的可能性，即销售商品价款收回的可能性超过50%。企业在确定销售商品价款收回的可能性时，应当结合以前和买方交往的直接经验、政府有关政策、其他方面取得信息等因素进行分析。企业销售的商品符合合同或协议要求，已将发票账单交付买方，买方承诺付款，通常表明满足本确认条件（相关的经济利益很可能流入企业）。如果企业根据以前与买方交往的直接经验判断买方信誉较差，或销售时得知买方在另一项交易中发生了巨额亏损，资金周转十分困难，或在出口商品时不能肯定进口企业所在国政府是否允许将款项汇出等，就可能会出现与销售商品相关的经济利益不能流入企业的情况，这时不应确认收入。如果企业判断销售商品收入满足确认条件确认了一笔应收债权，以后由于购货方资金周转困难无法收回该债权时，不应调整原确认的收入，而应对该债权计提坏账准备、确认坏账损失。

(5)相关的已发生或将发生的成本能够可靠地计量

通常情况下，销售商品相关的已发生或将发生的成本能够合理地估计，如库存商品的成本、商品运输费用等。如果库存商品是本企业生产的，其生产成本能够可靠计量；如果是外购的，购买成本能够可靠计量。有时，销售商品相关的已发生或将发生的成本不能够合理地估计，此时企业不应确认收入，已收到的价款应确认为负债。

2）销售商品收入的计量

通常情况下，企业在销售商品时商品销售价格已经确定，企业应当按照从购货方已收或应收的合同或协议价款确定收入金额。如果销售商品涉及现金折扣、商业折扣、销售折让等因素，还应当在考虑这些因素后确定销售商品收入金额。如果企业从购房方应收的合同或协议价款延期收取具有融资性质，企业应按应收的合同或协议价款的公允价值确定销售商品收入金额。

有时，由于销售商品过程中某些不确定因素的影响，也有可能存在商品销售价格发生变动的情况，如附有销售退回条件的商品销售，如果企业不能合理估计退货的可能性，则无法确定销售商品价格，也就不能合理地估计收入的金额，所以不应在发出商品时确认收入，而应当在售出商品退货期满、销售商品价格能够可靠计量时确认收人。

企业从购货方已收或应收的合同协议价款不公允的，企业应按公允的交易价格确定收入金额，不公允的价款不应确定为收入金额。

○职业判断与账务处理

1）通常情况下销售商品收入的处理

【工作资料9-1】:2012年12月，重庆市长江有限责任公司销售一批化妆品，增值税发票上注明售200 000元，增值税34 000元，款项尚未收到。假定消费税率为5%，则应交消费税10 000元。该批商品成本为100 000元。

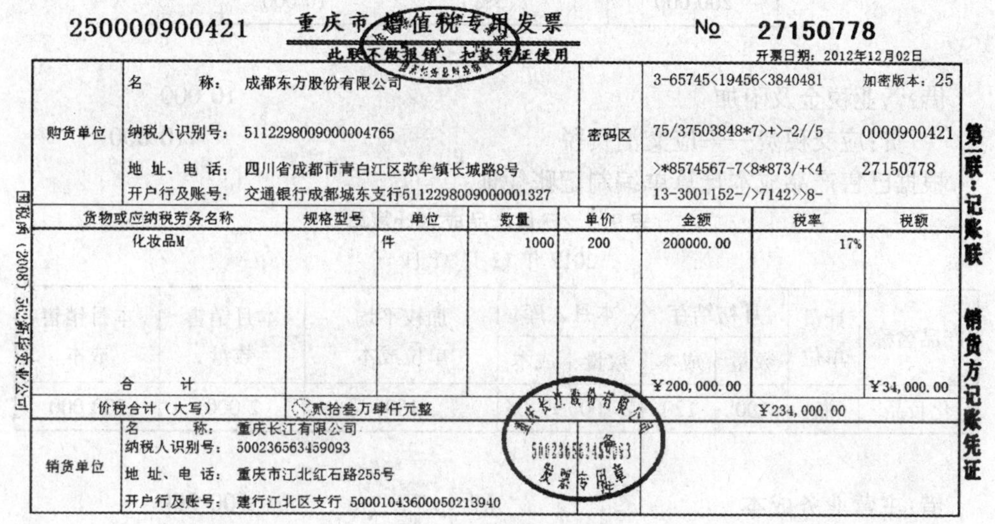

250000900421 重庆市增值税专用发票 № 27150778

此联不做报销、扣款凭证使用

开票日期：2012年12月02日

购货单位	名称：成都东方股份有限公司 纳税人识别号：5112298009000004765 地址、电话：四川省成都市青白江区弥牟镇长城路8号 开户行及账号：交通银行成都城东支行5112298009000001327	密码区	3-65745<19456<3840481 加密版本：25 75/37503848*7>+>-2//5 0000900421 >*8574567-7<8*873/+<4 27150778 13-3001152-/>7142>>8-

货物或应税劳务名称	规格型号	单位	数量	单价	金额	税率	税额
化妆品M		件	1000	200	200000.00	17%	
合计					¥200,000.00		¥34,000.00
价税合计（大写）	⊗贰拾叁万肆仟元整				（小写）¥234,000.00		

销货单位	名称：重庆长江有限公司 纳税人识别号：500236563459093 地址、电话：重庆市江北红石路255号 开户行及账号：建行江北支行 50001043600050213940	备注

第二联：记账联 销货方记账凭证

图9.1 增值税专用发票

表9.1 提货单

购货单位：成都东方股份有限公司　　付货仓库：化妆品库　　2012年12月02日

编号	名称及规格	计量单位	数量	单位成本	总成本	备注
001	化妆品M	件	1 000	100	100 000	购货方凭此联提货
合计			1 000	100	100 000	

记账：　　保管：　　主管：　　制单：

如该项销售已符合销售收入确认的条件，应确认为收入，确认时应做分录：

借:应收账款　　　　234 000

　贷:主营业务收入　　　　200 000

　　应交税费——应交增值税(销项税额)　　　　34 000

根据消费税金计算表,编制记账凭证:

表 9.2　消费税计算单

2012 年 12 月 2 日

计算依据	消费税税率	合　计
200 000	5%	10 000
200 000	5%	10 000

借:营业税金及附加　　　　10 000

　贷:应交税费——应交消费税　　　　10 000

根据已售产品成本计算单编制记账凭证:

表 9.3　已售产品成本计算单

2012 年 12 月 31 日

产品名称	计量单位	月初结存		本月入库		加权平均单位成本	本月销售数量	本月销售成本
		数量	成本	数量	成本			
化妆品	瓶	100	120	2 100	99.05	100	2 000	200 000

借:主营业务成本　　　　100 000

　贷:库存商品　　　　100 000

实践总结:

确认销售商品收入时,企业应按已收或应收的合同或协议价款,加上应收取的增值税额,借记“银行存款”“应收账款”“应收票据”等科目,按确定的收入金额,贷记“主营业务收入”“其他业务收入”等科目,按应收取的增值税额,贷记“应交税费——应交增值税(销项税额)”科目;同时或在资产负债表日,结转销售成本,借记“主营业务成本”,贷记“库存商品”;同时或在资产负债表日,按应交纳的消费税、资源税、城市维护建设税、教育费附加等税费金额,借记“营业税金及附加”科目,贷记“应交税费——应交消费税(应交资源税、应交城市维护建设税等)”科目。

如果企业售出商品但不符合销售商品收入确认的五个条件中的任何一条,均不应确认收入。为了单独反映已经发出但尚未确认销售收入的商品成本,企业应增设“发出商品”科目。

企业对于发出商品,在不能确认收入时,应按发出商品的实际成本,借记"发出商品"科目,贷记"库存商品"科目。发出商品满足收入确认条件时,应结转销售成本,借记"主营业务成本"科目,贷记"发出商品"科目。

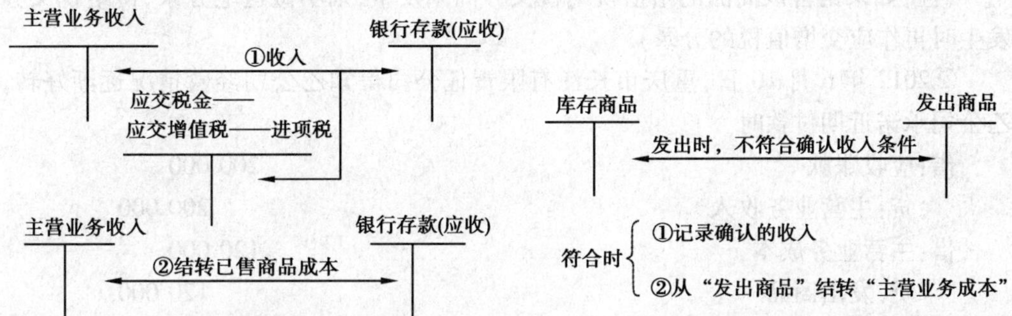

图9.2 一般销售商品账户关系　　　　图9.3 不满足收入条件的销售账户关系

如果销售该商品的纳税义务已经发生,比如已经开出增值税专用发票,则应确认应交的增值税销项税额,借记"应收账款"等科目,贷记"应交税费——应交增值税(销项税额)"科目。如果纳税义务没有发生,则不需要进行上述处理。

思考:

"发出商品"科目的期末余额应反映在资产负债表什么项目里?

2)托收承付方式销售商品的处理

【工作资料9-2】:重庆市长江有限责任公司在2012年3月12日向乙公司销售一批商品,开具的增值税专用发票上注明的销售价格为200 000元,增值税税额为34 000元,款项尚未收到;该批商品成本为120 000元。重庆市长江有限责任公司在销售时已知乙公司资金周转发生困难,但为了减少存货积压,同时也为了维持与乙公司长期建立的商业关系,重庆市长江有限责任公司仍将商品发往乙公司且办妥托收手续。假定重庆市长江有限责任公司销售该批商品的增值税纳税义务已经发生。

实践分析:

由于乙公司资金周转存在困难,因而重庆市长江有限责任公司在货款回收方面存在较大的不确定性,与该批商品所有权有关的风险和报酬没有转移给乙公司。根据销售商品收入的确认条件,重庆市长江有限责任公司在发出商品且办妥托收手续时不能确认收入,已经发出的商品成本应通过"发出商品"科目反映。账务处理如下:

①2012年3月12日发出商品时

借:发出商品　　120 000

　贷:库存商品　　120 000

同时,将增值税专用发票上注明的增值税税额转入应收账款:

借:应收账款　　34 000

　贷:应交税费——应交增值税(销项税额)　　34 000

(注:如果销售该商品的增值税纳税义务尚未发生,则不做这笔分录,待纳税义务发生时再作应交增值税的分录)

②2012 年 6 月 10 日,重庆市长江有限责任公司得知乙公司经营情况逐渐好转,乙公司承诺近期付款时

借:应收账款　　200 000

　贷:主营业务收入　　200 000

借:主营业务成本　　120 000

　贷:发出商品　　120 000

③2012 年 6 月 20 日收到款项时

借:银行存款　　234 000

　贷:应收账款　　234 000

实践总结:

托收承付,是指企业根据合同发货后,委托银行向异地付款单位收取款项,由购货方向银行承诺付款的销售方式。在这种销售方式下,企业通常应在发出商品且办妥托收手续时确认收入。如果商品已经发出且办妥托收手续,但由于各种原因与发出商品所有权相关的风险和报酬没有转移的,企业不应确认收入。

3)销售商品涉及现金折扣、商业折扣、销售折让的处理

【工作资料 9-3】:重庆市长江有限责任公司在 2012 年 7 月 1 日向成都东方股份有限公司销售一批商品,开出的增值税专用发票上注明的销售价款为 20 000 元,增值税税额为 3 400 元。为及早收回货款,重庆市长江有限责任公司和乙公司约定的现金折扣条件为:2/10,1/20,n/30。假定计算现金折扣时不考虑增值税额。

购货单位:成都东方股份有限公司　　付货仓库:化妆品库　　2012 年 07 月 01 日

编　号	名称及规格	计量单位	数　量	单位成本	总成本	备　注
001	N 产品	件	1 000	20	20 000	购货单位凭此联提货
合　计			1 000	20	20 000	

记账:　　保管:　　主管:　　制单:

图 9.4　提货单

重庆市长江有限责任公司的账务处理如下:

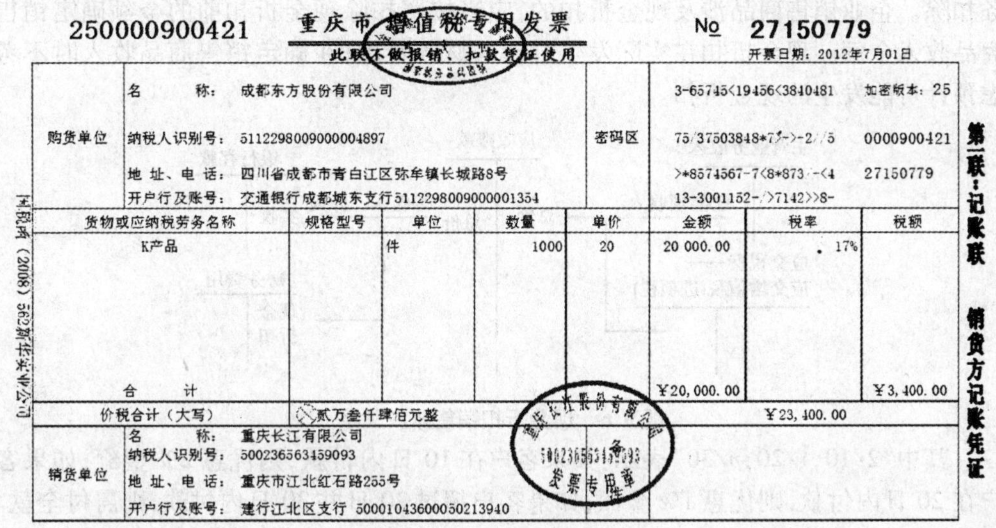

250000900421 重庆市增值税专用发票 № 27150779

此联不做报销、扣款凭证使用 开票日期：2012年7月01日

购货单位	名称：成都东方股份有限公司 纳税人识别号：511229800900000４897 地址、电话：四川省成都市青白江区弥牟镇长城路8号 开户行及账号：交通银行成都城东支行5112298009000001354	密码区	3-65745<19456<3840481 加密版本：25 75/37503848*7->-2//5 0000900421 >*8574567-7<8*873·-<4 27150779 13-3001152-/>7142>>8-

货物或应纳税劳务名称	规格型号	单位	数量	单价	金额	税率	税额
K产品		件	1000	20	20 000.00	17%	
合计					¥20,000.00		¥3,400.00
价税合计（大写）	⊗贰万叁仟肆佰元整				¥23,400.00		

销货单位	名称：重庆长江有限公司 纳税人识别号：500236563459093 地址、电话：重庆市江北红石路255号 开户行及账号：建行江北区支行 50001043600050213940

国税函（2008）562号华实业公司

第二联：记账联 销货方记账凭证

图9.5 增值税专用发票

①7月1日销售实现时，按销售总价确认收入。

借：应收账款 23 400

　　贷：主营业务收入 20 000

　　　　应交税费——应交增值税（销项税额） 3 400

②如果乙公司在7月9日付清货款，则按销售总价20 000元的2%享受现金折扣400(20 000×2%)元，实际付款23 000(23 400－400)元。

借：银行存款 23 000

　　财务费用 400

　　贷：应收账款 23 400

③如果乙公司在7月18日付清货款，则按销售总价20 000元的1%享受现金折扣200(20 000×1%)元，实际付款23 200(23 400－200)元。

借：银行存款 23 200

　　财务费用 200

　　贷：应收账款 23 400

④如果乙公司在7月底才付清货款，则按全额付款。

借：银行存款 23 400

　　贷：应收账款 23 400

实践总结：

现金折扣，是指债权人为鼓励债务人在规定的期限内付款而向债务人提供的债务扣除。企业销售商品涉及现金折扣的，应当按照扣除现金折扣前的金额确定销售商品收入金额。现金折扣在实际发生时计入财务费用，在确定销售商品收入时不考虑预计可能发生的现金折扣。

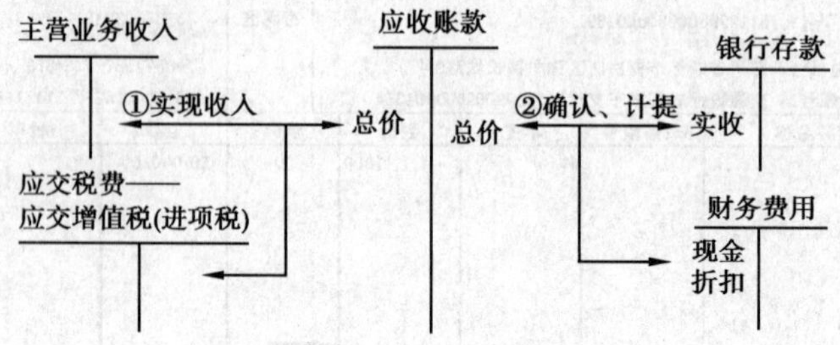

图 9.6　现金折扣销售账户关系

其中“2/10，1/20，n/30”表示：如果客户在 10 日内付款，则优惠 2% 金额；如果客户在 20 日内付款，则优惠 1% 金额；如果客户超过 20 日并 30 日内付款，则需付全款。借此方法，企业可以尽快收回资金，加速资金周转，故其优惠的损失为企业为尽快取得资金的代价，以财务费用核算。

在计算现金折扣时，还应注意销售方式是按不包含增值税的价款提供现金折扣，还是按包含增值税的价款提供现金折扣，两种情况下购买方享有的折扣金额不同。

【工作资料 9-4】：2012 年 7 月 1 日，重庆市长江有限责任公司向成都东方股份有限公司销售一批商品，原价 1 000 000 元，但给予其 8 折优惠价，实际开出的增值税专用发票上注明的销售价款为 800 000 元，增值税额为 136 000 元。乙公司在验收过程中发现商品质量不合格，要求在价格上给予 5% 的折让。假定重庆市长江有限责任公司已确认销售收入，款项尚未收到，发生的销售折让允许扣减当期增值税额。

重庆市长江有限责任公司的账务处理如下：

①销售实现时

借：应收账款	936 000	
贷：主营业务收入		800 000
应交税费——应交增值税（销项税额）		136 000

②发生销售折让时

借：主营业务收入	40 000	
应交税费——应交增值税（销项税额）	6 800	
贷：应收账款		46 800

③实际收到款项时

借：银行存款	889 200	
贷：应收账款		889 200

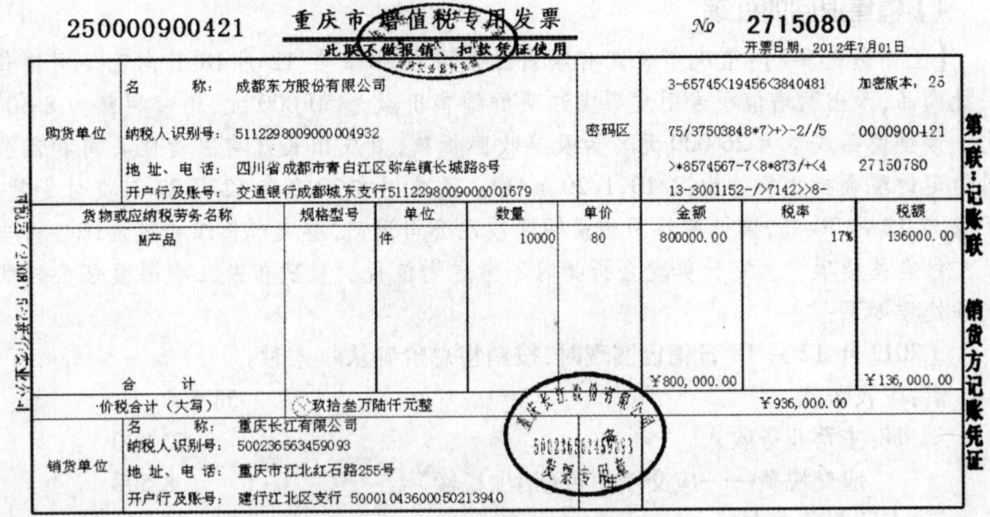

250000900421　　重庆市增值税专用发票　　№ 2715080

此联不做报销、扣款凭证使用

开票日期：2012年7月01日

购货单位	名称：成都东方股份有限公司 纳税人识别号：511229800900004932 地址、电话：四川省成都市青白江区弥牟镇长城路8号 开户行及账号：交通银行成都城东支行511229800900001679	密码区	3-65745<19456<3840481　加密版本：25 75/37503848*7>+>-2//5　0000900421 >*8574567-7<8*873/+<4　271507S0 13-3001152-/>7142>>8-

货物或应纳税劳务名称	规格型号	单位	数量	单价	金额	税率	税额
M产品		件	10000	80	800000.00	17%	136000.00
合　计					¥800,000.00		¥136,000.00
价税合计（大写）	⊗玖拾叁万陆仟元整				¥936,000.00		

销货单位	名称：重庆长江有限公司 纳税人识别号：500236563459093 地址、电话：重庆市江北红石路255号 开户行及账号：建行江北区支行 50001043600050213940	备注	

第一联：记账联　销货方记账凭证

图9.7　增值税专用发票

实践总结：

商业折扣，是指企业为促进商品销售而在商品标价上给予的价格扣除。企业销售商品涉及商业折扣的，应当按照扣除商业折扣后的金额确定销售商品收入金额。

销售折让，是指企业因售出商品的质量不合格等原因而在售价上给予的减让。对于销售折让，企业应分别不同情况进行处理：①如果发生的销售折让时，企业尚未确认销售商品收入的，则应在确认销售商品收入时直接按扣除销售折让后的金额确认。②本期已确认收入的售出商品发生销售折让的，通常应当在发生时冲减当期销售商品收入。③已确认收入的销售折让属于资产负债表日后事项的，应当按照有关资产负债表日后事项的相关规定进行处理。

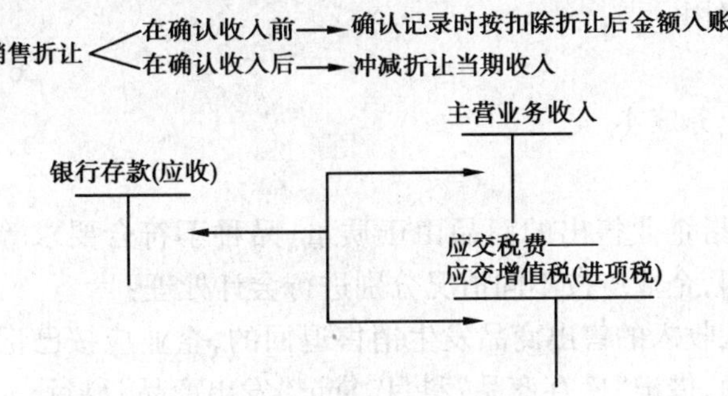

图9.8　销售折让销售账户关系

4)销售退回的处理

【工作资料9-5】:重庆市长江有限责任公司在2012年12月18日向乙公司销售一批商品,开出的增值税专用发票上注明的销售价款为50 000元,增值税额为8 500元。该批商品成本为26 000元。为及早收回货款,重庆市长江有限责任公司和乙公司约定的现金折扣条件为:2/10,1/20,*n*/30。乙公司在2012年12月27日支付货款。2012年12月30日,该批商品因质量问题被乙公司退回,重庆市长江有限责任公司当日支付有关款项。假定计算现金折扣时不考虑增值税。重庆市长江有限责任公司的账务处理如下:

①2012年12月18日销售实现时,按销售总价确认收入时。

科目	借方	贷方
借:应收账款	58 500	
贷:主营业务收入		50 000
应交税费——应交增值税(销项税额)		8 500
借:主营业务成本	26 000	
贷:库存商品		26 000

②在2012年12月27日收到货款时,按销售总价50 000元的2%享受现金折扣1 000(50 000×2%)元,实际收款57 500(58 500-1 000)元。

科目	借方	贷方
借:银行存款	57 500	
财务费用	1 000	
贷:应收账款		58 500

③2012年12月30日发生销售退回时。

科目	借方	贷方
借:主营业务收入	50 000	
应交税费——应交增值税(销项税额)	8 500	
贷:银行存款		57 500
财务费用		1 000
借:库存商品	26 000	
贷:主营业务成本		26 000

实践总结:

销售退回,是指企业售出的商品由于质量、品种不符合要求等原因而发生的退货。对于销售退回,企业应按不同情况分别进行会计处理:

①对于未确认收入的售出商品发生销售退回的,企业应按已记入“发出商品”科目的商品成本金额,借记“库存商品”科目,贷记“发出商品”科目。

②对于已确认收入的售出商品发生退回的,企业应在发生时冲减当期销售商品收入,同时冲减当期销售商品成本。如该项销售退回已发生现金折扣的,应同时调整

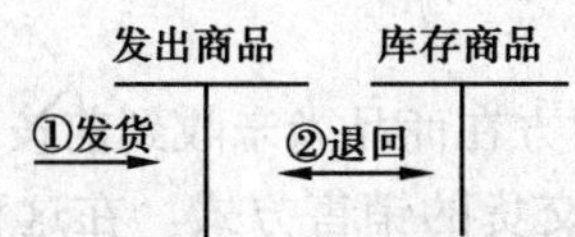

图9.9 未确认收入销售退回账户关系

相关财务费用的金额；如该项销售退回允许扣减增值税额的，应同时调整“应交税费——应交增值税（销项税额）”科目的相应金额。

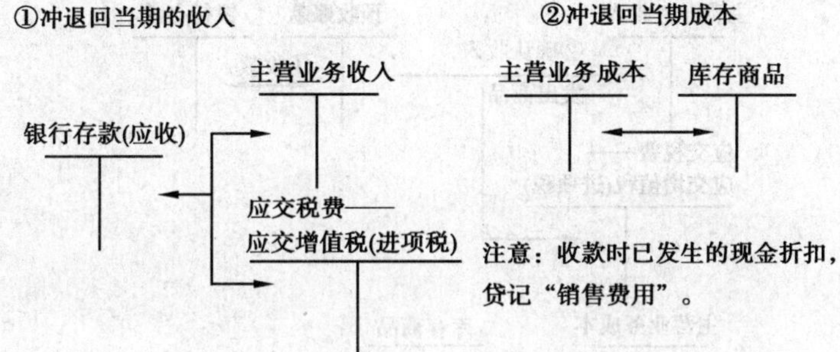

图9.10 已确认收入销售退回账户关系

③已确认收入的售出商品发生的销售退回属于资产负债表日后事项的，应当按照有关资产负债表日后事项的相关规定进行会计处理。

5）预收款销售商品

【工作资料9-6】:2012年12月，重庆市长江有限责任公司与乙公司签订协议，采用预收款方式向乙公司销售一批商品。该批商品实际成本为700 000元。协议约定，该批商品销售价格为1 000 000元，增值税额为170 000元；乙公司应在协议签订时预付60%的货款（按销售价格计算），剩余货款于两个月后支付。重庆市长江有限责任公司的账务处理如下：

①收到60%货款时

借:银行存款	600 000	
贷:预收账款		600 000

②收到剩余货款及增值税额并确认收入时

借:预收账款	600 000	
银行存款	570 000	
贷:主营业务收入		1 000 000
应交税费——应交增值税（销项税额）		170 000
借:主营业务成本	700 000	
贷:库存商品		700 000

实践总结：

预收款销售商品，是指购买方在商品尚未收到前按合同或协议约定分期付款，销售方在收到最后一笔款项时才交货的销售方式。在这种方式下，销售方直到收到最后一笔款项才将商品交付购货方，表明商品所有权上的主要风险和报酬只有在收到最后一笔款项时才转移给购货方，企业通常应在发出商品时确认收入，在此之前预收的货款应确认为负债。

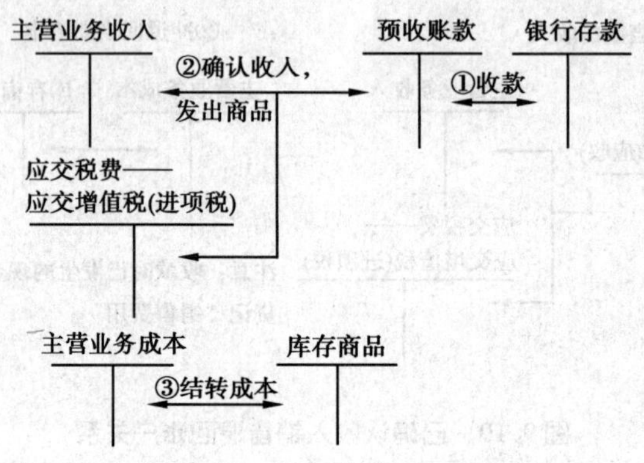

图9.11 预收款销售商品账户关系

6）代销商品

(1)视同买断方式

【工作资料9-7】:2012年12月，重庆市长江有限责任公司委托乙公司销售商品100件，协议价为200元/件，成本为120元/件。代销协议约定，乙企业在取得代销商品后，无论是否能够卖出、是否获利，均与重庆市长江有限责任公司无关。这批商品已经发出，货款尚未收到，重庆市长江有限责任公司开出的增值税专用发票上注明的增值税额为3 400元。

实践分析：

重庆市长江有限责任公司采用视同买断方式委托乙公司代销商品。因此，重庆市长江有限责任公司在发出商品时的账务处理如下：

借：应收账款	23 400	
贷：主营业务收入		20 000
应交税费——应交增值税（销项税额）		3 400
借：主营业务成本	12 000	
贷：库存商品		12 000

实践总结：

视同买断方式代销商品，是指委托方和受托方签订合同或协议，委托方按合同或协议收取代销的货款，实际售价由受托方自定，实际售价与合同或协议价之间的差额归受托方所有。如果委托方和受托方之间的协议明确标明，受托方在取得代销商品后，无论是否能够卖出、是否获利，均与委托方无关，那么，委托方和受托方之间的代销商品交易，与委托方直接销售商品给受托方没有实质区别，在符合销售商品收入确认条件时，委托方应确认相关的销售商品收入。

如果委托方和受托方之间的协议明确标明，将来受托方没有将商品售出时可以将商品退回给委托方，或受托方因代销商品出现亏损时可以要求委托方补偿，那么，委托方在交付商品时不确认收入，受托方也不作购进商品处理，受托方将商品销售后，按实际售价确认销售收入，并向委托方开具代销清单，委托方收到代销清单时，再确认本企业的销售收入。

(2)收取手续费方式

【工作资料9-8】:2012 年 12 月，重庆市长江有限责任公司委托丙公司销售商品 200 件，商品已经发出，每件成本为 60 元。合同约定丙公司应按每件 100 元对外销售，重庆市长江有限责任公司按售价的 10% 向丙公司支付手续费。丙公司对外实际销售 100 件，开出的增值税专用发票上注明的销售价款为 10 000 元，增值税额为 1 700元，款项已经收到。重庆市长江有限责任公司收到丙公司开具的代销清单时，向丙公司开具一张相同金额的增值税专用发票。假定重庆市长江有限责任公司发出商品时纳税义务尚未发生，不考虑其他因素。

重庆市长江有限责任公司的账务处理如下：

①发出商品时

借:委托代销商品　　12 000

　　贷:库存商品　　12 000

②收到代销清单时

借:应收账款　　11 700

　　贷:主营业务收入　　10 000

　　　　应交税费——应交增值税(销项税额)　　1 700

借:主营业务成本　　6 000

　　贷:委托代销商品　　6 000

借:销售费用　　1 000

　　贷:应收账款　　1 000

③收到丙公司支付的货款时

借:银行存款　　10 700

　贷:应收账款　　10 700

丙公司的账务处理如下:

①收到商品时

借:受托代销商品　　20 000

　贷:受托代销商品款　　20 000

②对外销售时

借:银行存款　　11 700

　贷:应付账款　　10 000

　　应交税费——应交增值税(销项税额)　　1 700

③收到增值税专用发票时

借:应交税费——应交增值税(进项税额)　　1 700

　贷:应付账款　　1 700

借:受托代销商品款　　10 000

　贷:受托代销商品　　10 000

④支付货款并计算代销手续费时

借:应付账款　　11 700

　贷:银行存款　　10 700

　　主营业务收入(其他业务收入)　　1 000

实践总结:

在收取手续费方式下,委托方在发出商品时通常不应确认销售商品收入,而应在收到受托方开出的代销清单时确认销售商品收入;受托方应在商品销售后,按合同或协议约定的方法计算确定的手续费确认收入。受托方在确认手续费收入时,如受托方主营代销商品,则记"主营业务收入";如受托方兼营代销商品,则记"其他业务收入"。

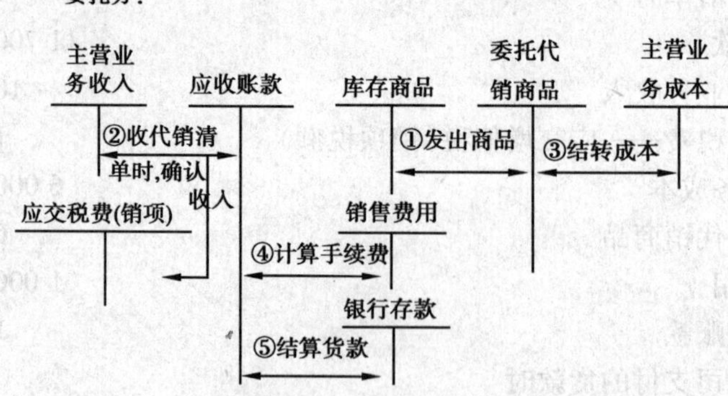

图 9.12　收取手续费方式委托销售委托方账户关系

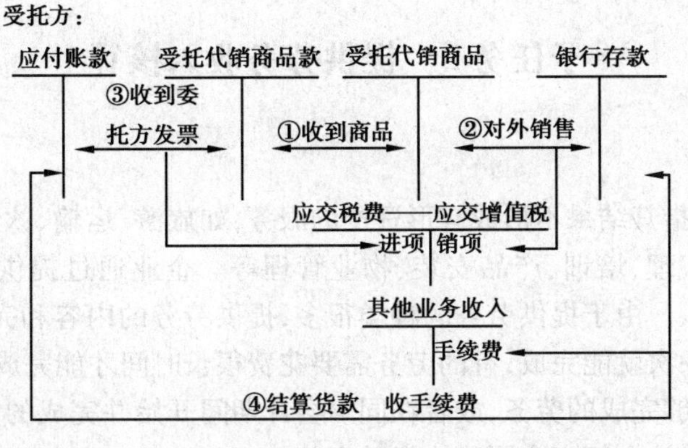

图9.13 收取手续费方式委托销售受托方账户关系

7）销售材料等存货

【工作资料9-9】:2012年12月,重庆市长江有限责任公司销售一批原材料,开出增值税专用发票上注明,售价为20 000元,增值税税额为3 400元,款项已收存银行。该批材料的实际成本为18 000元。重庆市长江有限责任公司的账务处理如下:

①取得原材料销售收入

借:银行存款	23 400	
贷:其他业务收入		20 000
应交税费——应交增值税(销项税额)		3 400

②结转已销原材料的实际成本

借:其他业务成本	18 000	
贷:原材料		18 000

实践总结:

企业在日常活动中还可能发生对外销售不需要的原材料、随同商品对外销售单独计价的包装物等业务。企业销售原材料、包装物等存货也视同销售商品,其收入确认和计量原则比照商品销售,收入计入"其他业务收入"科目,成本结转至"其他业务成本"科目。

"其他业务收入"科目核算企业除主营业务活动以外的其他经营活动实现的收入,包括销售材料、出租包装物和商品、出租固定资产、出租无形资产等实现的收入。

"其他业务成本"科目核算企业除主营业务活动以外的其他经营活动所产生的成本,包括销售材料的成本、出租包装物的成本或摊销额、出租固定资产的折旧额、出租无形资产的摊销额等成本。

子任务2　提供劳务收入核算

○任务分析

劳务通常是指其结果不形成有形资产的服务,如旅游、运输、饮食、广告、理发、照相、洗染、咨询、代理、培训、产品安装、物业管理等。企业通过提供劳务而取得的收入,即为劳务收入。由于提供劳务的种类很多,提供劳务的内容和完成劳务的时间也不同,有的劳务一次就能完成,有的劳务需要花费很长时间才能完成。

对于一次能够完成的劳务,或者在同一会计期间开始并完成的劳务,应在劳务完成时确认收入,确认金额为合同或协议总金额。

对于需要跨越一个会计期间的劳务,确认收入时,企业应当判断其提供的劳务交易的结果是否能够可靠估计。

①提供劳务交易结果能够可靠估计。劳务的开始和完成分属不同的会计年度,且在资产负债表日能对该项交易的结果作出可靠估计的,应按完工百分比法确认收入。

提供劳务的交易结果能否可靠估计,依据以下条件进行判断,如同时满足下列条件,则交易的结果能够可靠地估计:a. 收入的金额能够可靠地计量;b. 相关的经济利益很可能流入企业;c. 交易的完工进度能够可靠地确定;d. 交易中已发生和将发生的成本能够可靠地计量。

在采用完工百分比法确认收入时,收入和相关的费用应按以下公式计算:

本年确认的收入 = 劳务总收入 × 本年末止劳务的完工进度 - 以前年度已确认的收入

本年确认的费用 = 劳务总成本 × 本年末止劳务的完工进度 - 以前年度已确认的费用

②提供劳务交易结果不能可靠估计。企业在资产负债表日,如不能可靠地估计所提供劳务的交易结果,即不能同时满足前面所讲的四个条件,则不能按完工百分比法确认收入。这时企业应正确预计已经收回或将要收回的款项能弥补多少已经发生的成本,并按以下方法处理:

a. 如果已经发生的劳务成本预计全部能够得到补偿,应按已收或预计能够收回的金额确认提供劳务收入,并结转已经发生的劳务成本;b. 如果已经发生的劳务成本预计部分能够得到补偿的,应按能够得到补偿的劳务成本金额确认提供劳务收入,并按已经发生的劳务成本结转成本。确认的收入金额小于已经发生的劳务成本的差额反映为损失。c. 如果已经发生的劳务成本预计全部不能得到补偿的,应将已经发生的成本确认为当期损益(主营业务成本或其他业务成本),不确认提供劳务收入。

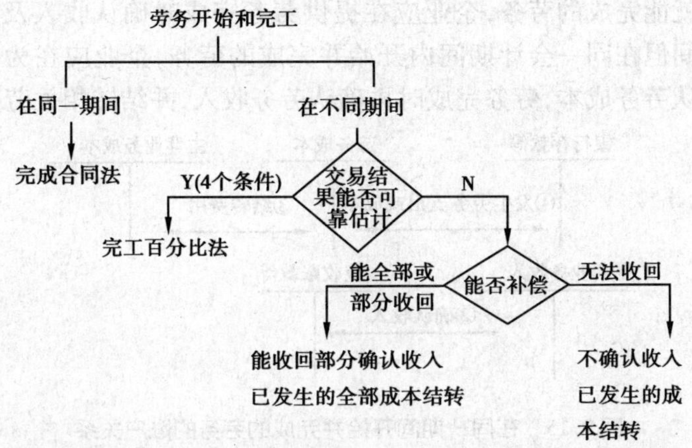

图9.14 提供劳务账务处理方法

○职业判断与账务处理

1)在同一会计期间内开始并完成的劳务的处理

【工作资料9-10】:2012年12月,重庆市长江有限责任公司接受一项设备安装任务,该安装任务可在本月完成。合同总价款为5 000元,实际发生安装成本3 000元。该业务属于该公司主营业务,不考虑相关税费。重庆市长江有限责任公司的账务处理如下:

①发生安装成本时

借:劳务成本 3 000

　　贷:银行存款(应付职工薪酬等) 3 000

②完工结算时

借:应收账款 5 000

　　贷:主营业务收入 5 000

借:主营业务成本 3 000

　　贷:劳务成本 3 000

实践总结:

企业对外提供劳务,如属于企业的主营业务,所实现的收入应作为主营业务收入处理,结转的相关成本应作为主营业务成本处理;如属于主营业务以外的其他经营活动,所实现的收入应作为其他业务收入处理,结转的相关成本应作为其他业务成本处理。

企业对外提供劳务发生的支出一般通过“劳务成本”科目予以归集,待确认为费用时,从“劳务成本”科目转入“主营业务成本”或“其他业务成本”科目。

对于一次就能完成的劳务,企业应在提供劳务完成时确认收入及相关成本。对于持续一段时间但在同一会计期间内开始并完成的劳务,企业应在为提供劳务发生相关支出时确认劳务成本,劳务完成时再确认劳务收入,并结转相关劳务成本。

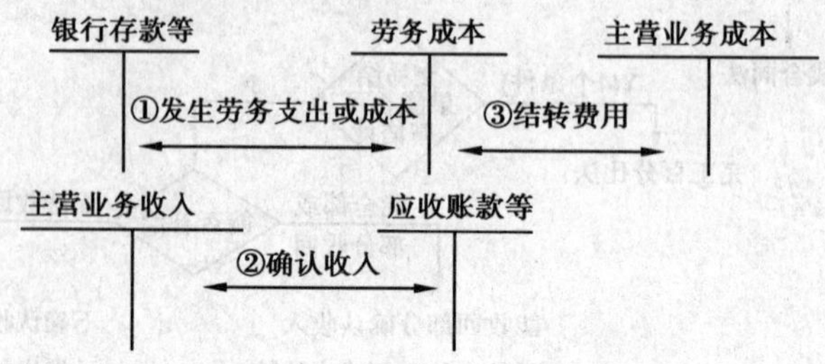

图9.15 在同一期间开始并完成的劳务的账户关系

2)在不同会计期间交易结果能可靠估计的劳务的处理

【工作资料9-11】:重庆市长江有限责任公司于2012年12月1日接受一项设备安装任务,安装期为3个月,合同总收入600 000元,至年底已预收安装费440 000元,实际发生安装费用280 000元(假定均为安装人员薪酬),估计还会发生120 000元。假定重庆市长江有限责任公司按实际发生的成本占估计总成本的比例确定劳务的完工进度。重庆市长江有限责任公司的账务处理如下:

(1)计算

实际发生的成本占估计总成本的比例 = 280 000 ÷ (280 000 + 120 000) = 70%

12月31日确认的提供劳务收入 = 600 000 × 70% − 0 = 420 000元

12月31日结转的提供劳务成本 = (280 000 + 120 000) × 70% − 0 = 280 000元

(2)账务处理

①实际发生劳务成本时

借:劳务成本　　280 000
　　贷:应付职工薪酬　　280 000

②预收劳务款时

借:银行存款　　440 000
　　贷:预收账款　　440 000

③12月31日确认提供劳务收入并结转劳务成本时

借:预收账款　　420 000
　　贷:主营业务收入　　420 000

借:主营业务成本　　280 000
　　贷:劳务成本　　280 000

实践总结：

完工百分比法，是指按照提供劳务交易的完工进度确认收入和费用的方法。在这种方法下，确认的提供劳务收入金额能够提供各个会计期间关于提供劳务交易及其业绩的有用信息。

企业应当在资产负债表日按照提供劳务收入总额乘以完工进度扣除以前会计期间累计已确认提供劳务收入后的金额，确认当期提供劳务收入；同时，按照提供劳务估计总成本乘以完工进度扣除以前会计期间累计已确认劳务成本后的金额，结转当期劳务成本。用公式表示如下：

本期确认的收入 = 劳务总收入 × 本期末止劳务的完工进度 - 以前期间已确认的收入

本期确认的费用 = 劳务总成本 × 本期末止劳务的完工进度 - 以前期间已确认的费用

在采用完工百分比法确认提供劳务收入的情况下，企业应按计算确定的提供劳务收入金额，借记"应收账款""银行存款"等科目，贷记"主营业务收入"科目。结转提供劳务成本时，借记"主营业务成本"科目，贷记"劳务成本"科目。

3）在不同会计期间交易结果不能可靠估计的劳务的处理

【工作资料9-12】：重庆市长江有限责任公司接受乙公司委托，为其培训一批学员，培训期为6个月，2012年1月1日开学。协议约定，乙公司应支付的培训费总额为60 000元，分三次等额支付，第一次在开学时预付，第二次在2012年3月1日支付，第三次在培训结束时支付。2012年1月1日，乙公司预付第一次培训费。截至2012年2月28日，甲公司发生培训成本30 000元（假定均为培训人员薪酬）。2012年3月1日，甲公司得知乙公司经营发生困难，后两次培训费能否收回难以确定。假定不考虑相关税费，重庆市长江有限责任公司的会计处理如下：

实践分析：

重庆市长江有限责任公司已经发生的劳务成本30 000元预计只能部分得到补偿，即只能按预收款项得到补偿，应按预收账款20 000元确认劳务收入，并将已经发生的劳务成本30 000元结转入当期损益。

①2012年1月1日收到乙公司预付的培训费

借：银行存款　　20 000

　　贷：预收账款　　20 000

②实际发生培训成本30 000元

借：劳务成本　　30 000

　　贷：应付职工薪酬　　30 000

③2012 年 2 月 28 日确认提供劳务收入并结转劳务成本

借:预收账款 20 000

　　贷:主营业务收入 20 000

借:主营业务成本 30 000

　　贷:劳务成本 30 000

实践总结:

企业在资产负债表日提供劳务交易结果不能够可靠估计的,企业不能采用完工百分比法确认提供劳务收入。此时,企业应正确预计已经发生的劳务成本能够得到补偿和不能得到补偿,分别进行会计处理:①已经发生的劳务成本预计能够得到补偿的,应按已收或预计能够收回的金额确认提供劳务收入,并结转已经发生的劳务成本。②已经发生的劳务成本预计全部不能得到补偿的,应将已经发生的劳务成本计入当期损益(主营业务成本或其他业务成本),不确认提供劳务收入。

子任务3　让渡资产使用权收入核算

○任务分析

1)让渡资产使用权收入的确认

让渡资产使用权收入主要是指企业让渡无形资产(如商标权、专利权、专营权、软件、版权)等资产的使用权形成的使用费收入。

企业对外出租资产收取的租金、进行债权投资收取的利息、进行股权投资取得的现金股利,也构成让渡资产使用权收入,但这里主要介绍让渡无形资产等资产使用权的使用费收入的核算。

让渡资产使用权收入同时满足下列条件的,才能予以确认:

(1)相关的经济利益很可能流入企业

相关的经济利益很可能流入企业,是指让渡资产使用权收入金额收回的可能性大于不能收回的可能性。企业在确定让渡资产使用权收入金额能否收回时,应当根据对方企业的信誉和生产经营情况、双方就结算方式和期限等达成的合同或协议条款等因素,综合进行判断。如果企业估计让渡资产使用权收入金额收回的可能性不大,就不应确认收入。

(2)收入的金额能够可靠地计量

收入的金额能够可靠地计量,是指让渡资产使用权收入的金额能够合理地估计。如果让渡资产使用权收入的金额不能够合理地估计,则不应确认收入。

2）让渡资产使用权收入的计量

使用费收入应当按照有关合同或协议约定的收费时间和方法计算确定。不同的使用费收入,收费时间和方法各不相同。有一次性收取一笔固定金额的,如一次收取10年的场地使用费;有在合同或协议规定的有效期内分期等额收取的,如合同或协议规定在使用期内每期收取一笔固定的金额;也有分期不等额收取的,如合同或协议规定按资产使用方每期销售额的百分比收取使用费等。

如果合同或协议规定一次性收取使用费,且不提供后续服务的,应当视同销售该项资产一次性确认收入;提供后续服务的,应在合同或协议规定的有效期内分期确认收入;如果合同或协议规定分期收取使用费的,应按合同或协议规定的收款时间和金额或规定的收费方法计算确定的金额分期确认收入。

○职业判断与账务处理

1）一次性收取使用费不提供后续服务的处理

【工作资料9-13】:2012年1月1日,重庆市长江有限责任公司向乙公司转让某软件的使用权,一次性收取使用费60 000元,不提供后续服务,款项已经收回。假定不考虑相关税费,重庆市长江有限责任公司确认使用费收入的会计分录如下:

借:银行存款　　60 000

　　贷:其他业务收入　　60 000

实践总结:

如果合同或协议规定一次性收取使用费,且不提供后续服务的,应当视同销售该项资产一次性确认收入。

2）一次性收取使用费提供后续服务的处理

【工作资料9-14】:2012年1月1日,重庆市长江有限责任公司向乙公司转让某软件的使用权,一次性收取使用费60 000元,提供后续服务,款项已经收回,使用期限3年。如第一年发生服务费2 000元,第二年发生服务费3 000元,第三年发生服务费10 000元(均为职工工资)。假定不考虑相关税费,重庆市长江有限责任公司确认使用费收入的会计分录如下:

①第一年

收款时:

借:银行存款　　60 000

　　贷:预收账款　　40 000

　　　　其他业务收入　　20 000

发生服务费时:

借:其他业务成本　　2 000

　　贷:应付职工薪酬　　2 000

②第二年

结转收入:

借:预收账款　　20 000

　　贷:其他业务收入　　20 000

发生服务费时:

借:其他业务成本　　3 000

　　贷:应付职工薪酬　　3 000

③第三年

结转收入:

借:预收账款　　20 000

　　贷:其他业务收入　　20 000

发生服务费时:

借:其他业务成本　　10 000

　　贷:应付职工薪酬　　10 000

实践总结:

如果合同或协议规定一次性收取使用费,提供后续服务的,应在合同或协议规定的有效期内分期确认收入。

3)分期收取使用费的处理

【工作资料9-15】:重庆市长江有限责任公司于2012年1月1日向丙公司转让某专利权的使用权,协议约定转让期为5年,每年年末收取使用费200 000元。2012年该专利权计提的摊销额为120 000元,每月计提金额为10 000元。假定不考虑其他因素,不考虑相关税费,重庆市长江有限责任公司会计处理如下:

①2012年年末确认使用费收入

借:应收账款(或银行存款)　　200 000

　　贷:其他业务收入　　200 000

②2012年每月计提专利权摊销额

借:其他业务成本　　10 000

　　贷:累计摊销　　10 000

实践总结:

如果合同或协议规定分期收取使用费的,应按合同或协议规定的收款时间和金额或规定的收费方法计算确定的金额分期确认收入。

企业让渡资产使用权的使用费收入,一般计入“其他业务收入”;所让渡资产计提的摊销额计入“其他业务成本”。

任务2 费用业务

◎预备知识

费用是指企业在日常活动中发生的、会导致所有者权益减少的、与向所有者分配利润无关的经济利益的总流出。

费用有狭义和广义之分。广义的费用泛指企业各种日常活动发生的所有耗费,狭义的费用仅指与本期营业收入相配比的那部分耗费。费用应按照权责发生制和配比原则确认,凡应属于本期发生的费用,不论其款项是否支付,均确认为本期费用;反之,不属于本期发生的费用,即使其款项已在本期支付,也不确认为本期费用。

任务分析

费用包括企业日常活动所产生的经济利益的总流出,主要指企业为取得营业收入进行产品的销售等营业活动所发生的企业货币资金的流出,具体包括成本费用和期间费用。

企业为生产产品、提供劳务等发生的可归属于产品成本、劳务成本等的费用,应当在确认销售商品收入、提供劳务收入等时,将已销售商品、已提供劳务的成本等计入当期损益。成本费用包括主营业务成本、其他业务成本、营业税及附加等。期间费用指企业日常活动发生的不能计入特定核算对象的成本,而应计入发生当期损益的费用。期间费用发生时直接计入当期损益,期间费用包括销售费用、管理费用和财务费用。

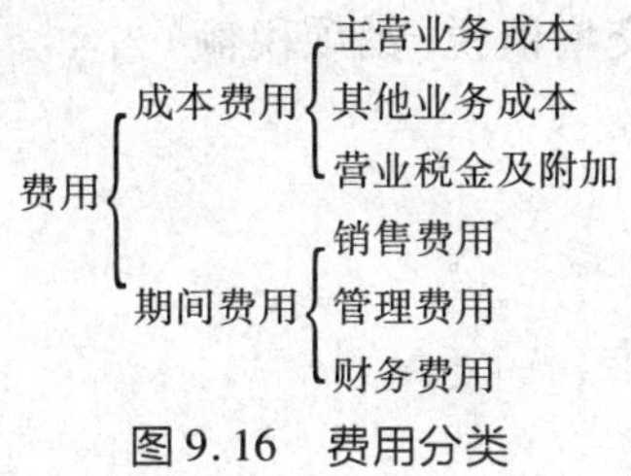

图9.16 费用分类

费用的基本账务处理为:

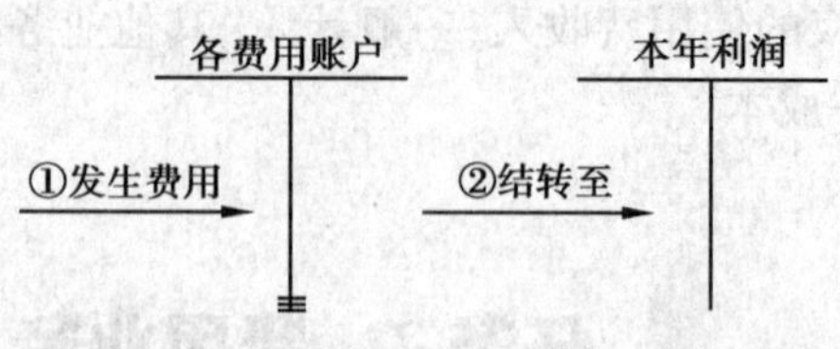

图 9.17　费用的基本账务处理

子任务 1　营业成本核算

○任务分析

营业成本是企业为生产产品、提供劳务等发生的可归属于产品成本、劳务成本等的费用，在确认收入时，经已销售商品、已提供劳务的成本等计入当期损益。包括主营业务成本和其他业务成本。

①主营业务成本——销售商品、提供劳务等经常性活动所发生的成本；

②其他业务成本——除主营业务活动以外的其他经营活动所发生的支出。

○职业判断与账务处理

1）主营业务成本核算

【工作资料 9-16】:2012 年 6 月，重庆市长江有限责任公司销售一批商品，增值税发票上注明售 200 000 元，增值税 34 000 元，款项尚未收到。该批商品成本为100 000 元。如该项销售已符合销售收入确认的条件，应确认为收入，确认时应做分录：

①销售实现时

借：应收账款　　234 000
　贷：主营业务收入　　200 000
　　应交税费——应交增值税（销项税额）　　34 000

借：主营业务成本　　100 000
　贷：库存商品　　100 000

②期末结转损益

借：本年利润　　100 000
　贷：主营业务成本　　100 000

【工作资料 9-17】：重庆市长江有限责任公司在 2012 年 12 月 18 日向乙公司销售一批商品，开出的增值税专用发票上注明的销售价款为 50 000 元，增值税额为 8 500 元。该批商品成本为 26 000 元。2012 年 12 月 27 日，该批商品因质量问题被乙公司

退回一半,重庆市长江有限责任公司当日支付有关款项。重庆市长江有限责任公司的账务处理如下:

①2012 年 12 月 18 日销售实现时,按销售总价确认收入时

借:应收账款 58 500

贷:主营业务收入 50 000

应交税费——应交增值税(销项税额) 8 500

借:主营业务成本 26 000

贷:库存商品 26 000

②在 2012 年 12 月 27 日

借:主营业务收入 25 000

应交税费——应交增值税(销项税额) 4 250

贷:银行存款 29 250

借:库存商品 13 000

贷:主营业务成本 13 000

③2012 年 12 月 31 日期末结转损益时

借:本年利润 13 000

贷:主营业务成本 13 000

【工作资料 9-18】:2012 年 12 月,重庆市长江有限责任公司接受一项设备安装任务,该安装任务可在本月完成。合同总价款为 5 000 元,实际发生安装成本 3 000 元(职工工资)。该业务属于该公司主营业务,不考虑相关税费。重庆市长江有限责任公司的账务处理如下:

①发生安装成本时

借:劳务成本 3 000

贷: 应付职工薪酬 3 000

②完工结算时

借:应收账款 5 000

贷:主营业务收入 5 000

借:主营业务成本 3 000

贷:劳务成本 3 000

③期末损益结转

借:本年利润 3 000

贷:主营业务成本 3 000

实践总结:

企业一般在确认销售商品、提供劳务等主营业务收入时,或在月末,将已销售商

品、已提供劳务的成本转入主营业务成本。主营业务成本按主营业务的种类进行明细核算，期末将主营业务成本的余额转入“本年利润”科目，结转后本科目无余额。

2）其他业务成本核算

【工作资料9-19】:2012年1月，重庆市长江有限责任公司销售一批原材料，开出增值税专用发票上注明，售价为20 000元，增值税税额为3 400元，款项已收存银行。该批材料的实际成本为18 000元。重庆市长江有限责任公司的账务处理如下：

①取得原材料销售收入

借:银行存款　　23 400

　贷:其他业务收入　　20 000

　　应交税费——应交增值税(销项税额)　　3 400

②结转已销原材料的实际成本

借:其他业务成本　　18 000

　贷:原材料　　18 000

③期末损益结转

借:本年利润　　18 000

　贷:其他业务成本　　18 000

【工作资料9-20】:重庆市长江有限责任公司于2012年1月1日向丙公司转让某专利权的使用权，协议约定转让期为5年，每年年末收取使用费200 000元。2012年该专利权计提的摊销额为120 000元，每月计提金额为10 000元。假定不考虑其他因素，不考虑相关税费，重庆市长江有限责任公司会计处理如下：

①2012年年末确认使用费收入

借:应收账款(或银行存款)　　200 000

　贷:其他业务收入　　200 000

②2012年每月计提专利权摊销额

借:其他业务成本　　10 000

　贷:累计摊销　　10 000

③2012年每月期末损益结转

借:本年利润　　10 000

　贷:其他业务成本　　10 000

实践总结：

如销售材料的成本、随同产品出售单独计价的包装物成本、出租固定资产的折旧额、出租无形资产的摊销额等。本科目按其他业务成本的种类进行明细核算。期末，本科目余额转入“本年利润”科目，结转后本科目无余额。

子任务2 营业税金及附加核算

○任务分析

营业税金及附加是企业经营活动应负担的相关税费,包括营业税、消费税、城市维护建设税、教育费附加和资源税等。

1)营业税

营业税是对在中国境内提供应税劳务、转让无形资产或销售不动产的单位和个人,就其所取得的营业额征收的一种税。营业税属于流转税制中的一个主要税种。其中,应税劳务是指建筑业、交通运输业、邮电通信业、文化体育业、金融保险业、娱乐业、服务业所提供的劳务;转让无形资产是指转让无形资产的所有权或使用权;销售不动产是指非房产单位有偿转让不动产的所有权和使用权,以及将不动产无偿赠与他人的行为。

2)消费税

消费税是以消费品(消费行为)的流转额作为课税对象的各种税收的统称,是政府向消费品征收的税项,可从批发商或零售商征收。消费税实行价内税,只在应税消费品的生产、委托加工和进口环节缴纳,在以后的批发、零售等环节,因为价款中已包含消费税,因此不用再缴纳消费税,税款最终由消费者承担。消费税的纳税人是我国境内生产、委托加工、零售和进口《中华人民共和国消费税暂行条例》规定的应税消费品的单位和个人。

消费税是在对货物普遍征收增值税的基础上,选择少数消费品再征收的一个税种,消费税主要是为了调节产品结构,引导消费方向,保证国家财政收入。现行消费税的征收范围主要包括:烟、酒及酒精、鞭炮、焰火、化妆品、成品油、贵重首饰及珠宝玉石、高尔夫球及球具、高档手表、游艇、木制一次性筷子、实木地板、汽车轮胎、摩托车、小汽车等税目,有的税目还进一步划分若干子目。

3)城市维护建设税

城市维护建设税(简称:城建税)是我国为了加强城市的维护建设,扩大和稳定城市维护建设资金的来源,而对有经营收入的单位和个人征收的一个税种。城市维护建设税是对从事工商经营,缴纳消费税、增值税、营业税的单位和个人征收的一种税。

4)教育费附加

教育费附加是对缴纳增值税、消费税、营业税的单位和个人征收的一种附加费。作用是发展地方性教育事业,扩大地方教育经费的资金来源。

5）资源税

资源税是以各种应税自然资源为课税对象、为了调节资源级差收入并体现国有资源有偿使用而征收的一种税。资源税在理论上可区分为对绝对矿租课征的一般资源税和对级差矿租课征的级差资源税，体现在税收政策上就叫做"普遍征收，级差调节"，即所有开采者开采的所有应税资源都应缴纳资源税；同时，开采中、优等资源的纳税人还要相应多缴纳一部分资源税。一般资源税就是国家对国有资源，如我国宪法规定的城市土地、矿藏、水流、森林、山岭、草原、荒地、滩涂等，根据国家的需要，对使用某种自然资源的单位和个人，为取得应税资源的使用权而征收的一种税。

○职业判断与账务处理

【工作资料9-21】:2012年6月，重庆市长江有限责任公司销售一批化妆品，增值税发票上注明售200 000元，增值税34 000元，款项尚未收到。假定消费税率为5%，则应交消费税10 000元。该批商品成本为100 000元。如该项销售已符合销售收入确认的条件，应确认为收入，确认时应做分录：

①发生销售时

借:应收账款　234 000

　贷:主营业务收入　200 000

　　应交税费——应交增值税(销项税额)　34 000

②计算消费税 200 000×5% =10 000(元)

借:营业税金及附加　10 000

　贷:应交税费——应交消费税　10 000

③结转成本时

借:主营业务成本　100 000

　贷:库存商品　100 000

④交纳消费税时

借:应交税费——应交消费税　10 000

　贷:银行存款　10 000

⑤期末结转营业税及附加时

借:本年利润　10 000

　贷:营业税金及附加　10 000

【工作资料9-22】:2012年8月，重庆市长江有限责任公司销售一辆闲置汽车，该汽车原值200 000元，已提折旧100 000元，销售金额为120 000元，支付销售过程中的费用2 000元，余款存银行。销售不动产营业税税率为5%，重庆市长江有限责任公司会计处理如下：

①注销固定资产

借:固定资产清理 100 000

累计折旧 100 000

贷:固定资产 200 000

②收到销售价款

借:银行存款 120 000

贷:固定资产清理 120 000

③支付销售过程中的费用

借:固定资产清理 2 000

贷:银行存款 2 000

④计算营业税 120 000 ×5% =6 000 元

借:固定资产清理 6 000

贷:应交税费——应交营业税 6 000

⑤结转出售固定资产实现的利得时

借:固定资产清理 12 000

贷:营业外收入 12 000

思考:

为什么没有使用"营业税金及附加"科目?

【工作资料 9-23】:2012 年 12 月,重庆市长江有限责任公司某月实际应交增值税为 350 000 元,应交消费税 150 000 元,应交营业税为 100 000 元,城建税税率 7%,教育费附加 3%,重庆市长江有限责任公司会计处理如下:

①计算应交城建税和教育费附加时

城建税:(350 000 + 150 000 + 100 000) ×7% =42 000 元

教育费附加:(350 000 + 150 000 + 100 000) ×3% =18 000 元

借:营业税金及附加 60 000

贷:应交税费——应交城建税 42 000

——应交教育费附加 18 000

②实际缴纳时

借:应交税费——应交城建税 42 000

——应交教育费附加 18 000

贷:银行存款 60 000

③期末结转营业税及附加时

借:本年利润 60 000

贷:营业税金及附加 60 000

实践总结：

当企业发生营业税、消费税、城市维护建设税、教育费附加和资源税等时，应使用“营业税金及附加”科目进行归集，期末再结转损益至“本年利润”科目；但出售无形资产或者固定资产时，则发生的营业税作为处置时的损失，无形资产直接计入“营业外收入”或“营业外支出”科目，固定资产可先归集至“固定资产清理”科目，然后转至“营业外收入”或“营业外支出”科目，无须使用“营业税金及附加”科目。

子任务3　期间费用核算

○任务分析

期间费用是企业当期发生的费用中的重要组成部分，是指本期发生的、不能直接或间接归入某种产品成本的、直接计入损益的各项费用，包括管理费用、销售费用和财务费用。

1）管理费用

管理费用是指企业为组织和管理企业生产经营所发生的管理费用，包括企业在筹建期间内发生的开办费、董事会和行政管理部门在企业的经营管理中发生的或者应由企业统一负担的公司经费（包括行政管理部门职工工资及福利费、物料消耗、低值易耗品摊销、办公费和差旅费等）、工会经费、董事会费（包括董事会成员津贴、会议费和差旅费等）、聘请中介机构费、咨询费（含顾问费）、诉讼费、业务招待费、房产税、车船使用税、土地使用税、印花税、技术转让费、矿产资源补偿费、研究费用、排污费以及企业生产车间（部门）和行政管理部门等发生的固定资产修理费用等。

2）销售费用

销售费用是指企业在销售商品和材料、提供劳务的过程中发生的各种费用，包括企业在销售商品过程中发生的保险费、包装费、展览费和广告费、商品维修费、预计产品质量保证损失、运输费、装卸费等以及为销售本企业商品而专设的销售机构（含销售网点、售后服务网点等）的职工薪酬、业务费、折旧费、固定资产修理费用等费用。

3）财务费用

财务费用是指企业为筹集生产经营所需资金等而发生的筹资费用，包括利息支出（减利息收入）、汇兑损益以及相关的手续费、企业发生的现金折扣或收到的现金折扣等。

○职业判断与账务处理

1）管理费用核算

【工作资料9-24】:重庆市长江有限责任公司2012年7月22日为拓展销售市场发生业务招待费20 000元,用银行存款支付,重庆市长江有限责任公司会计处理如下:

费用报销审批单

2012年7月22日

单据张数	1	票据金额	￥20,000.00
经办人	李伟利		
部门领导	李文涛		
主管领导	陈志伟		
财务领导	陈红		
备注	购买办公用品		

图9.18 费用报销审批单

重庆市零售业发票

发票联

NO:156888961

客户名称：重庆长江股份有限公司　　2012年07月22日

项目	数量	单价	金额								
			百	十	万	千	百	十	元	角	分
办公用品	1	￥20,000.00		￥	2	0	0	0	0	0	0
合计金额（大写）	贰万元整										

单位盖章有效　　制单：黄跃新

图9.19 零售业货物销售发票

借:管理费用——业务招待费　　20 000

　贷:银行存款　　20 000

【工作资料9-25】:重庆市长江有限责任公司2012年7月行政部发生人员应付工资50 000元,办公设备折旧费10 000元,办公费5 000元,差旅费15 000元,办公费和差旅费已用现金支付,重庆市长江有限责任公司会计处理如下:

借：管理费用——工资　50 000
　　　　　　——折旧费　10 000
　　　　　　——办公费　5 000
　　　　　　——差旅费　15 000
　贷：应付职工薪酬　50 000
　　　累计折旧　10 000
　　　库存现金　20 000

【工作资料 9-26】：重庆市长江有限责任公司 2012 年 7 月 31 日“管理费用”科目余额为 100 000 元，重庆市长江有限责任公司会计处理如下：

借：本年利润　100 000
　贷：管理费用　100 000

实践总结：

企业发生的管理费用，在“管理费用”科目核算，并在“管理费用”科目中按费用项目设置明细账，进行明细核算。期末，“管理费用”科目的余额结转“本年利润”科目后无余额。

2）销售费用核算

【工作资料 9-27】：重庆市长江有限责任公司 2012 年 7 月 5 日为宣传新产品发生广告费 30 000 元，用银行支付，重庆市长江有限责任公司根据取得广告业发票及支票存根，编制记账凭证如下：

重庆市服务业发票

发票联

发票代码：21303004502

客户名称：新华公司　2012年7月5日　N0:0067890

项目	数量	单价	金额								
			百	十	万	千	百	十	元	角	分
产品包装费				￥	3	0	0	0	0	0	0
合计金额（大写）	叁万元整										

备注：代重庆长江股份有限公司垫支

单位盖章有效　制单：黄跃新

图 9.20　广告业发票

借：销售费用——广告费　30 000
　贷：银行存款　30 000

【工作资料9-28】:重庆市长江有限责任公司2012年7月15日销售一批产品,销售过程中发生运输费5 000元、装卸费2 000元,用银行支付,重庆市长江有限责任公司会计处理如下:

借:销售费用——运输费 5 000

——装卸费 2 000

贷:银行存款 7 000

【工作资料9-29】:重庆市长江有限责任公司2012年7月25日计算出销售部人员工资40 000元,重庆市长江有限责任公司会计处理如下:

借:销售费用——工资 40 000

贷:应付职工薪酬 40 000

【工作资料9-30】:重庆市长江有限责任公司2012年7月31日"销售费用"科目余额为80 000元,重庆市长江有限责任公司会计处理如下:

借:本年利润 80 000

贷:销售费用 80 000

实践总结:

企业发生的销售费用,在"销售费用"科目核算,并在"销售费用"科目中按费用项目设置明细账,进行明细核算。期末,"销售费用"科目的余额结转"本年利润"科目后无余额。

3)财务费用核算

【工作资料9-31】:重庆市长江有限责任公司2012年7月9日用银行支付本月短期借款利息20 000元,重庆市长江有限责任公司会计处理如下:

借:财务费用——利息支出 20 000

贷:银行存款 20 000

【工作资料9-32】:重庆市长江有限责任公司2012年7月15日向银行购买现金支票、转账支票各一本,共30元,重庆市长江有限责任公司会计处理如下:

借:财务费用——手续费 30

贷:银行存款 30

【工作资料9-33】:重庆市长江有限责任公司2012年7月20日收到银行结算活期存款利息150元,重庆市长江有限责任公司会计处理如下:

借:银行存款 150

贷:财务费用——利息支出 150

【工作资料9-34】:重庆市长江有限责任公司2012年12月31日"财务费用"科目余额为30 000元,重庆市长江有限责任公司会计处理如下:

借:本年利润　　　　　　　　　　　　　　　　　30 000

　　贷:财务费用　　　　　　　　　　　　　　　　　30 000

实践总结:

企业发生的财务费用,在“财务费用”科目核算,并在“财务费用”科目中按费用项目设置明细账,进行明细核算。当发生存款利息收入时,冲减利息支出。期末,“财务费用”科目的余额结转“本年利润”科目后无余额。

任务3　利润业务

◎预备知识

企业作为独立的经济实体,应当以自己的经营收入抵补其成本费用,并且实现赢利。企业赢利的大小在很大程度上反映企业生产经营的经济效益,表明企业在每一会计期间的最终经营成果。

利润是指企业在一定会计期间的经营成果。利润包括收入减去费用后的净额、直接计入当期利润(损益)的利得和损失等。

利得是指由企业非日常活动所形成的、会导致所有者权益增加的、与所有者投入资本无关的经济利益的流入。损失是指由企业非日常活动形成的、会导致所有者权益减少的、与向所有者分配利润无关的经济利益的流出。

利得和损失分为直接计入当期利润(损益)的利得和损失和直接计入所有者权益的利得和损失两大类。

○任务分析

1）营业利润

营业利润＝营业收入－营业成本－营业税金及附加－销售费用－管理费用－财务费用－资产减值损失＋公允价值变动收益(－公允价值变动损失)＋投资收益(－投资损失)

其中,营业收入是指企业经营业务所确定的收入总额,包括主营业务收入和其他业务收入。营业成本是指企业经营业务所发生的实际成本总额,包括主营业务成本和其他业务成本。资产减值损失是指企业计提各项资产减值准备所形成的损失。公允价值变动收益(或损失)是指企业交易性金融资产等公允价值变动形成的应计入当期损益的利得(或损失)。投资收益(或损失)是指企业以各种方式对外投资所取得的收益(或发生的损失)。

2)利润总额

利润总额 = 营业利润 + 营业外收入 − 营业外支出

其中,营业外收入(或支出)是指企业发生的与日常活动无直接关系的各项利得(或损失)。

3)净利润

净利润 = 利润总额 − 所得税费用

其中,所得税费用是指企业确认的应从当期利润总额中扣除的所得税费用。

子任务1 营业外收支核算

○任务分析

营业外收支是指企业发生的与日常活动无直接关系的各项收支。营业外收支虽然与企业生产经营活动没有多大的关系,但从企业主体来考虑,同样带来收入或形成企业的支出,也是增加或减少利润的因素,对企业的利润总额及净利润产生较大的影响。

1)营业外收入

营业外收入是指企业发生的与其日常活动无直接关系的各项利得。营业外收入并不是由企业经营资金耗费所产生的,不需要企业付出代价,实际上是一种纯收入,不可能也不需要与有关费用进行配比。因此,在会计核算上,应当严格区分营业外收入与营业收入的界限。营业外收入主要包括:非流动资产处置利得、非货币性资产交换利得、债务重组利得、政府补助、盘盈利得、捐赠利得等。

非流动资产处置利得包括固定资产处置利得和无形资产出售利得。固定资产处置利得,指企业出售固定资产所取得价款或报废固定资产的材料价值和变价收入等,扣除固定资产的账面价值、清理费用、处置相关税费后的净收益;无形资产出售利得,指企业出售无形资产所取得价款扣除出售无形资产的账面价值、出售相关税费后的净收益。

非货币性资产交换利得,指在非货币资产交换中换出资产为固定资产、无形资产的,换入资产公允价值大于换出资产账面价值的差额,扣除相关费用后计入营业外收入的金额。

债务重组利得,指重组债务的账面价值超过清偿债务的现金、非现金资产的公允价值、所转股份的公允价值、或者重组后债务账面价值之间的差额。

盘盈利得，指企业对于现金等清查盘点中盘盈的现金等，报经批准后计入营业外收入的金额。

政府补助，指企业从政府无偿取得货币性资产或非货币性资产形成的利得。

捐赠利得，指企业接受捐赠产生的利得。

2）营业外支出

营业外支出是指企业发生的与日常活动无直接关系的各项损失。营业外支出主要包括：非流动资产处置损失、非货币性资产交换损失、债务重组损失、公益性捐赠支出、非常损失、盘亏损失等。

非流动资产处置损失包括固定资产处置损失和无形资产出售损失。固定资产处置损失，指企业出售固定资产所取得价款或报废固定资产的材料价值和变价收入等，不足抵补处置固定资产的账面价值、清理费用、处置相关税费后的净损失；无形资产出售损失，指企业出售无形资产所取得价款，不足抵补出售无形资产的账面价值、出售相关税费的净损失。

非货币资产交换损失，指在非货币资产交换中换出资产为固定资产、无形资产的，换入资产公允价值小于换出资产账面价值的差额，扣除相关费用后计入营业外支出的金额。

债务重组损失，指重组债权的账面余额与受让资产的公允价值、所转股份的公允价值、或者重组后债权的账面价值之间的差额。

公益性捐赠支出，指企业对外进行公益性捐赠发生的支出。

非常损失，指企业对于因客观因素（如自然灾害等）造成的损失，在扣除保险公司赔偿后计入营业外支出的净损失。

○职业判断与账务处理

1）营业外收入的核算

【工作资料9-35】:2012年12月，重庆市长江有限责任公司将固定资产报废清理的净收益5 000元转作营业外收入，重庆市长江有限责任公司会计处理如下：

借：固定资产清理　　5 000

　　贷：营业外收入　　5 000

【工作资料9-36】:2012年12月，重庆市长江有限责任公司完成政府下达技能培训任务，收到财政补助资金100 000元，重庆市长江有限责任公司会计处理如下：

借：银行存款　　100 000

　　贷：营业外收入　　100 000

【工作资料9-37】:2012年12月，重庆市长江有限责任公司在现金清查中盘盈10.50元，按管理权限报经批准后转入营业外收入，重庆市长江有限责任公司会计处理如下：

①盘盈时

借：库存现金 10.50

贷：待处理财产损溢 10.50

②经批准后转入营业外收入时

借：待处理财产损溢 10.50

贷：营业外收入 10.50

【工作资料9-38】：2012年12月，重庆市长江有限责任公司月末营业外收入总额为150 000元，期末结转至本年利润，重庆市长江有限责任公司会计处理如下：

借：营业外收入 150 000

贷：本年利润 150 000

实践总结：

企业应当通过“营业外收入”科目，核算营业外收入的取得和结转情况。该科目可按营业外收入项目进行明细核算。期末，应将该科目余额转入“本年利润”科目，结转后该科目无余额。

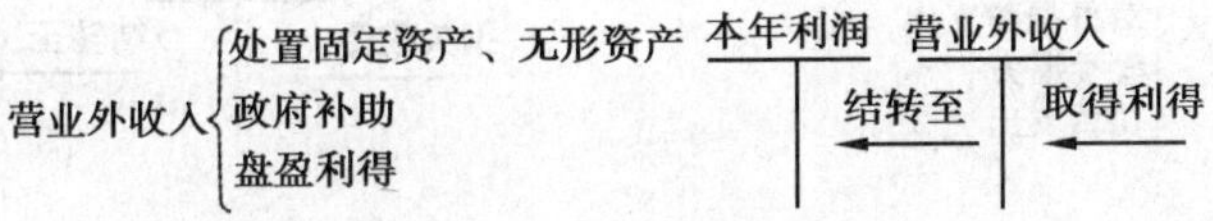

营业外收入：处置固定资产、无形资产；政府补助；盘盈利得

本年利润 营业外收入

结转至 取得利得

图9.21 营业外收入核算内容及账户结构

2）营业外支出的核算

【工作资料9-39】：2012年12月，重庆市长江有限责任公司将固定资产报废清理的净损失5 000元转作营业外支出，重庆市长江有限责任公司会计处理如下：

借：营业外支出 5 000

贷：固定资产清理 5 000

【工作资料9-40】：2012年12月，重庆市长江有限责任公司发生原材料意外灾害损失200 000元，经批准全部转作营业外支出，原材料增值税税率为17%，重庆市长江有限责任公司会计处理如下：

①发生意外灾害时

借：待处理财产损溢 234 000

贷：原材料 200 000

应交税费——应交增值税（进项税额转出） 17 000

②经批准全部转作营业外支出

借:营业外支出　　234 000

　　贷:待处理财产损溢　　234 000

【工作资料9-41】:2012年12月,重庆市长江有限责任公司用银行存款缴纳税款滞纳金3 000元,重庆市长江有限责任公司会计处理如下:

借:营业外支出　　3 000

　　贷:银行存款　　3 000

【工作资料9-42】:2012年12月,重庆市长江有限责任公司月末营业外支出总额为300 000元,期末结转至本年利润,重庆市长江有限责任公司会计处理如下:

借:本年利润　　300 000

　　贷:营业外支出　　300 000

实践总结:

企业应通过"营业外支出"科目核算营业外支出的发生及结转情况。该科目可按营业外支出项目进行明细核算。期末,应将该科目余额转入"本年利润"科目,结转后该科目无余额。

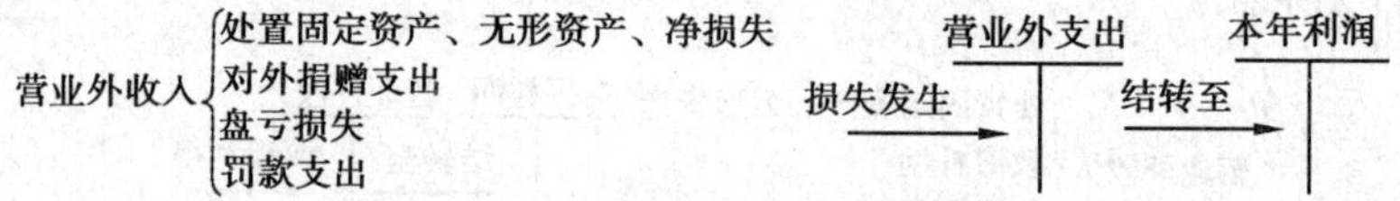

图9.22　营业外支出核算内容及账户结构

◎知识拓展

营业外收入和营业外支出应当分别核算。在具体核算时,不得以营业外支出直接冲减营业外收入,也不得以营业外收入冲减营业外支出,即企业在会计核算时,应当区别营业外收入和营业外支出进行核算。

子任务2　所得税费用核算

○任务分析

企业所得税核算应采用资产负债表债务法。企业的所得税费用包括当期所得税和递延所得税两个部分。

所得税费用 = 当期所得税(当期应交所得税) + 递延所得税费用(－递延所得税收益)

应交所得税额 = 应纳税所得额 × 所得税税率

应纳税所得额 = 税前会计利润 + 纳税调整增加额 - 纳税调整减少额

递延所得税 =（递延所得税资产年初数 - 递延所得税资产年末数）+（递延所得税负债年末数 - 递延所得税负债年初数）

纳税调整增加额主要包括税法规定允许扣除项目中，企业已计入当期费用但超过税法规定扣除标准的金额（如超过税法规定标准的职工福利费、工会经费、职工教育经费、业务招待费、公益性捐赠支出、广告费和业务宣传费等），以及企业以计入当期损失但税法规定不允许扣除项目的金额（如税收滞纳金、罚金、罚款）。

纳税调整减少额主要包括按税法规定允许弥补的亏损和准予免税的项目，如前五年内未弥补亏损和国债利息收入等。

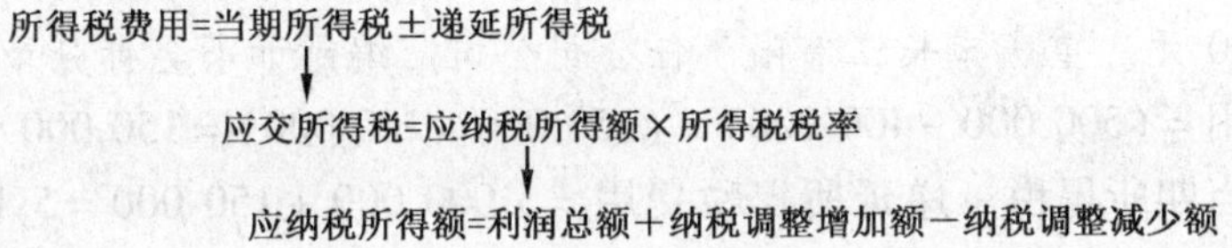

所得税费用=当期所得税±递延所得税

↓

应交所得税=应纳税所得额×所得税税率

↓

应纳税所得额=利润总额＋纳税调整增加额－纳税调整减少额

图9.23 所得税费用计算方法

○职业判断与账务处理

【工作资料9-43】：重庆市长江有限责任公司2012年度按企业会计准则计算的税前会计利润为19 800 000元，所得税税率为25%。公司全年实发工资、薪金为2 000 000元，职工福利费300 000元，工会经费50 000元，职工教育经费100 000元；经查，公司当年营业外支出中有120 000元为税收滞纳罚金。假定公司全年无其他纳税调整因素。

实践分析：

税法规定，企业发生的合理的工资、薪金支出准予据实扣除；企业发生的职工福利费支出，不超过工资、薪金总额14%的部分准予扣除；企业拨缴的工会经费，不超过工资、薪金总额2%的部分准予扣除；除国务院、税务主管部门等另有规定外，企业发生的职工教育经费支出，不超过工资、薪金总额2.5%的部分准予扣除，超过部分准予结转以后纳税年度扣除。

本例中，按税法规定，企业在计算当期应纳税所得额时，可以扣除工资、薪金支出2 000 000元，扣除职工福利费支出280 000（2 000 000 ×14%）元，工会经费支出40 000（2 000 000 ×2%）元，职工教育经费支出50 000（2 000 000 ×2.5%）元。甲公司有两种纳税调整因素，一是已计入当期费用但超过税法规定标准的费用支出，二是已计入当期营业外支出但按税法规定不允许扣除的税收滞纳金，这两种因素均应调整增加应纳税所得额。

公司当期所得税的计算如下：

纳税调整数 =(300 000 - 280 000) + (50 000 - 40 000) + (100 000 - 50 000) + 120 000 = 200 000 元

应纳税所得额 = 19 800 000 + 200 000 = 20 000 000 元

当期应交所得税额 = 20 000 000 × 25% = 5 000 000 元

思考：

计算得出了本年应交给税务局的所得税税额是 500 万元，那么公司账务处理时，所得税费用就是 500 万元吗？应交所得税额等于所得税费用吗？

【工作资料 9-44】：续工作资料 9-40，重庆市长江有限责任公司 2012 年度递延所得税负债年初数为 400 000 元，年末数为 500 000 元，递延所得税资产年初数为250 000 元，年末数为 200 000 元。重庆市长江有限责任公司公司应编制如下会计分录：

递延所得税费用 = (500 000 - 400 000) + (250 000 - 200 000) = 150 000 元

所得税费用 = 当期所得税 + 递延所得税费用 = 5 000 000 + 150 000 = 5 150 000 元

借：所得税费用　　5 150 000

　贷：应交税费——应交所得税　　5 000 000

　　递延所得税负债　　100 000

　　递延所得税资产　　50 000

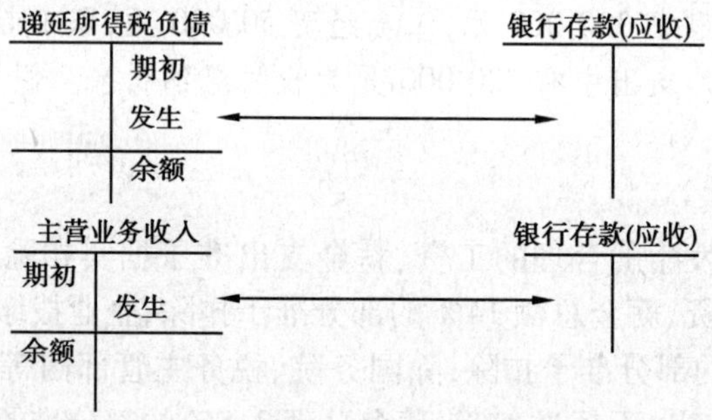

图 9.24　递延所得税与所得税费用账户关系

实践总结：

企业应根据所得税准则的规定，对当期应交所得税加以调整计算后，据以确认应从当期利润总额中扣除的所得税费用。通过“所得税费用”科目核算。

①无递延所得税情况

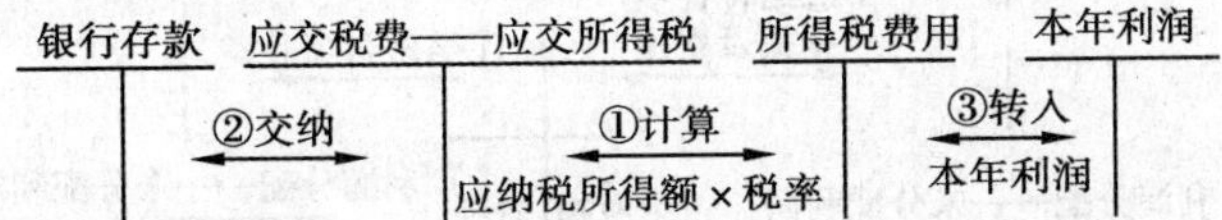

②有递延所得税情况

所得税费用=当期所得税+递延所得税费用递延所得税收益

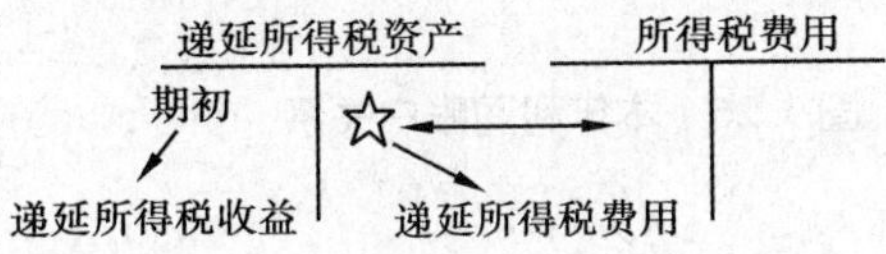

图9.25 有递延所得税时所得税费用账户关系

子任务3 本年利润核算

○任务分析

期末结转本年利润的方法有表结法和账结法。

1）表结法

表结法下，各损益类科目每月只需结计出本月发生额和月末累计余额，不结转到本年利润科目，只有在年末时才将全年累计余额结转入“本年利润”科目。但每月月末要将损益类科目的本月发生额合计数填入利润表的本月数栏，同时将本月末累计余额填入利润表的本年累计数栏，通过利润表反映各期的利润(或亏损)。表结法下，年中(1—11月)损益类科目无需结转入“本年利润”科目，从而减少了转账环节和工作量，同时并不影响利润表的编制及有关损益指标的利用。

2）账结法

账结法下，每月月末均需编制转账凭证，将在账上结计出的各损益类科目的余额结转入本年利润科目。结转后“本来利润”科目的本月发生额之差反映当月实现的利润或发生的亏损，“本来利润”科目的本年余额反映本年累计实现的利润或者发生的亏损；但每月月末资产负债表上的“未分配利润”项目也应包含“本年利润”科目月末余额。结转后本科目的贷方余额为当年实现的净利润；借方余额为当年发生的净亏损。账结法在各月均可通过“本年利润”科目提供当月及本年累计的利润(或亏损)额，但是增加了转账环节和工作量。

大多数企业采用的都是账结法。

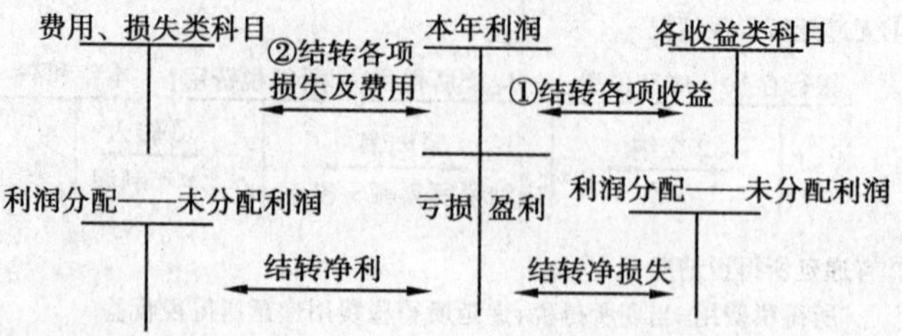

图9.26　本年利润账户关系

○职业判断与账务处理

【工作资料9-45】:重庆市长江有限责任公司2012年12月有关损益类科目的本月发生额如表9.4(该企业采用账结法,所得税税率为25%)所示:

表9.4　重庆长江股份有限公司损益类科目余额

账户名称	发生额方向	发生额/元
主营业务收入	贷	6 000 000
其他业务收入	贷	700 000
公允价值变动损益	贷	150 000
投资收益	贷	600 000
营业外收入	贷	50 000
主营业务成本	借	4 000 000
其他业务成本	借	400 000
营业税金及附加	借	80 000
销售费用	借	500 000
管理费用	借	770 000
财务费用	借	200 000
资产减值损失	借	100 000
营业外支出	借	250 000

第一步:将各损益类科目发生额结转入“本年利润”科目。

①结转各项收入、利得类科目

借:主营业务收入　　6 000 000

　其他业务收入　　700 000

　公允价值变动损益　　150 000

　投资收益　　600 000

　营业外收入　　50 000

　贷:本年利润　　7 500 000

②结转各项费用、损失类科目

借:本年利润　　6 300 000

　贷:主营业务成本　　4 000 000

　　其他业务成本　　400 000

　　营业税金及附加　　80 000

　　销售费用　　500 000

　　管理费用　　770 000

　　财务费用　　200 000

　　资产减值损失　　100 000

　　营业外支出　　250 000

第二步:经过上述结转后,“本年利润”科目的贷方发生额合计 7 500 000 元减去借方发生额合计 6 300 000 元即为本月税前会计利润 1 200 000 元。

第三步:假设公司 2012 年度 12 月不存在所得税纳税调整因素,期初期末均无递延所得税资产和递延所得税负债,2012 年 12 月“本年利润”期初贷方余额为 10 000 000元。

第四步:应交所得税 = 1 200 000 × 25% = 300 000 元。

①确认所得税费用

借:所得税费用　　300 000

　贷:应交税费——应交所得税　　300 000

②将所得税费用结转入“本年利润”科目

借:本年利润　　300 000

　贷:所得税费用　　300 000

第五步:年度终了,将“本年利润”科目年末余额 10 900 000(10 000 000 + 7 500 000 - 6 300 000 - 300 000)元转入“利润分配——未分配利润”科目:

借:本年利润　　10 900 000

　贷:利润分配——未分配利润　　10 900 000

实践总结:

企业应设置“本年利润”科目,核算企业当期实现的净利润(或发生的净亏损)。

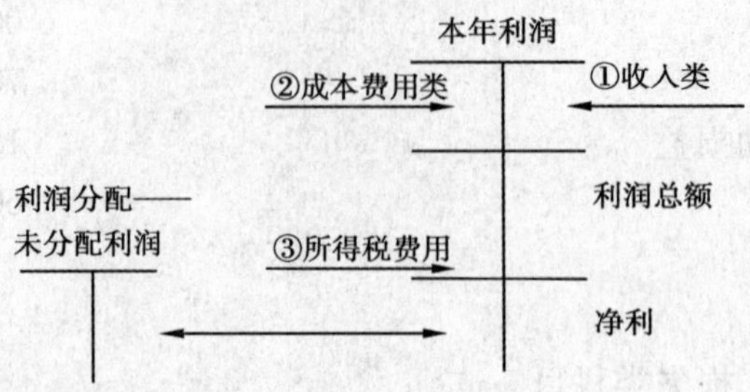

图9.27 本年利润账务处理关系

企业通常都是采用账结法结转"本年利润"。

账结法下,企业期(月)末结转利润时,应将各损益类科目的金额转入本科目,结平各损益类科目。结转后本科目的贷方余额为当期实现的净利润;借方余额为当期发生的净亏损。

年度终了,应将本年收入和支出相抵后结出的本年实现的净利润,转入"利润分配"科目,借记本科目,贷记"利润分配——未分配利润"科目;如为净亏损作相反的会计分录。结转后本科目应无余额。

学习情境 10 所有者权益业务核算

任务导入

假定你持有以下股票,也就意味着你是以下上市公司的股东,2012 年 8 月 20 日你打开沪深股市交易提示,你会看到如下信息:

600711 盛屯矿业实施 2012 年半年度资本公积金转增股本:每 10 股转增 8 股。股权登记日 8 月 23 日;除权(除息)日 8 月 24 日;新增可流通股份上市流通日 8 月 27 日。

000939 凯迪电力实施公司 2011 年年度权益分派方案:每 10 股派 1 元现金(含税);股权登记日 8 月 27 日,除权(除息)日 8 月 28 日。有关媒体刊载了题为"赴河南寻求技术支持,凯迪电力有意涉足页岩气"的报导。就该报导所涉及的传闻,公司正在进行核查。经公司申请,公司股票已于 8 月 17 日开市起停牌。由于公司的核查工作尚未完成,经公司申请,公司股票于 8 月 20 日开市起继续停牌,待公司核查完毕,刊登澄清公告后复牌。

002565 上海绿新实施公司 2011 年年度权益分派方案:每 10 股派 1.3 元现金(含税)转增 6 股;股权登记日 8 月 27 日,除权(除息)日 8 月 28 日。

那你现在什么心情？你会不会从会计的角度来解释你拥有现在心情的原因呢？

项目内容概述

通过本章学习,了解所有者权益的性质与分类,掌握国有独资企业、有限责任公司和股份有限公司的所有者权益的特点,明确投入资本、留存收益的内容及核算方法。

本项目主要包含实收资本变动业务核算、资本公积业务核算以及留存收益核算等任务。

知识目标

1. 掌握实收资本其计价、资本公积的分类、留存收益的分类;

2. 掌握实收资本、资本公积、盈余公积账户的设置;

3. 掌握实收资本、资本公积、留存收益账务处理。

能力目标

1. 能判断所有者权益经济业务性质;
2. 能识别资本变动、利润分配、权益变化等经济业务凭证并填制;
3. 能对资本变动、利润分配、权益变化等经济业务设置账户并登记;
4. 能对资本变动、利润分配、权益变化等经济业务进行账务处理。

任务1 实收资本与股本

任务导入

重庆长江有限责任公司2012年5月发生经济业务如下:收到财政拨款4 000 000元,款项已存入开户银行,作为国家向通达公司的投资,其相关原始凭证如图10.1所示。

<table>
<tr><th colspan="2">收款收据</th></tr>
<tr><td colspan="2">兹由(交款人)财政厅</td></tr>
<tr><td colspan="2">交来投资款</td></tr>
<tr><td colspan="2">人民币(大写)肆佰万元整　　¥4 000 000.00</td></tr>
<tr><td rowspan="2">交款单位(签章)</td><td>会计主管(签章)</td></tr>
<tr><td>出纳签名(加盖收讫章)</td></tr>
</table>

图10.1　企业收款收据

请问企业该如何处理这笔业务?

◎预备知识

实收资本(股本)是指投资者按照企业章程或合同、协议的约定,实际投入企业的资本,它是企业注册登记的法定资本总额的来源,它表明所有者对企业的基本产权关系。实收资本(股本)是企业永久性的资金来源,它是保证企业持续经营和偿还债务的最基本的物质基础,是企业抵御各种风险的缓冲器。

实收资本(股本)是资本总额的来源,它表明所有者对企业的基本产权关系。实收资本或者股本的构成比例是企业据以向投资者进行利润或股利分配的主要依据。中国企业法人登记管理条例规定,除国家另有规定外,企业的实收资(股本)应当与注册资本一致。企业实收资本(股本)比原注册资本数额增减超过20%时,应持资金使用证明或验资证明,向原登记主管机关申请变更登记。

企业实收资本(股本)是指企业或者公司实际收到的投资人投入的资本。按投资主体分为六种:国家资本、集体资本、法人资本、个人资本、港澳台资本、外商资本。

投资者投入资本。设立公司必须经过中国注册会计师进行验资。①对于以货币投资的,主要根据收款凭证加以确认与验证。对于外方投资者的外汇投资,应取得利润来源地外汇管理局的证明。②对于以房屋建筑物、机器设备、材料物资等实物资产作价出资的,应以各项有关凭证为依据进行确认,并应进行实物清点、实地勘察以核实有关投资。房屋建筑物应具备产权证明。③对于以专利权、专有技术、商标权、土地使用权等无形资产作价出资的,应以各项有关凭证及文件资料作为确认与验证的依据。外方合营者出资的工业产权与专有技术,必须符合规定的条件。

对于投资者以无形资产方式出资时,以无形资产方式投资的总额占企业注册资本总额的比例最高不得超过70%。

企业可以采用不同的方式筹集资本,既可以一次筹集,也可以分次筹集。分次筹集时,所有者最后一次投入企业的资本必须在营业执照签发之日起六个月内缴足。因此,在某一特定时期内,企业实收资本(股本)可能小于其注册资本的数额。

○任务分析

1)国有独资企业实收资本

国有独资企业所有者投入企业的资本,全部作为实收资本入账,不论首次还是追加投资均不会产生资本公积——资本溢价。

收到国家投入货币资金,以实际收到的资金借记银行存款,收到房产设备的,按照投资协议约定价值借记固定资产,收到无形资产和材料的,按照协议约定价值借记无形资产,贷记资本公积。

国有独资企业资本公积、盈余公积转增资本和其他企业一样。

2)有限责任公司实收资本

有限责任公司注册资本为公司登记的全体股东认缴的出资额。全体股东首次出资不得低于注册资本的20%,也不得低于法定注册资本的最低限,其余部分在公司成立之日后两年内交足,有限责任公司最低注册资本为3万元。

股东出资可以是货币也可以是实物、知识产权、土地使用权等可以以货币作价的资产,货币出资额不得低于注册资本的30%,以货币出资的,必须将资金转入有限公司在银行开立的账户,以非货币资产出资,依法办理财产转移手续,并按投资合同或协议约定价值登记入账,股东不按照规定缴纳出资的,应向按期足额缴纳出资的股东承担违约责任。出资后必须由依法设立的验资机构验资并出具证明。

有限责任公司应设置"实收资本"账户核算股东投入的资本,在实收资本账户下按投资单位和股东姓名设置明细账。初建有限责任公司,各投资者按照合同、协议、公司章程投资企业资本,全部记入实收资本,实收资本与注册资本相同。增资扩股时,新的投资者缴纳的出资额大于按约定比例计算的份额,不记入实收资本,作为资本溢价。

3)股份有限公司的股本

股份有限公司的设立,可以采取发起设立或者募集设立。

发起设立为发起人认购全部股份设立公司,发起设立时注册资本为全体发起人认购的股本总额,全体发起人的首次出资额不得低于注册资本的20%,其余部分由发起人自公司成立之日起两年缴足,投资公司的5年内缴足,缴足前不得向他人募集股份。

募集设立为发起人认购发行股份的一部分,其余部分向社会公开募集设立。募集设立时,发起人认购的股份不得少于公司股份的35%,发起人向社会募集股份,必须公告招股说明书,制作认股书。

股份有限公司投入资本业务是通过"股本"科目核算的。

○职业判断与账务处理

1)企业以现金投入的资本

以现金投入的资本按银行出具的进账单确认实际收到的金额借记"银行存款",按其在注册资本或股本中所占份额,贷记本科目,按其差额,贷记"资本公积——资本溢价或股本溢价"科目。设立投入资本时,一般收到的款项与实际注册资本相同。另外国家投入资本与实际享受的投资数额相同。

【工作资料10-1】:甲、乙、丙共同出资设立重庆市长江有限责任公司,公司注册资本为10 000 000元,甲、乙、丙持股比例分别为50%,30%和20%。2012年1月5日,公司如期收到各投资者一次性缴足的款项。

根据上述资料,重庆市长江有限责任公司应作以下账务处理:

借:银行存款　　10 000 000
　贷:实收资本——甲　　5 000 000
　　　　　　——乙　　3 000 000
　　　　　　——丙　　2 000 000

实践总结:

实收资本的构成比例即投资者的出资比例或股东的股份比例。

2)投资者以非现金资产投入的资本

非现金资产投入的资本应按投资各方确认的价值,借记有关资产科目,贷记"实收资本”科目和“资本公积”科目。为首次发行股票而接受投资者投入的无形资产，应按该项无形资产在投资方的账面价值，借记“无形资产”科目，贷记“实收资本”科目和“资本公积”科目。

【工作资料 10-2】：2012 年 4 月 6 日，收到长春吉利公司投入原材料一批，双方协商作价 250 000 元，附投资收据，材料验收单（略）如图 10.3 所示。

接受投资收据

投资单位	长春吉利有限公司	投资日期	2012 年 4 月 6 日	
投资方式	价值	税金	投资期限	备注
双花料	250 000	42 500		
投资金额	人民币（大写）贰拾玖万贰仟伍佰元整　¥292 500.00			
接受单位（签章）			制单	

图 10.2　投资接受收据

借：原材料　250 000

　应交税费——应交增值税（进项税额）　42 500

　贷：实收资本——长春吉利　292 500

实践总结：

企业接受投资者作价投入的材料物资，应按投资方的原材料价值，借记“原材料”；按增值税专用发票上注明的增值税税额，借记“应交税费——应交增值税（进项税额）”；按投资者份额贷记“实收资本”；差额计入“资本公积——资本溢价”。

【工作资料 10-3】：2012 年 12 月 31 日，重庆市长江有限责任公司建立之初，由甲、乙、丙三位股东各出资 120 万设立，设立时实收资本 360 万，经过四年经营，企业留存收益为 180 万，现有新投资者愿意出资 200 万，占企业股份 25%，出资方式为银行存款缴纳，凭证如图 10.3 所示。

则会计分录：

借：银行存款　200

　贷：实收资本　120

　　资本公积——资本溢价　80

实践总结：

对于实际收到金额超过投资者在企业注册资本中所占份额的部分，应计入“资本公积——资本溢价”。

3）外商投资企业的投资者投入的外币

合同约定汇率的，按合同约定的汇率折合，公司应按收到外币当日的汇率折合的

投资协议（摘要）

经多方协商，重庆长江股份有限公司接受重庆华冠有限责任公司货币资金投资，投资额为200万，享有长江股份有限公司注册资本480万的25%，每年按获取的股份分配重庆长江股份有限公司利润。

投资单位（签章）：华冠有限公司 接受投资单位（签章）：重庆长江股份有限公司

2012年12月31日

图 10.3 投资协议

中国工商银行存（贷）款利息回单

2015.12.01

付款人	全称	重庆长江股份有限公司	收款人	全称	521001
	账号	11000123456789		账号	
收（付）金额		30000	计息户账号		162010506071234
借据编号		1201212101	借据序号		11
备注	起息日期	止息日期	利率	利息	
	2012.12.1	2013.12.1	7.20%	36000	

ICBC 中国工商银行 进账单

2012年12月31日

付款人	全称	华冠有限责任公司	收款人	全称	重庆长江股份有限公司
	账号	11000096875432		账号	11000123456789
	开户银行	重庆市分行沙坪坝支行		开户银行	重庆市分行江北支行

人民币（大写）	千	百	十	万	千	百	十	元	角	分
贰佰万元整	¥	2	0	0	0	0	0	0	0	0

票据种类	转账支票	注：投资款
票据张数	1张	
单位主管 会计 复核 记账		收款人开户行签章

中国工商银行重庆市分行江北支行 2012.12.31 转讫

图 10.4 进账单

人民币金额，借记“银行存款”等科目，按合同约定汇率折合的人民币金额，贷记“实收资本”科目，按其差额，借记或贷记“资本公积——其他资本公积”科目；如果合同没有约定汇率的，企业应按收到出资额当日的汇率折合的人民币金额，借记“银行存款”科目，贷记“实收资本”科目。

4）股份公司股本的核算

公司收到股东投入的股本及分配股票股利时，记入该科目的贷方；公司按法定程序报经批准减少注册资本的，在实际发还股款、注销股本或收购股票时，记入该科目的借方。该科目的余额在贷方，表示股东的股本总额。股本科目应按不同的股东设置明细科目。

【工作资料10-4】:2012年12月，重庆市长江有限责任公司发行普通股20 000 000股，每股面值为1元，发行价格为6元。股款120 000 000元已经全部收到，发行过程中发生相关税费60 000元。

根据上述资料，重庆市长江有限责任公司应作以下账务处理：

计入股本的金额＝20 000 000×1＝20 000 000元

计入资本公积的金额＝(6－1)×20 000 000－60 000＝99 940 000元

借：银行存款　　119 940 000

　贷：股本　　20 000 000

　　资本公积——股本溢价　　99 940 000

实践总结：

股份有限公司发行股票的面值作为股本处理，溢价收入作为股本溢价处理。

5）实收资本（股本）的其他变化

(1)资本公积、盈余公积转增实收资本

经股东大会或类似机构决议，用资本公积转增资本，借记"资本公积——资本溢价或股本溢价"科目，贷记"实收资本"或"股本"；用盈余公积金转增资本，借记"盈余公积——法定盈余、任意盈余"，贷记"实收资本"。

【工作资料10-5】:2010年，重庆市长江有限责任公司成立时，由甲、乙二人共同投资设立，原注册资本为20 000 000元。甲、乙出资分别为15 000 000元和5 000 000元，为了扩大经营规模，经批准，重庆市长江有限责任公司按照原出资比例将资本公积5 000 000元转增资本。

为增强本公司资本实力，根据股东大会决议，公司决定用资本公积——资本溢价5 000 000按原投资各方的投资比例转增资本，具体方案如表10.1所示。

表10.1　重庆长江股份有限公司资本公积转增资本方案表

2012年3月21日

项　目	金　额	项　目	金　额
转增资本额	5 000 000	甲	3 750 000
乙	1 250 000	另附股东大会决议	

根据上述资料，2010 年，重庆市长江有限责任公司应作以下账务处理：

借：资本公积——资本溢价 5 000 000

贷：实收资本——甲 3 750 000

——乙 1 250 000

实践总结：

用资本公积和盈余公积转增资本时，应按照原投资者出资比例相应增加各投资者的出资额。

（2）发放股票股利

股东大会批准的利润分配方案中分配的股票股利，在公告股利时借记“利润分配”，贷记“应付股利”，发放股票股利时按股票公允价值借记“应付股利”，贷记“实收资本”或者“股本”按发放股利数额和股票面值差额，贷记“资本公积”。

【工作资料 10-6】：2012 年 5 月重庆市长江股份有限责任公司股东大会决议发放现金与股票股利。分配现金股利 2 000 万，股票股利 1 000 万，每股市价为 20 元，则公司应作以下处理：

①宣布发放股利

借：利润分配——未分配利润 3 000

贷：利润分配——应付现金股利 2 000

——转股本股利 1 000

借：利润分配——应付现金股利 2 000

——转股本股利 1 000

贷：应付股利 3 000

②股利发放

借：应付股利 3 000

贷：银行存款 2 000

股本 50

资本公积——资本溢价 950

实践总结：

发放股票股利引起的是所有者权益内部结构的变化。

（3）债务转资本

可转换公司债券持有人行使转换权利，将其持有的债券转换为股票，按可转换公司债券的余额，借记“应付债券——可转换公司债券（面值、利息调整）”科目，按其权益成分的金额，借记“资本公积——其他资本公积”科目，按股票面值和转换的股数计算的股票面值总额,贷记本科目,按其差额,贷记"资本公积——股本溢价"科目。如有现金支付不可转换股票,还应贷记"银行存款"等科目。

企业将重组债务转为资本的,应按重组债务的账面余额,借记"应付账款"等科目,按债权人因放弃债权而享有本企业股份的面值总额,贷记本科目,按股份的公允价值总额与相应的实收资本或股本之间的差额,贷记或借记"资本公积——资本溢价或股本溢价"科目,按其差额,贷记"营业外收入——债务重组利得"科目。

(4)股份支付

以权益结算的股份支付换取职工或其他方提供服务的,应在行权日,按根据实际行权情况确定的金额,借记"资本公积——其他资本公积"科目,按应计入实收资本或股本的金额,贷记实收资本,根据其差额借记或贷记资本公积——资本溢价。

(5)股票回购

股份有限公司一般不得收购本公司股票,但是以下情况的除外:减少公司注册资本、与持有本公司股份的其他公司合并;将股份奖励给本公司职工,股东对股东大会作出的公司合并、分立决议持有异议,要求公司回购股票。

公司回购股票,一面形成库存股,一面支付价款。

因减资回购股票、实际成本大于股票面值的差额,冲减资本公积股本溢价、不足的部分冲减盈余公积、未分配利润,小于股票面值的,增加股本溢价。

奖励职工的,按收到职工款项,记银行存款,按市价和收到款项的差额冲减其他资本公积,按股票实际回购价值记库存股,按借贷方差额记资本溢价。

【工作资料10-7】:重庆市长江有限责任公司截至2012年12月31日共发行股票30 000 000股,股票面值为1元,资本公积(股本溢价)6 000 000元,盈余公积4 000 000元。经股东大会批准,重庆市长江有限责任公司以现金回购本公司股票3 000 000股并注销。假定重庆市长江有限责任公司按照每股4元回购股票,不考虑其他因素,重庆市长江有限责任公司的会计处理如下:

库存股的成本 =3 000 000 ×4 =12 000 000 元

借:库存股	12 000 000	
贷:银行存款		12 000 000
借:股本	3 000 000	
资本公积——股本溢价	6 000 000	
盈余公积	3 000 000	
贷:库存股		12 000 000

假定重庆市长江有限责任公司以每股0.9元回购股票,其他条件不变。B公司的会计处理如下:

库存股的成本 =3 000 000 ×0.9 =2 700 000 元

借:库存股　　2 700 000

　贷:银行存款　　2 700 000

借:股本　　3 000 000

　贷:库存股　　2 700 000

　　资本公积——股本溢价　　300 000

实践总结:

库存股是股东权益的减项,公司回购股票时不应确认利得或损失,视作股东权益的减少。

(6)实收资本的减少

企业减少实收资本的原因:资本过剩、重大亏损。

企业存在可预测年度内闲置不用的资本,可以发还资本,借记“实收资本”,贷记“银行存款”。表现为所有者只是对企业的实收资本拥有全面的索取权,对企业的利润享有条件下的索取权。中外合作经营清算,借记“实收资本”“资本公积”“盈余公积”“利润分配——未分配利润”等科目,贷记本科目(已归还投资)、“银行存款”等科目。

股份有限公司采用收购本公司股票方式减资的,按股票面值和注销股数计算的股票面值总额,借记本科目,按所注销库存股的账面余额,贷记“库存股”科目,按其差额,借记“资本公积——股本溢价”科目,股本溢价不足冲减的,应借记“盈余公积”“利润分配——未分配利润”科目;购回股票支付的价款低于面值总额的,应按股票面值总额,借记本科目,按所注销库存股的账面余额,贷记“库存股”科目,按其差额,贷记“资本公积——股本溢价”科目。

企业发生亏损减资,借记:“实收资本”,贷记“利润分配”,亏损减资一般情况不会发生,只有在企业发生的亏损严重以致可预见未来无法转会,为了不影响投资者的信心,才会采用减资。

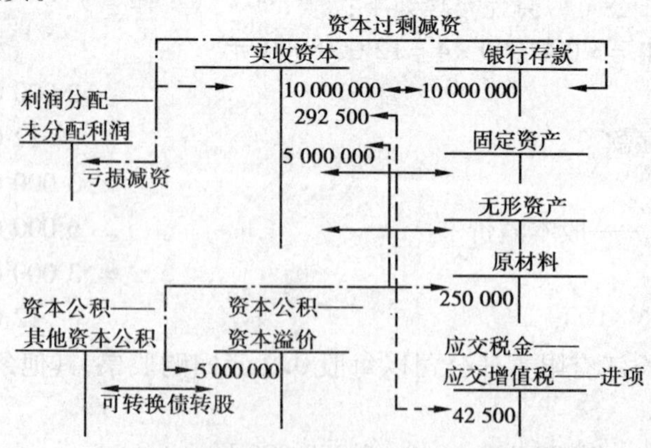

图 10.5　实收资本核算流程图

任务2 资本公积

○任务分析

资本公积(capital reserves)是指企业在经营过程中由于接受捐赠、股本溢价以及法定财产重估增值等原因所形成的公积金。资本公积是与企业收益无关而与资本相关的贷项。资本公积是指投资者或者他人投入到企业、所有权归属于投资者、并且投入金额上超过法定资本部分的资本。

资本公积根据其来源一般包括两个内容:资本(股本)溢价、其他资本公积。

资本公积包括资本溢价和直接计入所有者权益的资本利得或损失,其中资本溢价是所有者投入的资金超过其在注册资本中所占有的份额的部分,股本溢价是公司发行股票的价格超出票面价格的部分,直接计入所有者权益的资本利得与损失就是所谓的其他资本公积,其产生原因来自于可供出售的金融资产公允价值变动、长期股权投资权益法下被投资单位净利润以外的变动,按法定要求对企业资产进行重新估价时,重估价高于资产的账面净值的资产评估增值。

资本公积从本质上讲属于投入资本的范畴,由于我国采用注册资本制度等原因导致了资本公积的产生。我国《公司法》等法律规定,资本公积的用途主要是转增资本,即增加实收资本（或股本）。但是作为其他资本公积部分的资本公积金不能直接转增资本,虽然资本公积转增资本并不能导致所有者权益总额的增加,但资本公积的形成通常会直接导致企业净资产的增加,因此为区别于实收资本,确定资本公积只能按照法定程序转增。

○职业判断与账务处理

为了掌握企业资本公积形成的过程,企业应设置“资本公积”科目核算资本公积的增减变动情况。并按照形成资本公积的类别分别设置“资本(或股本)溢价”“其他资本公积”等明细科目,进行明细分类核算。

企业在经营过程中会形成留存收益,原投资者对资本公积及留存收益享有权益,新的投资者加入会稀释原投资者对该权益的占有,因此为补偿原投资者权益损失,新投资者要付出比享有投资比例更大的投入,形成资本溢价,企业收到投资者投入的资本,借记“银行存款”“其他应收款”“固定资产”“无形资产”等科目,按其在注册资本或股本中所占份额,贷记“实收资本”或“股本”科目,按其差额,贷记本科目(资本溢价或股本溢价)。与发行权益性证券直接相关的手续费、佣金等交易费用,借记本科目(股本溢价),贷记“银行存款”等科目。实际表现为直接冲减所收到的银行存款。其他关于资本溢价的解释还有就是企业经营过程中形成企业的商誉,而商誉在企业报表中不体现,这种商誉使得企业获取比新创企业可能更多的利益,作为新投资者也应该多支付的那一部分。这一部分在任务1,实收资本形成中已有说明,本部分不再赘述。本部分仅简要说明一下同一控制下资本溢价以及其他资本公积的构成与处理。

1)同一控制下企业合并形成的资本溢价

同一控制下企业合并形成的长期股权投资,合并方应以合并日应享有被合并方账面所有者权益的份额作为形成长期股权投资的初始投资成本,借记“长期股权投资”科目,按享有被投资单位已宣告但尚未发放的现金股利或利润,借记“应收股利”科目,按支付的合并对价的账面价值,贷记有关资产或借记有关负债科目,以支付现金、非现金资产方式进行的,该初始投资成本与支付的现金、非现金资产的差额,相应调整资本公积(资本溢价或股本溢价),资本公积(资本溢价或股本溢价)的余额不足冲减的,相应调整盈余公积和未分配利润;以发行权益性证券方式进行的,长期股权投资的初始投资成本与所发行股份的面值总额之间的差额,应调整资本公积(资本溢价或股本溢价),资本公积(资本溢价或股本溢价)的余额不足冲减的,相应调整盈余公积和未分配利润。在合并报表的编制中要对合并双方不同记账科目但所指为同一内容的部分抵消,并对被合并方留存收益中归属于购买方的部分予以确认。

吸收合并中,虽然不再存在长期股权投资,但是购买方支付的资产价值与被合并方资产、负债形成的差额依旧存在,计入资本公积——资本溢价,支付合并对价高于被合并方净资产同样冲减资本公积,资本公积(资本溢价或股本溢价)的余额不足冲减的,相应调整盈余公积和未分配利润。

【工作资料10-8】:2012年12月31日,重庆市长江有限责任公司向同一集团内丙公司的原股东增发100万股,面值1元,市价8元的普通股,取得丙公司100%股权,合并后丙公司保留独立法人,合并日丙公司所有者权益总额3 500万元,其中盈余公积100万,未分配利润900万。

①取得长期股权

借:长期股权投资　　35 000 000

　　贷:股本　　1 000 000

　　　　资本公积——资本溢价　　34 000 000

②合并报表时,重庆市长江有限责任公司长期股权投资和乙公司所有者权益是一个内容,抵消

借:实收资本　　　　　　　　　　　　　　　　25 000 000

　盈余公积　　　　　　　　　　　　　　　　1 000 000

　利润分配——未分配利润　　　　　　　　　9 000 000

　贷:长期股权投资　　　　　　　　　　　　　　35 000 000

③确认被合并方乙公司留存收益归属于重庆市长江有限责任公司的份额,本例中为100%

借:资本公积——资本溢价　　　　　　　　　10 000 000

　贷:盈余公积　　　　　　　　　　　　　　　　1 000 000

　　利润分配——未分配利润　　　　　　　　　9 000 000

接上例,如果为同一控制下的吸收合并,被合并方不复存在,同样形成资本公积,如:丙公司资产总额为6 000万,负债2 500万,则甲公司处理如下:

借:相关资产　　　　　　　　　　　　　　　6 000

　贷:相关负债　　　　　　　　　　　　　　　2 500

　　股本　　　　　　　　　　　　　　　　　　1 000

　　资本公积——资本溢价　　　　　　　　　　3 400

因为没有长期股权投资,不存在重复记账问题,所以不需要刚才的抵消分录,但还是需要确认被合并方归属于重庆市长江有限责任公司的留存收益:

借:资本公积——资本溢价　　　　　　　　　10 000 000

　贷:盈余公积　　　　　　　　　　　　　　　　1 000 000

　　利润分配——未分配利润　　　　　　　　　9 000 000

2)其他资本公积的构成与会计处理

(1)固定房产转公允价值计量模式下的投资性房地产

企业自用房地产转换为采用公允价值模式计量的投资性房地产时,应按转换日的公允价值,借记"投资性房地产"科目,按其账面价值,借记固定资产,转换当日的公允价值大于原账面价值的差额,贷记本科目(其他资本公积),处置该项投资性房地产的时候,将资本公积——其他资本公积转出,记入其他业务收入。需要注意的是如果公允价值低于账面净值,则差异计入公允价值变动损益。

【工作资料10-9】:2012年6月重庆市长江有限责任公司将账面价值4 000万的房产用于出租,自有房产已提取折旧500万,公允价值5 200万。

借:投资性房地产　　　　　　　　　　　　　5 200

　累计折旧　　　　　　　　　　　　　　　　500

　贷:固定资产　　　　　　　　　　　　　　　4 000

　　资本公积——其他资本公积　　　　　　　　1 700

如果投资性房地产销售出去,则原计入资本公积部分,确认为收入。

借:资本公积——其他资本公积　　1 700

　贷:其他业务收入　　1 700

当然如果是公允价值为3 000万的时候,账务处理如下:

借:投资性房地产　　3 000

　公允价值变动损益　　500

　累计折旧　　500

　贷:固定资产　　4 000

实践总结:

其实不仅仅投资性房地产,其他的一些资产如果由于合并、改组需要对财产进行重估时,资产评估确认价值或者双方约定价值与原账面净值的差额应作为"资本公积"入账,借记有关资产账户,贷记"资本公积——其他资本公积"账户。

(2)重大影响下子公司的企业资产增值

重大影响下对子公司的长期股权投资核算采用权益法,在权益法之下,被投资企业净利润的变化对于母公司来说增加长期股权投资——损益调整,并形成投资收益,而对于子公司非来源于净利润变化导致的净资产的变化,则要计入长期股权投资——其他权益变动,贷方资本公积——其他资本公积,在出售该项股权投资时,其对应的已经计入资本公积——其他资本公积,转出确认投资收益。

(3)金融资产与重分类导致其他资本公积增加

资产负债表日,可供出售金融资产的公允价值高于其账面余额的差额,借记"可供出售金融资产"科目,贷记本科目(其他资本公积);公允价值低于其账面余额的差额,做相反的会计分录。

企业根据金融工具确认和计量准则将持有至到期投资重分类为可供出售金融资产的,应在重分类日按该项持有至到期投资的公允价值,借记"可供出售金融资产"科目,已计提减值准备的,借记"持有至到期投资减值准备"科目,按其账面余额,贷记"持有至到期投资——投资成本、利息调整"科目,按其差额,贷记或借记本科目(其他资本公积)。

(4)股权支付形成其他资本公积

企业以权益结算的股份支付换取职工或其他方提供服务的,应按权益工具授予日的公允价值,借记"管理费用"等相关成本费用科目,贷记本科目(其他资本公积)。

在行权日,应按实际行权的权益工具数量计算确定的金额,借记本科目(其他资本公积),按计入实收资本或股本的金额,贷记"实收资本"或"股本"科目,按其差额,贷记本科目(资本溢价或股本溢价)。

【工作资料10-10】:2010年1月重庆市长江有限责任公司批准一项股份支付,向100名管理者授予1 000股股票期权,连续三年工作之后,可以5元的价格购买1 000股股票,股票面值1元,股权授予日每股价格为13元。假定,股票价格上升至17元,100名管理者不会离职。

2010年12月30日,2011年12月30日,2012年12月30日分别记录:

借:管理费用　　40 000

　贷:资本公积——其他资本公积　　40 000

2012年12月30日管理者行使购买权:

借:银行存款　　50 000

　资本公积——其他资本公积　　120 000

　贷:股本　　10 000

　　资本公积——资本溢价　　160 000

(5)可转换公司债券权益价值的确认

发行的可转换公司债券,应当在初始确认时将其包含的负债成分和权益成分进行分拆,将负债成分确认为应付债券,将权益成分确认为资本公积。在进行分拆时,应当先对负债成分的未来现金流量进行折现确定负债成分的初始确认金额,再按发行价格总额扣除负债成分初始确认金额后的金额确定权益成分的初始确认金额。发行可转换公司债券发生的交易费用,应当在负债成分和权益成分之间按照各自的相对公允价值进行分摊。企业应按实际收到的款项,借记"银行存款"等科目,按可转换公司债券包含的负债成分面值,贷记"应付债券——可转换公司债券(面值)"科目,按权益成分的公允价值,贷记"资本公积——其他资本公积"科目,按借贷双方之间的差额,借记或贷记"应付债券——可转换公司债券(利息调整)"科目。

转换时应按"长期债券——可转换公司债券"科目余额,借记"长期债券——可转换公司债券",按本科目(其他资本公积)中属于该项可转换公司债券的权益成分的金额,借记本科目(其他资本公积),按股票面值和转换的股数计算的股票面值总额,贷记"股本"科目,按实际用现金支付的不可转换为股票的部分,贷记"现金"等科目,按其差额,贷记本科目(股本溢价)科目。

3)资本公积转增资本的账务处理

企业形成的资本公积不得用于向投资者进行利润的分配,一般也不能用于弥补亏损。其他资本公积各项目在日后相关交易或事项中,应按规定结转至投资收益。因此资本公积转增资本的资本公积指的是资本溢价或者股本溢价。资本公积转增资本后,资本公积不得少于转增资本前注册资本的25%,转增资本时,将增加的资本按所有者占实收资本的比例登记到所有者的明细账上。借记资本公积,贷记实收资本或股本。

转增资本时借记盈余公积，贷记实收资本或者股本。

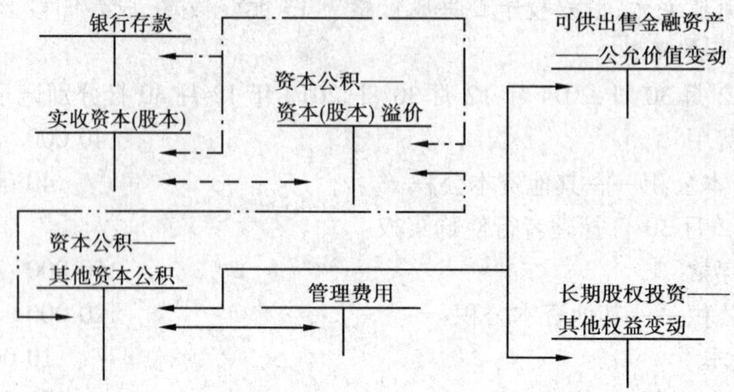

图 10.6 资本公积业务处理流程图

任务 3 盈余公积金与未分配利润

○任务分析

前述所说的实收资本、股本、资本公积，主要和所有者投入相关，所有者权益中还有另外一个重要部分就是属于产出形成的留存收益，公司历年经营活动取得净利润的留存额就叫做留存收益，在报表中并不存在留存收益这个科目，留存收益产生于税后利润。在会计核算上留存收益对应两大部分：一是盈余公积金；二是未分配利润，即向投资者分配利润或者股利后的剩余部分，它可供以后年度弥补亏损、分配股利或者转作其他用途。

1）盈余公积金

盈余公积是指公司按照规定从净利润中提取的各种积累资金。盈余公积分为两种：一是法定盈余公积。上市公司的法定盈余公积按照税后利润的 10% 提取，法定盈余公积累计额已达注册资本的 50% 时可以不再提取。二是任意盈余公积。任意盈余公积主要是上市公司按照股东大会的决议提取。法定盈余公积和任意盈余公积的区别就在于其各自计提的依据不同。前者以国家的法律或行政规章为依据提取；后者则由公司自行决定提取。盈余公积一般用于以下途径：

(1)用于弥补亏损

企业发生亏损时,应由企业自行弥补。弥补亏损的渠道主要有三条:一是用以后年度税前利润弥补。按照现行制度规定,企业发生亏损时,可以用以后五年内实现的税前利润弥补,即税前利润弥补亏损的期间为五年。二是用以后年度税后利润弥补。企业发生的亏损经过五年期间未弥补足额的,尚未弥补的亏损应用所得税后的利润弥补。三是以盈余公积弥补亏损。企业以提取的盈余公积弥补亏损时,应当由公司董事会提议,并经股东大会批准。

(2)转增资本

企业将盈余公积转增资本时,必须经股东大会决议批准。在实际将盈余公积转增资本时,要按股东原有持股比例结转。盈余公积转增资本时,转增后留存的盈余公积的数额不得少于注册资本的25%。

(3)分配股利

分配股利,原则上企业当年没有利润,不得分配股利,如为了维护企业信誉,用盈余公积分配股利,必须符合下列条件:

①用盈余公积弥补亏损后,该项公积金仍有结余。

②用盈余公积分配股利时,股利率不能太高,不得超过股票面值的6%。

③分配股利后,法定盈余公积金不得低于注册资本的25%。

2)未分配利润

《公司法》规定企业当年实现的净利润,一般应按照下列内容、顺序和金额进行分配:

(1)弥补以前年度亏损

企业以前年度亏损可以采用三种方式弥补:第一种就是用以后年度税前利润弥补(亏损之后5年内);第二种用以后年度的税后利润弥补(亏损发生5年内尚未弥补完的);第三用上面所说的盈余公积金。

(2)提取法定盈余公积金

在不存在年初累计亏损的前提下,法定盈余公积金按照税后净利润的10%提取。法定盈余公积金已达注册资本的50%时可不再提取。提取的法定盈余公积金用于弥补以前年度亏损或转增资本金。但转增资本金后留存的法定盈余公积金不得低于注册资本的25%。

(3)提取任意盈余公积金

任意盈余公积金计提标准由股东大会确定,如确因需要,经股东大会同意后,也可用于分配。

(4)向股东(投资者)支付股利(分配利润)

企业在经过以上分配之后，留待以后年度进行分配的结存利润，形成未分配利润。数量上等于期初未分配利润加上本期实现的税后利润，减去提取各种盈余公积和向投资者分配的利润的余额。

○职业判断与账务处理

1）未分配利润业务处理

为核算未分配利润，会计上设置“利润分配——未分配利润”账户核算，企业在开发经营过程中发生的收入和成本费用，最终转入到“本年利润”账户归集，该账户借方表示未弥补亏损，贷方表示未分配的利润。

【工作资料10-11】：重庆市长江有限责任公司2012年成立当年就实现税后利润96 000 000元，按10%的比例提取法定盈余公积金，股东大会决议按20%提取任意盈余公积金。发放现金股利400 000元，如表10.2所示。

表10.2　利润分配计算单

税后利润分配计算表

分配项目		分配依据金额	分配率	分配金额
盈余公积金	法定盈余	96 000 000	10%	9 600 000
	任意盈余	96 000 000	20%	19 200 000

其会计分录如下：

借：本年利润　　96 000 000
　贷：利润分配——未分配利润　　96 000 000
借：利润分配——提取法定盈余公积　　9 600 000
　　　　——提取任意盈余公积　　19 200 000
　　　　——发放现金股利　　400 000
　贷：盈余公积——法定盈余公积　　9 600 000
　　　　——任意盈余公积　　19 200 000
　　应付股利　　400 000
借：利润分配——未分配利润　　29 200 000
　贷：利润分配——提取法定盈余公积　　9 600 000
　　　　——提取任意盈余公积　　19 200 000
　　　　——发放现金股利　　400 000

实践总结：

公司计算出当年实现的利润或者亏损，年末从“本年利润”转入到“利润分配——未分配利润”，本期已经分配的利润也从“利润分配”各明细账户转入到“利润分配——未分配利润”账户。

2）盈余公积金业务处理

①盈余公积金核算企业从净利润中提取的法定盈余与任意盈余，应当分别设置“法定盈余公积”“任意盈余公积”进行明细核算。

【工作资料10-12】：如果重庆市长江有限责任公司不是盈利而是亏损，并且在2013年1月经股东大会决议，决定将法定盈余公积50万元转增资本，按规定增资程序获得批准后，该公司应做如下会计分录：

借：盈余公积——法定盈余公积　　500 000
　贷：股本　　500 000

②企业用盈余公积弥补亏损时，按照当期弥补亏损的数额。用盈余公积弥补亏损时借记“盈余公积——法定（或任意）盈余公积”科目，贷记“利润分配——盈余公积补亏”科目。

【工作资料10-13】：同理，如果重庆市长江有限责任公司不是盈利而是亏损，2012年重庆市长江有限责任公司发生经营亏损20万元，经股东大会决议，用法定盈余公积弥补，会计核算上应做如下会计分录：

借：盈余公积——法定盈余公积　　200 000
　贷：利润分配——盈余公积补亏　　200 000

③用盈余公积分配利润。企业用盈余公积金分配利润时，应借记“盈余公积金”，贷记“应付股利”。

【工作资料10-14】：2013年3月，重庆市长江有限责任公司业绩不好，发生亏损，为维护企业声誉，公司决定用以前的盈余公积金分配现金股利20万：

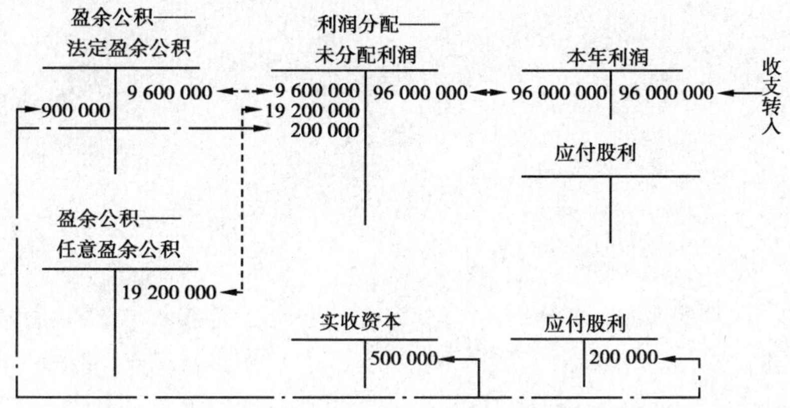

图10.7　盈余公积金业务处理流程图

宣告股利：

借:盈余公积——法定盈余公积　　20 万

　　贷:应付股利　　20 万

发放股利：

借:应付股利　　20 万

　　贷:银行存款　　20 万

实践总结：

①企业按规定提取盈余公积时,按提取盈余公积的数额。借记利润分配,贷记盈余公积。

②企业将盈余公积转增资本时,应当按照转增资本前的实收资本结构比例,将盈余公积转增资本的数额计入“实收资本(或股本)”科目下各所有者的明细账,相应增加各所有者对企业的资本投资。企业用提取的盈余公积转增资本时,按照批准的转增资本数额,借记盈余公积,贷记实收资本或股本。

学习情境11 财务报告编制

任务导入

在生活中，很多人对自己每月的花费、收入都记账，特别是一些个体经营户，每月的收入支出都记录得详详细细的，这样就非常方便查看自己的财务记录。但是到了月末，他们又有新的想法：月末了，还剩下多少钱？除了剩钱，还有其他资产吗？有没有向别人借债或者欠债呢？而更多数的人最关心的是这个月最终赚了多少钱？所以，企业在期末的时候需要对企业的财务状况、经营状况和现金流量状况作一个全面的了解，这就需要企业财务报告。

项目内容概述

财务报告，是指企业对外提供的反映企业某一特定日期的财务状况和某一会计期间的经营成果、现金流量等会计信息的文件。财务报告包括财务报表和其他应当在财务报告中披露的相关信息和资料。财务报表至少应当包括：资产负债表、利润表、现金流量表、所有者权益变动表和附注。

本项目主要包含资产负债表、利润表等任务，现金流量表、所有者权益变动表和附注暂不考虑。

知识目标

1. 了解财务会计报告的概念、目标、种类和构成；
2. 熟悉资产负债表、利润表的基本原理；
3. 掌握资产负债表、利润表的结构、内容和编制。

能力目标

1. 能正确编制企业资产负债表；
2. 能正确编制企业利润表。

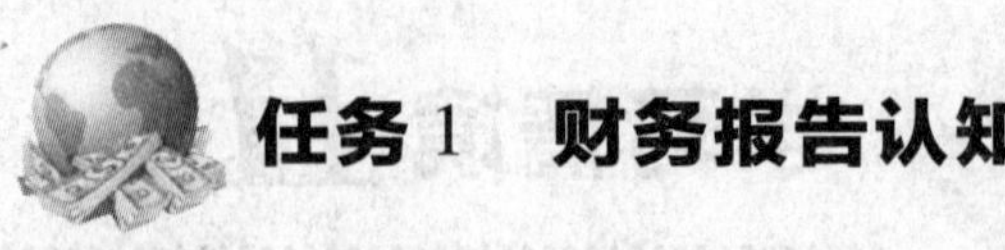

任务1　财务报告认知

○任务分析

1）财务报告的目标

财务报告的目标，是向财务报告使用者提供与企业财务状况、经营成果和现金流量等有关的会计信息。财务报告使用者通常包括投资者、债权人、政府及其有关部门和社会公众等。

2）财务报告提供的信息

一般地说，财务报告应当提供以下信息：

①提供企业的经济资源，这些资源上的权利以及引起资源和资源权利变动的各种交易、事项的信息。

②提供企业在报告期内的经营绩效，即企业经营活动（包括投资活动和理财活动）中引起的资产、负债和所有者权益的变动及其结果的信息。

③提供企业现金流动的信息。因为一个企业过去、现在和未来的现金流动（尤其是净现金流动）是现代企业在经济上有无活力、在财务上有无弹性、在未来发展上有无后劲的重要标志。就财务会计报告的外部使用者来说，他们特别关注企业的到期利息与本金能否用现金偿还，应付股利能否用现金分派以及表明影响企业变现能力或偿债能力的其他信息。

④反映企业管理当局（厂长、经理等）向资源提供者报告如何利用受托使用的资源，进行资源的保值、增值活动并履行法律与合同规定的其他义务等有关受托责任的信息。

⑤根据社会经济的发展，逐渐扩大财务报告信息的内容，包括非财务信息和未来信息，如企业未来经营预测和社会责任的履行情况。

3）财务报告的构成

财务报告包括财务报表和其他应当在财务报告中披露的相关信息和资料。财务报表至少应当包括：资产负债表、利润表、现金流量表、所有者权益变动表和附注，如图11.1所示。

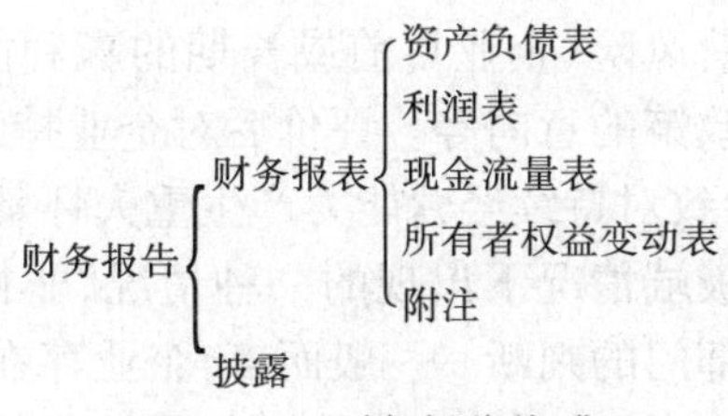

图 11.1　财务报告构成

4）财务报表

财务报表是对企业财务状况、经营成果和现金流量的结构性表述。财务报表至少应当包括下列组成部分：①资产负债表；②利润表；③现金流量表；④所有者权益（或股东权益）变动表；⑤附注。其中，资产负债表、利润表、现金流量表和所有者权益（或股东权益）变动表属于基本财务报表，而附注是对基本财务报表的信息进行进一步的说明、补充或解释，以便帮助使用者理解和使用报表信息。在会计实务中，财务报表附注可采用附表和底注等形式。

5）财务报表的分类

财务报表可以按照不同的标准进行分类：①按财务报表编报期间的不同，可以分为中期财务报表和年度财务报表。中期财务报表是以短于一个完整会计年度的报告期间为基础编制的财务报表，包括月报、季报和半年报等。②按财务报表编报主体的不同，可以分为个别财务报表和合并财务报表。个别财务报表是由企业在自身会计核算基础上对账簿记录进行加工而编制的财务报表，它主要用以反映企业自身的财务状况、经营成果和现金流量情况。合并财务报表是以母公司和子公司组成的企业集团为会计主体，根据母公司和所属子公司的财务报表，由母公司编制的综合反映企业集团财务状况、经营成果及现金流量的财务报表。

6）财务报表列报的基本要求

（1）依据各项会计准则确认和计量的结果编制财务报表

企业应当根据实际发生的交易和事项，按照各项具体会计准则的规定进行确认和计量，并在此基础上编制财务报表。企业应当在附注中对遵循企业会计准则编制的财务报表作出声明，只有在遵循了企业会计准则的所有规定时，财务报表才应当被称为"遵循了企业会计准则"。

企业不应以在附注中披露代替对交易和事项的确认和计量，也就是说，企业如果采用不恰当的会计政策，不得通过在附注中披露等其他形式予以更正，企业应当对交易和事项进行正确的确认和计量。

（2）列报基础

在编制财务报表的过程中，企业管理层应当对企业持续经营的能力进行评价，需要考虑的因素包括市场经营风险、企业目前或长期的赢利能力、偿债能力、财务弹性以及企业管理层改变经营政策的意向等。评价后对企业持续经营的能力产生严重怀疑的，应当在附注中披露导致对持续经营能力产生重大怀疑的重要的不确定因素。

非持续经营是企业在极端情况下出现的一种情况，非持续经营往往取决于企业所处的环境以及企业管理部门的判断。一般而言，企业存在以下情况之一的，通常表明企业处于非持续经营状态：①企业已在当期进行清算或停止营业；②企业已经正式决定在下一个会计期间进行清算或停止营业；③企业已确定在当期或下一个会计期间没有其他可供选择的方案而将被迫进行清算或停止营业。企业处于非持续经营状态时，应当采用其他基础编制财务报表，比如破产企业的资产应当采用可变现净值计量、负债应当按照其预计的结算金额计量等。在非持续经营情况下，企业应当在附注中声明财务报表未以持续经营为基础列报，披露未以持续经营为基础的原因以及财务报表的编制基础。

(3)重要性项目列报

关于项目在财务报表中是单独列报还是合并列报，应当依据重要性原则来判断。具体而言：

①性质或功能不同的项目，一般应当在财务报表中单独列报，但是不具有重要性的项目可以合并列报，比如存货和固定资产在性质上和功能上都有本质差别，必须分别在资产负债表上单独列报。

②性质或功能类似的项目，一般可以合并列报，但是对其具有重要性的类别应该单独列报。比如原材料、在产品等项目在性质上类似，均通过生产过程形成企业的产品存货，因此可以合并列报，合并之后的类别统称为“存货”进行单独列报。

③项日单独列报的原则不仅适用于报表，还是用于附注。某些项目的重要性程度不足以在资产负债表、利润表、现金流量表或所有者权益变动表中单独列示，但是可能对附注而言却具有重要性，在这种情况下应当在附注中单独披露。

④无论是《企业会计准则第 30 号——财务报表列报》规定的单独列报项目，还是其他具体会计准则规定单独列报的项目，企业都应当予以单独列报。

重要性是判断项目是否单独列报的重要标准。企业在进行重要性判断时，应当根据所处环境，从项目的性质和金额大小两方面予以判断：一方面，应当考虑该项目的性质是否属于企业日常活动、是否对企业的财务状况和经营成果具有较大影响等因素；另一方面，判断项目金额大小的重要性，应当通过单项金额占资产总额、负债总额、所有者权益总额、营业收入总额、净利润等直接相关项目金额的比重加以确定。

(4)列报的一致性

可比性是会计信息质量的一项重要质量要求，目的是使同一企业不同期间和同一期间不同企业的财务报表相互可比。为此，财务报表项目的列报应当在各个会计期间保持一致，不得随意变更，这一要求不仅只针对财务报表中的项目名称，还包括财务报表项目的分类、排列顺序等方面。

在以下规定的特殊情况下，财务报表项目的列报是可以改变的：①会计准则要求改变；②企业经营业务的性质发生重大变化后，变更财务报表项目的列报能够提供更可靠、更相关的会计信息。

(5)财务报表项目金额间的相互抵消

财务报表项目应当以总额列报，资产和负债、收入和费用不能相互抵消，即不得以净额列报，但企业会计准则另有规定的除外。比如，企业欠客户的应付款不得与其他客户欠本企业的应收款相抵消，如果相互抵消就掩盖了交易的实质。

下列两种情况不属于抵消，可以以净额列示：①资产项目按扣除减值准备后的净额列示，不属于抵消。对资产计提减值准备，表明资产的价值确实已经发生减损，按扣除减值准备后的净额列示，才反映了资产当时的真实价值。②非日常活动的发生具有偶然性，并非企业主要的业务，从重要性来讲，非日常活动产生的损益以收入扣减费用后的净额列示，更有利于报表使用者的理解，也不属于抵消。

(6)比较信息的列报

企业在列报当期财务报表时，至少应当提供所有列报项目上一可比会计期间的比较数据，以及与理解当期财务报表相关的说明，目的是向报表使用者提供对比数据，提高信息在会计期间的可比性，以反映企业财务状况、经营成果和现金流量的发展趋势，提高报表使用者的判断与决策能力。

在财务报表项目的列报确需发生变更的情况下，企业应当对上期比较数据按照当期的列报要求进行调整，并在附注中披露调整的原因和性质，以及调整的各项目金额。但是，在某些情况下，对上期比较数据进行调整是不切实可行的，则应当在附注中披露不能调整的原因。

(7)财务报表表首的列报要求

财务报表一般分为表首、正表两部分，其中，在表首部分企业应当概括地说明下列基本信息：①编报企业的名称，如企业名称在所属当期发生了变更的，还应明确标明；②对资产负债表而言，须披露资产负债表日，而对利润表、现金流量表、所有者权益变动表而言，须披露报表涵盖的会计期间；③货币名称和单位，按照我国企业会计准则的规定，企业应当以人民币作为记账本位币列报，并标明金额单位，如人民币元、人民币万元等；④财务报表时合并财务报表的，应当予以标明。

(8)报告期间

企业至少应当编制年度财务报表。根据《中华人民共和国会计法》的规定，会计年度自公历 1 月 1 日起至 12 月 31 日止。因此，在编制年度财务报表时，可能存在年度财务报表涵盖的期间短于一年的情况，比如企业在年度中间(如 3 月 1 日)开始设立等，在这种情况下，企业应当披露年度财务报表的实际涵盖期间及其短于一年的原因，并应当说明由此引起财务报表项目与比较数据不具可比性这一事实。

任务2　资产负债表

◎预备知识

资产负债表是反映企业在资产负债表日（或报告期末）全部资产、负债和所有者权益情况的报表。资产负债表是一个时点的报表，是一个静态的报表。由于该表反映了一个企业在特定日期的财务状况，因而又可称为财务状况表。财务状况是指体现企业在某一时点资产、负债所有者权益的分布、构成情况。它表明企业在某一特定日期所拥有或控制的经济资源、所承担的现有义务和所有者对净资产的要求权。

○任务分析

1）资产负债表的内容

资产负债表是指反映企业在某一特定日期财务状况的会计报表。它反映企业在某一特定日期所拥有或控制的经济资源、所承担的现时义务和所有者对净资产的要求权。通过资产负债表，可以提供某一日期资产的总额及其结构，表明企业拥有或控制的资源及其分布情况，使用者可以一目了然地从资产负债表上了解企业在某一特定日期所拥有的资产总量及其结构；可以提供某一日期的负债总额及其结构，表明企业未来需要用多少资产或劳务清偿债务以及清偿时间；可以反映所有者所拥有的权益，据以判断资本保值、增值的情况以及对负债的保障程度。此外，资产负债表还可以提供进行财务分析的基本资料，如将流动资产与流动负债进行比较，计算出流动比率；将速动资产与流动负债进行比较，计算出速动比率等，可以表明企业的变现能力、偿债能力和资金周转能力，从而有助于报表使用者作出经济决策。

2）资产负债表的结构

目前，国际上通用的资产负债表格式主要有两种：账户式和报告式。账户式指资产负债表分左、右两方，左方列示资产项目，右方列示负债与所有者权益项目，左右两方的合计数保持平衡，见表11.1。报告式指资产负债表系将资产、负债、所有者权益项目采用垂直分列的形式反映见表11.2。

表 11.1 账户式资产负债表

资产负债表

会企 01 表

编制单位： 年 月 日 单位:元

资 产	期末余额	年初余额	负债和所有者权益（或股东权益）	期末余额	年初余额
流动资产：			流动负债：		
货币资金			短期借款		
交易性金融资产			交易性金融负债		
应收票据			应付票据		
应收账款			应付账款		
预付款项			预收款项		
应收利息			应付职工薪酬		
应收股利			应交税费		
其他应收款			应付利息		
存货			应付股利		
一年内到期的非流动资产			其他应付款		
流动资产合计			一年内到期的非流动负债		
非流动性资产：			流动负债合计		
可供出售金融资产			非流动负债：		
持有至到期投资			长期借款		
长期应收款			应付债券		
长期股权投资			长期应付款		
投资性房地产			专项应付款		
固定资产			预计负债		
在建工程			递延所得税负债		
工程物资			其他非流动负债		
固定资产清理			非流动负债合计		
生产性生物资产			负债合计		
油气资产			所有者权益(或股东权益)：		
无形资产			实收资本(或股本)		
开发支出			资本公积		

续表

资　产	期末余额	年初余额	负债和所有者权益（或股东权益）	期末余额	年初余额
商誉			减:库存股		
长期待摊费用			盈余公积		
递延所得税资产			未分配利润		
其他非流动资产			所有者权益（或股东权益）合计		
非流动资产合计					
资产总计			负债和所有者权益（或股东权益）总计		

表 11.2　报告式资产负债表（简表）

资产负债表（报告式）

项　目	金　额
资产:	
流动资产	
长期资产	
固定资产	
无形资产	
其他资产	
资产合计	
负债:	
流动负债	
长期负债	
负债合计	
所有者权益:	
实收资本	
资本公积	
盈余公积	
未分配利润	
所有者权益合计	

在我国,资产负债表采用账户式结构,报表分为左右两方,左方列示资产各项目,反映全部资产的分布及存在形态;右方列示负债和所有者权益各项目,反映全部负债和所有者权益的内容及构成情况。资产负债表左右双方平衡,资产总计等于负债和所有者权益总计即“资产 = 负债 + 所有者权益”。此外,为了让使用者通过比较不同时点资产负债表的数据,掌握企业财务状况的变动情况及发展趋势,企业需要提供比较资产负债表,资产负债表还就各项目再分为“年初余额”和“期末余额”两栏分别填列。

(1)资产的列报

资产应当分为流动资产和非流动资产列示。

①流动资产。按《企业会计准则第 30 号——财务报表列报》的规定,资产满足下列条件之一的,应当归类为流动资产:

a. 预计在一个正常营业周期中变现、出售或耗用。如果正常营业周期不能确定时,应当以一年(12 个月)作为划分流动资产的标准。

b. 主要为交易目的而持有。企业持有资产的目的是用于交易,而不是为了自己使用。例如,企业拥有的生产设备属于非流动资产,它主要是为了用于生产经营,而不是用于出售;而企业持有的存货属于流动资产,其最终目的是为了出售。

c. 预计在资产负债表日起一年内(含一年)变现。企业持有的流动资产,通常可以在一年内变为现金。

d. 在资产负债表日起一年内,交换其他资产或清偿负债的能力不受限制的现金或现金等价物。

流动资产可以进一步划分为不同的明细项目,流动资产主要包括货币资金、交易性金融资产、应收票据、应收账款、预付账款、应收股利、应收利息、其他应收款、存货和其他流动资产。

②非流动资产。非流动资产是指流动资产以外的资产。也可以说,如果资产预计不能在一个正常营业周期中变现、出售或耗用,或者持有资产的主要目的不是交易,或者预计在资产负债表日起一年内(含一年)不能变现,或者在资产负债表日起一年内,交换其他资产或清偿负债的能力受到限制的现金或现金等价物,这些资产都应当归类为非流动资产。

在资产负债表中,非流动资产应按其性质分类列示。企业的非流动资产通常包括可供出售金融资产、持有至到期投资、长期应收款、长期股权投资、投资性房地产、固定资产、在建工程、工程物资、固定资产清理、生产性生物资产、油气资产、无形资产、开发支出、商誉、长期待摊费用、递延所得税资产和其他非流动资产。

(2)负债的列报

负债应当分为流动负债和非流动负债列示。

①流动负债。流动负债是可合理地预计，需要动用流动资产，或者用其他流动负债加以清偿的短期负债。负债满足下列条件之一的，应当归类为流动负债：

a. 预计在一个正常营业周期中清偿；

b. 主要为交易目的而持有；

c. 在资产负债表日起一年内到期应予以清偿；

d. 企业无权自主地将清偿推迟至资产负债表日后一年以上。

在资产负债表中，流动负债可以进一步划分为不同的明细项目，流动负债包括短期借款、交易性金融负债、应付票据、应付账款、预收款项、应付职工薪酬、应交税费、应付利息、应付股利、其他应付款和其他流动负债。

②非流动负债。非流动负债是与流动负债相对立的概念，流动负债以外的负债应当归类为非流动负债，即当企业承担的某一项负债，预计不能在一个正常营业周期中清偿，或者主要不是为交易目的而持有，或者不能在资产负债表日起一年内到期并应予以清偿，或者企业有权自主地将清偿推迟至资产负债表日后一年以上，这样的负债应当划分为非流动负债。

在资产负债表中，非流动负债应按其性质分类列示。非流动负债主要包括长期借款、应付债券、长期应付款、专项应付款、预计负债、递延所得税负债和其他非流动负债。

(3)所有者权益的列报

所有者权益是指企业资产扣除负债后由所有者享有的剩余权益。公司的所有者权益也称为股东权益。从金额上看，所有者权益为企业资产总额减去负债总额后的净额。所有者权益按其来源划分，可分为所有者投入的资本、直接计入所有者权益的利得和损失、留存收益。

在资产负债表中，所有者权益也要划分为不同的明细项目，包括实收资本（或股本）、资本公积、库存股、盈余公积和未分配利润。

3）资产负债表的填列方法

我国资产负债表主体部分的各项目都列有“年初余额”和“期末余额”两个栏目，表中各项目数据主要来源于会计账簿的资产、负债和所有者权益等账户的余额记录。其中，大多数项目可以直接根据总账账户的余额填列，但由于报表项目和账簿记录并不完全是一一对应关系，有一部分项目的数据必须经过合并、分拆等整理才能进入资产负债表。具体而言，资产负债表的数据有以下几种填列方法：

(1)资产负债表“年初余额”的填列方法

资产负债表“年初余额”栏内各项数字，应根据上年末资产负债表“期末余额”栏内所列数字填列。如果本年度资产负债表规定的各个项目的名称和内容同上年度不相一致,应对上年末资产负债表各项目的名称和数字按照本年度的规定进行调整,填入表中"年初余额"栏内。

(2)资产负债表"期末余额"栏的填列方法

"期末余额"栏一般应根据资产、负债和所有者权益科目的期末余额填列。

①根据总账科目余额填列。"交易性金融资产""工程物资""固定资产清理""递延所得税资产""短期借款""交易性金融负债""应付票据""应付职工薪酬""应交税费""应付利息""应付股利""其他应付款""专项应付款""预计负债""递延所得税负债""实收资本(或股本)""资本公积""库存股""盈余公积"等项目,应根据有关总账科目的余额填列。

有些项目则需根据几个总账科目的期末余额计算填列:"货币资金"项目,需根据"库存现金""银行存款""其他货币资金"三个总账科目的期末余额的合计数填列;"其他非流动资产""其他流动负债"项目,应根据有关科目的期末余额分析填列。

②根据明细账科目余额计算填列。"开发支出"项目,应根据"研发支出"科目中所属的"资本化支出"明细科目期末余额填列;"应付账款"项目,需要根据"应付账款"和"预付款项"两个科目所属的相关明细科目的期末贷方余额合计数填列;"预收账款"项目,应根据"预收账款"和"应收账款"科目所属各明细科目的期末贷方余额合计数填列;"一年内到期的非流动资产""一年内到期的非流动负债"项目,应根据有关非流动资产或负债项目的明细科目余额分析填列;"长期借款""应付债券"项目,应分别根据"长期借款""应付债券"科目的明细科目余额分析填列;"未分配利润"项目,应根据"利润分配"科目中所属的"未分配利润"明细科目期末余额填列。

③根据总账科目和明细账科目余额分析计算填列。"长期借款"项目,应根据"长期借款"总账科目余额扣除"长期借款"科目所属的明细科目中将在资产负债表日起一年内到期且企业不能自主地将清偿义务展期的长期借款后的金额计算填列。"长期待摊费用"项目,应根据"长期待摊费用"科目的期末余额减去将于一年内(含一年)摊销的数额后的金额填列;"其他非流动负债"项目,应根据有关科目的期末余额减去将于一年内(含一年)到期偿还数后的金额填列。

④根据有关科目余额减去其备抵科目余额后的净额填列。"可供出售金融资产""持有至到期投资""长期股权投资""在建工程""商誉"项目,应根据相关科目的期末余额填列,已计提减值准备的,还应扣减相应的减值准备;"固定资产""无形资产""投资性房地产""生产性生物资产""油气资产"项目,应根据相关科目的期末余额扣减相关的累计折旧(或摊销、折耗)填列,已计提减值准备的,还应扣除相应的减值准备,采用公允价值计量的上述资产,应根据相关科目的期末余额填列;"长期应收款"项目,应根据"长期应收款"科目的期末余额,减去相应的"未实现融资收益"科目和"坏账准备"科目所属相关明细科目期末余额后的金额填列;"长期应付款"项目,应

根据“长期应付款”科目的期末余额，减去相应的“未确认融资费用”科目期末余额后的金额填列。

⑤综合运用上述填列方法分析填列。主要包括：“应收票据”“应收利息”“应收股利”“其他应收款”项目，应根据相关科目的期末余额，减去“坏账准备”科目中有关坏账准备期末余额后的金额填列；“应收账款”项目，应根据“应收账款”和“预收账款”科目所属各明细科目的期末借方余额合计数，减去“坏账准备”科目中有关应收账款计提的坏账准备期末余额后的金额填列；“预付账款”项目，应根据“预付账款”和“应付账款”科目所属各明细科目的期末借方余额合计数，减去“坏账准备”科目中有关预付款项计提的坏账准备期末余额后的金额填列；“存货”项目，应根据“材料采购”“原材料”“发出商品”“库存商品”“周转材料”“委托加工物资”“生产成本”“受托代销商品”等科目的期末余额合计，减去“受托代销商品款”“存货跌价准备”科目期末余额后的金额填列，材料采用计划成本核算，以及库存商品采用计划成本核算或售价核算的企业，还应按加或减材料成本差异、商品进销差价后的金额填列。

4）资产负债表各项目填列说明

资产负债表中资产、负债和所有者权益主要项目的填列说明如下：

(1)资产项目的填列说明

①“货币资金”项目，反映企业库存现金、银行结算户存款、外埠存款、银行汇票存款、银行本票存款、信用卡存款、信用证保证金存款的合计数。

②“交易性金融资产”项目，反映企业持有的以公允价值计量且其变动计入当期损益的为交易目的持有的债券投资、股票投资、基金投资、权证投资等金融资产。

③“应收票据”项目，反映企业因销售商品、提供劳务等而收到的商业汇票。

④“应收账款”项目，反映企业因销售商品、提供劳务等经营活动应收取的款项。本项目应根据“应收账款”和“预收账款”科目所属各明细科目的期末借方余额合计减去“坏账准备”科目中有关应收账款计提的坏账准备期末余额后的金额填列。

⑤“预付款项”项目，反映企业按照购货合同规定预付给供应单位的款项等。

⑥“应收利息”项目，反映企业应收取的债券投资等的利息。

⑦“应收股利”项目，反映企业应收取的现金股利和应收取其他单位分配的利润。

⑧“其他应收款”项目，反映企业除应收票据、应收账款、预付账款、应收股利、应收利息等经营活动以外的其他各项应收、暂付的款项。

⑨“存货”项目，反映企业期末在库、在途和在加工中的各种存货的可变净值。

⑩“一年内到期的非流动资产”项目，反映企业将于一年内到期的非流动资产项目金额。

⑪“长期股权投资”项目，反映企业持有的对子公司、联营企业和合营企业的长期

股权投资。

⑫“固定资产”项目，反映企业各种固定资产原价减去累计折旧和累计减值准备后的净额。

⑬“在建工程”项目，反映企业期末各项未完工工程的实际支出，包括交付安装设备价值、未完建筑安装工程已经耗用的材料、工资、费用支出。

⑭“工程物资”项目，反映企业尚未使用的各项工程物资的实际成本。

⑮“固定资产清理”项目，反映企业因出售、毁损、报废等原因转入清理但尚未清理完毕的固定资产的净值，以及固定资产清理过程中所发生的清理费用和变价收入等各项金额的差额。

⑯“无形资产”项目，反映企业持有的无形资产，包括专利权、非专利技术、商标权、著作权、土地使用权等。

⑰“开发支出”项目，反映企业开发无形资产过程中能够资本化形成无形资产成本的支出部分。

⑱“长期待摊费用”项目，反映企业已经发生但应由本期和以后各期负担的分摊期限在一年以上的各项费用。

⑲“其他非流动资产”项目，反映企业除长期股权投资、固定资产、在建工程、无形资产等以外的其他非流动资产。

(2)负债项目的填列说明

①“短期借款”项目，反映企业向银行或其他金融机构等借入的期限在一年以下(含一年)的各种借款。

②“应付票据”项目，反映企业因购买材料、商品和接受劳务供应等而开出、承兑的商业汇票，包括银行承兑汇票和商业承兑汇票。

③“应付账款”项目，反映企业因购买材料、商品和接受劳务供应等经营活动应支付的款项。

④“预收款项”项目，反映企业按照购货合同规定预付给供应单位的款项。

⑤“应付职工薪酬”项目，反映企业应根据有关规定应付给职工的工资、职工福利、社会保险费、住房公积金、工会经费、职工教育经费、非货币性福利、辞退福利等各种薪酬。

⑥“应交税费”项目，反映企业按照税法规定计算应交纳的各种税费。

⑦“应付利息”项目，反映企业按照规定应当支付的利息。

⑧“应付股利”项目，反映企业分配的现金股利或利润。

⑨“其他应付款”项目，反映企业除应付票据、应付账款、预收款项、应付职工薪酬、应付股利、应付利息、应交税费等经营活动以外的其他各项应付、暂收的款项。

⑩“一年内到期的非流动负债”项目，反映企业非流动负债中将于资产负债表日

后一年内到期部分的金额，如将于一年内偿还的长期借款。

⑪“长期借款”项目，反映企业向银行或其他金融机构借入的期限在一年以上（不含一年）的各项借款。

⑫“应付债券”项目，反映企业为筹集长期资金而发行的债券本金和利息。

⑬“其他非流动负债”项目，反映企业除长期借款、应付债券等项目以外的其他非流动负债。

（3）所有者权益项目的填列说明

①“实收资本（或股利）”项目，反映企业各种投资者实际投入的资本（或股利）总额。

②“资本公积”项目，反映企业资本公积的期末余额。

③“盈余公积”项目，反映企业盈余公积的期末余额。

④“未分配利润”项目，反映企业尚未分配的利润。

○职业判断与账务处理

【工作资料 11-1】：重庆市长江有限责任公司 2012 年 12 月 31 日结账后有关科目所属明细科目借贷方余额，如表 11.3 所示。

表 11.3　重庆长江股份有限责任公司往来账户余额　　单位：元

科目明细	明细科目借方余额合计	明细科目贷方余额合计
应收账款	1 600 000	100 000
预付账款	800 000	60 000
应付账款	400 000	1 800 000
预收账款	600 000	1 400 000

计算2012 年 12 月 31 日资产负债表中“应收账款”“预付款项”“应付账款”“预收款项”项目的金额。

实践分析：

应收账款项目，应当根据“应收账款”科目所属明细科目借方余额 1 600 000 元和“预收账款”科目所属明细科目借方余额 600 000 元加总，作为资产负债表中“应收账款”的项目金额，即 2 200 000 元。

预付款项项目，应当根据“预付账款”科目所属明细科目借方余额 800 000 元和“应付账款”科目所属明细科目借方余额 400 000 元加总，作为资产负债表中“预付款项”的项目金额，即 1 200 000 元。

应付账款项目，应当根据“应付账款”科目所属明细科目贷方余额 1 800 000 元和“预付账款”科目所属明细科目贷方余额 60 000 元加总，作为资产负债表中“应付账款”的项目金额，即 1 860 000 元。

预收款项项目，应当根据"预收账款"科目所属明细科目贷方余额1 400 000元和"应收账款"科目所属明细科目贷方余额100 000元加总，作为资产负债表中"预收款项"的项目金额，即1 500 000元。

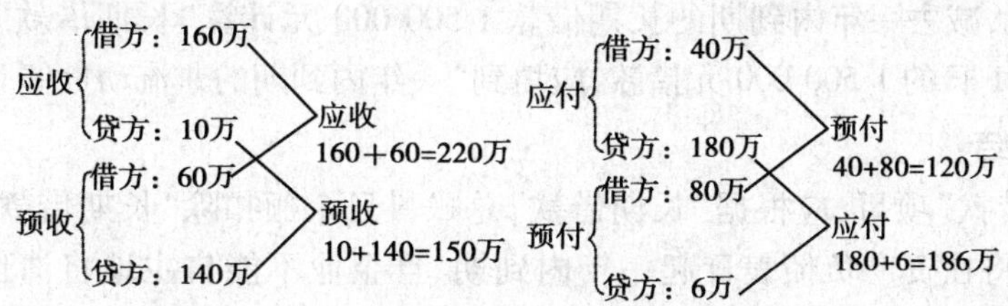

图11.2 往来账项项目分析

2012年12月31日资产负债表中"应收账款""预付款项""应付账款""预收款项"项目的金额为：

①"应收账款"项目金额为：1 600 000 + 600 000 = 2 200 000元

②"预付款项"项目金额为：800 000 + 400 000 = 1 200 000元

③"应付账款"项目金额为：60 000 + 1 800 000 = 1 860 000元

④"预收款项"项目金额为：1 400 000 + 100 000 = 1 500 000元

实践总结：

"应收账款"项目，应根据"应收账款"和"预收账款"科目所属各明细科目的期末借方余额合计数，减去"坏账准备"科目中有关应收账款计提的坏账准备期末余额后的金额填列。

"预付账款"项目，应根据"预付账款"和"应付账款"科目所属各明细科目的期末借方余额合计数，减去"坏账准备"科目中有关预付款项计提的坏账准备期末余额后的金额填列。

"应付账款"项目，需要根据"应付账款"和"预付款项"两个科目所属的相关明细科目的期末贷方余额合计数填列。

"预收账款"项目，应根据"预收账款"和"应收账款"科目所属各明细科目的期末贷方余额合计数填列。

【工作资料11-2】：重庆市长江有限责任公司长期借款情况，如表11.4所示。

表11.4 长期借款项目表

借款起始日期	借款期限/年	金额/元
2012年1月1日	3	1 000 000
2010年1月1日	5	2 000 000
2009年6月1日	4	1 500 000

2012 年 12 月 31 日资产负债表中“长期借款”项目金额为：

1 000 000 + 2 000 000 = 3 000 000 元

企业应当根据“长期借款”总账科目余额 4 500 000（1 000 000 + 2 000 000 + 1 500 000）元，减去一年内到期的长期借款 1 500 000 元计算“长期借款”项目的金额。2009 年 6 月 1 日的 1 500 000 元借款，应填到“一年内到期的非流动负债”项目里。

实践总结：

“长期借款”项目，应根据“长期借款”总账科目余额扣除“长期借款”科目所属的明细科目中将在资产负债表日起一年内到期、且企业不能自主地将清偿义务展期的长期借款后的金额计算填列。

【工作资料 11-3】：重庆市长江有限责任公司 2012 年 12 月 31 日结账后的“固定资产”科目余额为 2 000 万元，固定资产“累计折旧”科目余额为 550 万元，“固定资产减值准备”科目余额为 50 万元，则资产负债表中“固定资产”项目的列示金额应为多少？

资产负债表中“固定资产”项目的列示金额应为 1 400 万元（2 000 – 550 – 50）。

实践总结：

“固定资产”“无形资产”“投资性房地产”“生产性生物资产”“油气资产”项目，应根据相关科目的期末余额扣减相关的累计折旧（或摊销、折耗）填列，已计提减值准备的，还应扣除相应的减值准备，采用公允价值计量的上述资产，应根据相关科目的期末余额填列。

【工作资料 11-4】：重庆市长江有限责任公司采用计划成本核算材料，2012 年 12 月 31 日结账后有关科目余额为：“材料采购”科目余额为 140 000 元（借方），“原材料”科目余额为 2 400 000 元（借方），“周转材料”科目余额为 1 800 000 元（借方），“库存商品”科目余额为 1 600 000 元（借方），“生产成本”科目余额为 600 000 元（借方），“材料成本差异”科目余额为 120 000 元（贷方），“存货跌价准备”科目余额为 210 000 元（贷方）。

该企业 2012 年 12 月 31 日资产负债表中的“存货”项目金额为：

140 000 + 2 400 000 + 1 800 000 + 1 600 000 + 600 000 – 120 000 – 210 000 = 6 210 000元

实践总结：

企业应当以“材料采购”（表示在途材料采购成本）“原材料”“周转材料”（比如包装物和低值易耗品等）“库存商品”“生产成本”（表示期末在产品金额）各总账科目余额加总后，加上或减去“材料成本差异”总账科目的余额（若为贷方余额，应减去；若为借方余额，应加上），再减去“存货跌价准备”总账科目余额后的金额。作为资产负债表中“存货”的项目金额。

【工作资料 11-5】:重庆市长江有限责任公司 2011 年 12 月 31 日的资产负债表(年初余额略)及 2012 年 12 月 31 日的科目余额表分别见表 11.5 和表 11.6。

表 11.5 资产负债表 会企 01 表

编制单位:重庆市长江有限责任公司 2011 年 12 月 31 日 单位:元

资 产	期末余额	年初余额	负债和股东权益	期末余额	年初余额
流动资产:			流动负债:		
货币资金	1 406 300		短期借款	300 000	
交易性金融资产	15 000		交品性金融负债	0	
应收票据	246 000		应付票据	200 000	
应收账款	299 100		应付账款	953 800	
预付款项	100 000		预收款项	0	
应收利息	0		应付职工薪酬	110 000	
应收股利	0		应交税费	36 600	
其他应收款	5 000		应付利息	1 000	
存货	2 580 000		应付股利	0	
一年内到期的非流动资产	0		其他应付款	50 000	
其他流动资产	100 000		一年内到期的非流动负债	1 000 000	
流动资产合计	4 751 400		其他流动负债	0	
非流动资产:			流动负债合计	2 651 400	
可供出售金融资产	0		非流动负债:		
持有至到期投资	0		长期借款	600 000	
长期应收款	0		应付债券	0	
长期股权投资	250 000		长期应付款	0	
投资性房地产	0		专项应付款	0	
固定资产	1 100 000		预计负债	0	
在建工程	1 500 000		递延所得税负债	0	
工程物资	0		其他非流动负债	0	
固定资产清理	0		非流动负债合计	600 000	

续表

资　产	期末余额	年初余额	负债和股东权益	期末余额	年初余额
生产性生物资产	0		负债合计	3 251 400	
油气资产	0		股东权益：		
无形资产	600 000		实收资本（或股本）	5 000 000	
开发支出	0		资本公积	0	
商誉	0		减：库存股	0	
长期待摊费用	0		盈余公积	100 000	
递延所得税资产	0		未分配利润	50 000	
其他非流动资产	200 000		股东权益合计	5 150 000	
非流动资产合计	3 650 000				
资产总计	8 401 400		负债和股东权益总计	8 401 400	

表 11.6　科目余额表　　单位：元

科目名称	借方余额	科目名称	贷方余额
库存现金	2 000	短期借款	50 000
银行存款	805 831	应付票据	100 000
其他货币资金	7 300	应付账款	953 800
交易性金融资产	0	其他应付款	50 000
应收票据	66 000	应付职工薪酬	180 000
应收账款	600 000	应交税费	226 731
坏账准备	-1 800	应付利息	0
预付账款	100 000	应付股利	32 215.85
其他应收款	5 000	一年内到期的长期负债	0
材料采购	275 000	长期借款	1 160 000
原材料	45 000	实收资本	5 000 000
周转材料	38 050	盈余公积	124 770.4
库存商品	2 122 400	利润分配（未分配利润）	218 013.75
材料成本差异	4 250		

续表

科目名称	借方余额	科目名称	贷方余额
其他流动资产	100 000		
长期股权投资	250 000		
固定资产	2 401 000		
累计折旧	-170 000		
固定资产减值准备	-30 000		
工程物资	300 000		
在建工程	428 000		
无形资产	600 000		
累计摊销	-60 000		
递延所得税资产	7 500		
其他长期资产	200 000		
合计	8 095 531	合计	8 095 531

根据上述资料，编制重庆市长江有限责任公司 2012 年 12 月 31 日的资产负债表，如表 11.7 所示。

表 11.7 资产负债表

会企 01 表

编制单位：重庆市长江有限责任公司 2012 年 12 月 31 日 单位：元

资 产	期末余额	年初余额	负债和所有者权益（或股东权益）	期末余额	年初余额
流动资产：			流动负债：		
货币资金	815 131	1 406 300	短期借款	50 000	300 000
交易性金融资产	0	15 000	交易性金融负债	0	0
应收票据	66 000	246 000	应付票据	100 000	200 000
应收账款	598 200	299 100	应付账款	953 800	953 800
预付款项	100 000	100 000	预收款项	0	0
应收利息	0	0	应付职工薪酬	180 000	110 000
应收股利	0	0	应交税费	226 731	36 600
其他应收款	5 000	5 000	应付利息	0	1 000
存货	2 484 700	2 580 000	应付股利	32 215.85	0

续表

资　产	期末余额	年初余额	负债和所有者权益（或股东权益）	期末余额	年初余额
一年内到期的非流动资产	0	0	其他应付款	50 000	50 000
其他流动资产	100 000	100 000	一年内到期的非流动负债	0	1 000 000
流动资产合计	4 169 031	4 751 400	其他流动负债	0	0
非流动资产：			流动负债合计	1 592 746.85	2 651 400
可供出售金融资产	0	0	非流动负债：		
持有至到期投资	0	0	长期借款	1 160 000	600 000
长期应收款	0	0	应付债券	0	0
长期股权投资	250 000	250 000	长期应付款	0	0
投资性房地产	0	0	专项应付款	0	0
固定资产	2 201 000	1 100 000	预计负债	0	0
在建工程	428 000	1 500 000	递延所得税负债	0	0
工程物资	300 000	0	其他非流动负债	0	0
固定资产清理	0	0	非流动负债合计	1 160 000	600 000
生产性生物资产	0	0	负债合计	2 752 746.85	3 251 400
油气资产	0	0	所有者权益（或股东权益）：		
无形资产	540 000	600 000	实收资本（或股本）	5 000 000	5 000 000
开发支出	0	0	资本公积	0	0
商誉	0	0	减：库存股	0	0
长期待摊费用	0	0	盈余公积	124 770.4	100 000
递延所得税资产	7 500	0	未分配利润	218 013.75	50 000
其他非流动资产	200 000	200 000	所有者权益（或股东权益）合计	5 342 784.15	5 150 000
非流动资产合计	3 926 500	3 650 000			
资产总计	8 095 531	8 401 400	负债和所有者权益（或股东权益）总计	8 095 531	8 401 400

实践总结：

“长期待摊费用”项目需要根据“长期待摊费用”总账科目余额扣除将在一年内摊销完毕的长期待摊费用后的金额计算填列。

“未分配利润”项目，如果是在年末应该根据“利润分配——未分配利润”科目余额填列；如果是在非年末，则要根据“利润分配——未分配利润”和“本年利润”科目余额计算填列。

任务3 利润表

◎预备知识

利润表，又称收益表、损益表，是反映企业一定期间（如年度、季度、月份）经营成果的财务报表。经营成果一般表现为利润（或亏损）。

利润是企业所得扣除所耗后的剩余，是经济效益的综合体现。

编制利润表的主要目的是将企业经营成果的信息，提供给报表用户，以供他们作为决策的依据或参考。

○任务分析

1）利润表的内容

利润表是反映企业在一定会计期间的经营成果的会计报表。利润表的列报必须充分反映企业经营业绩的主要来源和构成，有助于使用者判断净利润的质量及其风险，有助于使用者预测净利润的持续性，从而作出正确的决策。通过利润表，可以反映企业一定会计期间的收入实现情况，如实现的营业收入有多少、实现的投资收益有多少、实现的营业外收入有多少，等等；可以反映一定会计期间的费用耗费情况，如耗费的营业成本有多少、营业税费有多少、销售费用、管理费用、财务费用各有多少、营业外支出有多少，等等；可以反映企业生产经营活动的成果，即净利润的实现情况，据以判断资本保值、增值情况。将利润表中的信息与资产负债表中的信息相结合，还可以提供进行财务分析的基本资料，如将赊销收入净额与应收账款平均余额进行比较，计算出应收账款周转率；将销货成本与存货平均余额进行比较，计算出存货周转率；将净利润与资产总额进行比较，计算出资产收益率等，可以表现企业资金周转情况以及企业的盈利能力和水平，便于报表使用者判断企业未来的发展趋势，作出经济决策。

2）利润表的结构

常见的利润表结构主要有单步式和多步式两种。在我国，企业利润表采用的基本上是多步式结构，即通过对当期的收入、费用、支出项目按性质加以归类，按利润形成的主要环节列示一些中间性利润指标，分步计算当期经损益。

利润表主要反映以下几方面的内容：①营业收入，由主营业务收入和其他业务收入组成。②营业利润，营业收入减去营业成本（主营业务成本、其他业务成本）营业税金及附加、销售费用、管理费用、财务费用、资产减值损失，加上公允价值变动收益、投资收益，即为营业利润。③利润总额，营业利润加上营业外收入，减去营业外支出，即为利润总额。④净利润，利润总额减去所得税费用，即为净利润。⑤每股收益，普通股或潜在普通股已公开交易的企业，以及正处于公开发行普通股或潜在普通股过程中的企业，还应当在利润表中列示每股收益信息，包括基本每股收益和稀释每股收益两项指标。

此外，为了使报表使用者通过比较不同期间利润的实现情况，判断企业经营成果的未来发展趋势，企业需要提供比较利润表，利润表还就各项目再分为“本期金额”和“上期金额”两栏分别填列，如表 11.8 所示。

表 11.8 利润表格式

利 润 表

会企 02 表

编制单位： 年 月 单位：元

项 目	本期金额	上期金额
一、营业收入		
减：营业成本		
营业税金及附加		
销售费用		
管理费用		
财务费用		
资产减值损失		
加：公允价值变动收益（损失以“—”号填列）		
投资收益（损失以“—”号填列）		
其中：对联营企业和合营企业的投资收益		
二、营业利润（亏损以“—”号填列）		

续表

项　目	本期金额	上期金额
加:营业外收入		
减:营业外支出		
其中:非流动资产处置损失		
三、利润总额(亏损总额以"—"号填列)		
减:所得税费用		
四、净利润(净亏损以"—"号填列)		
五、每股收益		
(一)基本每股收益		
(二)稀释每股收益		

3)利润表的填列方法

(1)上期金额栏的填列方法

利润表"上期金额"栏内各项数字,应根据上年该期利润表"本期金额"栏内所列数字填列。如果上年该期利润表规定的各个项目的名称和内容同本期不相一致,应对上年该期利润表各项目的名称和数字按本期的规定进行调整,填入利润表"上期金额"栏内。

(2)本期金额栏的填列方法

"本期金额"栏内各期数字,除"基本每股收益"和"稀释每股收益"项目外,应当按相关科目的发生额分析填列,如:"营业收入"项目,根据"主营业务收入""其他业务收入"科目的发生额分析计算填列;"营业成本"项目,根据"主营业务成本""其他业务成本"科目的发生额计算分析填列,账务处理流程如图11.3所示。

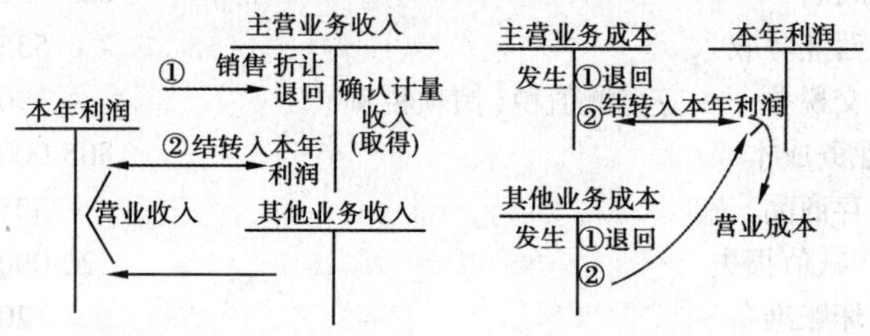

图11.3　营业收入、成本项目结转图示

○职业判断与账务处理

【工作资料 11-6】:重庆市长江有限责任公司为增值税一般纳税企业,销售的产品为应纳增值税产品,增值税税率为 17%,产品销售价格中不含增值税额。产品销售成本按经济业务逐笔结转。所得税税率 25%。重庆市长江有限责任公司 2012 年 3 月发生如下经济业务:

①向 B 公司赊销甲产品一批,销售价格 535 000 元,产品成本 305 000 元。产品已经发出,并开出增值税专用发票,已向银行办妥托收手续。

②根据债务人的财务状况,对应收账款计提 20 000 元坏账准备。

③采用预收款方式销售商品,当年收到第一笔款项 10 000 元,已存入银行。

④收到 B 公司甲产品退货。该退货系重庆市长江有限责任公司上月售出,售出时售价共计 2 000 元,成本 1 750 元,该货款当时已如数收存银行。重庆市长江有限责任公司用银行存款支付退货款项,退回的甲产品已验收入库,并按规定开出红字增值税专用发票。

⑤年末公司持有的交易性金融资产账面价值为 40 000 元,公允价值为 41 000 元。

⑥计提已完工工程项目的长期借款利息 3 000 元(一次还本、分期付息);用银行存款支付发生的管理费用 5 000 元,销售费用 2 000 元。

⑦销售产品应交的城市维护建设税 1 400 元,应交的教育费附加 600 元。

⑧计算并确认应交所得税(不考虑纳税调整事项)。

要求编制重庆市长江有限责任公司有关经济业务的会计分录(除“应交税费”科目外,其余科目可不写明细科目);编制重庆市长江有限责任公司 2012 年 3 月的利润表。

(1)编制会计分录

①向 B 公司销售甲产品并结转销售成本:

借:应收账款　　625 950
　　贷:主营业务收入　　535 000
　　　　应交税费——应交增值税(销项税额)　　90 950
借:主营业务成本　　305 000
　　贷:库存商品　　305 000

②借:资产减值损失　　20 000
　　贷:坏账准备　　20 000

③借:银行存款　　10 000
　　贷:预收账款　　10 000

④销售退回：

借:主营业务收入　　2 000

　应交税费——应交增值税(销项税额)　　340

　贷:银行存款　　2 340

借:库存商品　　1 750

　贷:主营业务成本　　1 750

⑤借:交易性金融资产——公允价值变动　　1 000

　贷:公允价值变动损益　　1 000

⑥计提借款利息和支付费用：

借:财务费用　　3 000

　贷:应付利息　　3 000

借:管理费用　　5 000

　销售费用　　2 000

　贷:银行存款　　7 000

⑦计提相关税金及附加：

借:营业税金及附加　　2 000

　贷:应交税费——应交城市维护建设税　　1 400

　　　　——应交教育费附加　　600

⑧应纳税所得额 =(535 000 - 2 000) - (305 000 - 1 750) - 2 000 - 2 000 - 5 000 - 3 000 - 20 000 + 1 000 = 198 750 元

应交所得税 = 198 750 × 25% = 49 687.5 元

借:所得税费用　　49 687.50

　贷:应交税费——应交所得税　　49 687.50

(2)编制利润表(见表11.9)

表11.9　利润表

会企02表

编制单位:重庆市长江有限责任公司　　2012年3月　　单位:元

项　目	本期金额	上期金额
一、营业收入	533 000	—
减:营业成本	303 250	—
营业税金及附加	2 000	—
销售费用	2 000	—

续表

项　目	本期金额	上期金额
管理费用	5 000	—
财务费用	3 000	—
资产减值损失	20 000	—
加:公允价值变动收益(损失以“—”号填列)	1 000	—
投资收益(损失以“—”号填列)	0	—
其中:对联营企业和合营企业的投资收益	—	—
二、营业利润(亏损以“—”号填列)	198 750	—
加:营业外收入	—	—
减:营业外支出	—	—
其中:非流动资产处置损失	—	—
三、利润总额(亏损总额以“—”号填列)	198 750	—
减:所得税费用	49 687.5	—
四、净利润(净亏损以“—”号填列)	149 062.5	—
五、每股收益	—	—
(一)基本每股收益	—	—
(二)稀释每股收益	—	—

【工作资料11-7】:重庆市长江有限责任公司2012年度有关损益类科目本年累计发生净额如表11.10所示。

表11.10　损益类科目余额表　　单位:元

科目名称	借方发生额	贷方发生额
主营业务收入		1 250 000
主营业务成本	750 000	
营业税金及附加	2 000	
销售费用	20 000	
管理费用	157 100	
财务费用	41 500	
资产减值损失	30 900	

续表

科目名称	借方发生额	贷方发生额
投资收益		31 500
营业外收入		50 000
营业外支出	19 700	
所得税费用	85 300	

根据上述资料,编制重庆市长江有限责任公司2012年度利润表,如表11.11所示。

表11.11 利润表 会企02表

编制单位:重庆市长江有限责任公司 2012年度 单位:元

项 目	本期金额	上期金额(略)
一、营业收入	1 250 000	
减:营业成本	750 000	
营业税金及附加	2 000	
销售费用	20 000	
管理费用	157 100	
财务费用	41 500	
资产减值损失	30 900	
加:公允价值变动收益(损失以"—"号填列)	0	
投资收整(损失以"—"号填列)	31 500	
其中:对联营企业和合营企业的投资收益	0	
二、营业利润(亏损以"—"号填列)	280 000	
加:营业外收入	50 000	
减:营业外支出	19 700	
其中:非流动资产处置损失	(略)	
三、利润总额(亏损总额以"—"号填列)	310 300	
减:所得税费用	85 300	
四、净利润(净亏损以"—"号填列)	225 000	
五、每股收益	(略)	
(一)基本每股收益		
(二)稀释每股收益		

实践总结:

我国企业利润表的主要编制步骤和内容如下:

第一步,以营业收入为基础,计算营业利润。营业利润=营业收入-营业成本-营业税金及附加-销售费用-管理费用-财务费用-资产减值损失+公允价值变动收益(-公允价值变动损失)+投资收益(-投资损失)

第二步,以营业利润为基础,计算利润总额。利润总额=营业利润+营业外收入-营业外支出

第三步,以利润总额为基础,计算净利润。净利润=利润总额-所得税费用。

任务4 现金流量表

◎预备知识

现金流量表是反映企业在一定会计期间现金和现金等价物流入和流出的报表。企业现金流量可以分为经营活动产生的现金流量、投资活动产生的现金流量和筹资活动产生的现金流量。

现金是指企业库存现金以及可以随时用于支付的存款,包括库存现金、银行存款和其他货币资金等。不能随时用于支付的存款不属于现金。

现金等价物,是指企业持有的期限短、流动性强、易于转换为已知金额现金、价值变动风险很小的投资。期限短,一般是指从购买日起三个月内到期。现金等价物通常包括三个月内到期的债券投资等。权益性投资变现的金额通常不确定,因而不属于现金等价物。企业应当根据具体情况,确定现金等价物的范围,一经确定,不得随意变更。

○任务分析

1)现金流量的分类

企业产生的现金流量分为三类:

(1)经营活动产生的现金流量

经营活动,是指企业投资活动和筹资活动以外的所有交易和事项。经营活动产生的现金流量主要包括销售商品或提供劳务、购买商品、接受劳务、支付工资和交纳税款等流入和流出的现金和现金等价物。

(2)投资活动产生的现金流量

投资活动是指企业长期资产的购建和不包括在现金等价物范围内的投资及其处置活动。投资活动产生的现金流量主要包括购建固定资产、处置子公司及其他营业单位等流入和流出的现金和现金等价物。

(3)筹资活动产生的现金流量

筹资活动是指导致企业资本及债务规模和构成发生变化的活动。筹资活动产生的现金流量主要包括吸收投资、发行股票、分配利润、发行债券、偿还债务等流入和流出的现金和现金等价物。偿付应付账款、应付票据等商业应付款等属于经营活动,不属于筹资活动。

2)现金流量表的结构

现金流量表采用报告式结构,分类反映经营活动产生的现金流量、投资活动产生的现金流量和筹资活动产生的现金流量,最后汇总反映企业某一期间现金及现金等价物净增加额。

表 11.12 现金流量表格式

现金流量表

会企 03 表

编制单位: 年 单位:元

项 目	本期金额	上期金额
一、经营活动产生的现金流量		
销售商品、提供劳务收到的现金		
收到的税费返还		
收到其他与经营活动有关的现金		
经营活动现金流入小计		
购买商品、接受劳务支付的现金		
支付给职工以及为职工支付的现金		
支付的各项税费		
支付其他与经营活动有关的现金		
经营活动现金流出小计		
经营活动产生的现金流量净额		
二、投资活动产生的现金流量		
收回投资收到的现金		

续表

项　目	本期金额	上期金额
取得投资收益收到的现金		
处置固定资产、无形资产和其他长期资产收回的现金净额		
处置子公司及其他营业单位收到的现金净额		
收到其他与投资活动有关的现金		
投资活动现金流入小计		
购建固定资产、无形资产和其他长期资产支付的现金		
投资支付的现金		
取得子公司及其他营业单位支付的现金净额		
支付其他与投资活动有关的现金		
投资活动现金流出小计		
投资活动产生的现金流量净额		
三、筹资活动产生的现金流量		
吸收投资收到的现金		
取得借款收到的现金		
收到其他与筹资活动有关的现金		
筹资活动现金流入小计		
偿还债务支付的现金		
分配股利、利润或偿付利息支付的现金		
支付其他与筹资活动有关的现金		
筹资活动现金流出小计		
筹资活动产生的现金流量净额		
四、汇率变动对现金及现金等价物的影响		
五、现金及现金等价物净增加额		
加：期初现金及现金等价物余额		
六、期末现金及现金等价物余额		

续表

现金流量补充资料		
补充资料	本期金额	上期金额
1. 将净利润调节为经营活动现金流量:		
净利润		
加:资产减值准备		
固定资产折旧、油气资产折耗、生产性生物资产折旧		
无形资产摊销		
长期待摊费用摊销		
处置固定资产、无形资产和其他长期资产的损失(收益以"—"号填列)		
固定资产报废损失(收益以"—"号填列)		
公允价值变动损失(收益以"—"号填列)		
财务费用(收益以"—"号填列)		
投资损失(收益以"—"号填列)		
递延所得税资产减少(增加以"—"号填列)		
递延所得税负债增加(减少以"—"号填列)		
存货的减少(增加以"—"号填列)		
经营性应收项目的减少(增加以"—"号填列)		
经营性应付项目的增加(减少以"—"号填列)		
其他		
经营活动产生的现金流量净额		
2. 不涉及现金收支的重大投资和筹资活动:		
债务转为资本		
一年内到期的可转换公司债券		
融资租入固定资产		
3. 现金及现金等价物净变动情况:		
现金的期末余额		
减:现金的期初余额		
加:现金等价物的期末余额		
减:现金等价物的期初余额		
现金及现金等价物净增加额		

3)现金流量表的填列方法

(1)经营活动产生的现金流量

经营活动是指企业投资活动和筹资活动以外的所有交易和事项。各类企业由于行业特点不同,对经营活动的认定存在一定差异。对于工商企业而言,经营活动主要包括销售商品、提供劳务、购买商品、接受劳务、支付税费等。对于商业银行而言,经营活动主要包括吸收存款、发放贷款、同业存放、同业拆借等。对于保险公司而言,经营活动主要包括原保险业务和再保险业务等。对于证券公司而言,经营活动主要包括自营证券、代理承销证券、代理兑付证券、代理买卖证券等。

在我国,企业经营活动产生的现金流量应当采用直接法填列采用“直接法填列”。直接法,是指通过现金收入和现金支出的主要类别列示经营活动的现金流量。

(2)投资活动产生的现金流量

投资活动是指企业长期资产的购建和不包括在现金等价物范围内的投资及其处置活动。长期资产是指固定资产、无形资产、在建工程、其他资产等持有期限在一年或一个营业周期以上的资产。这里所讲的投资活动,既包括实物资产投资,也包括金融资产投资。这里之所以将“包括在现金等价物范围内的投资”排除在外,是因为已经将包括在现金等价物范围内的投资视同现金。不同企业由于行业特点不同,对投资活动的认定也存在差异。例如,交易性金融资产所产生的现金流量,对于工商业企业而言,属于投资活动现金流量,而对于证券公司而言,属于经营活动现金流量。

(3)筹资活动产生的现金流量

筹资活动是指导致企业资本及债务规模和构成发生变化的活动。这里所说的资本,既包括实收资本(股本),也包括资本溢价(股本溢价);这里所说的债务,指对外举债,包括向银行借款、发行债券以及偿还债务等。通常情况下,应付账款、应付票据等商业应付款等属于经营活动,不属于筹资活动。

此外,对于企业日常活动之外特殊的、不经常发生的特殊项目,如自然灾害损失、保险赔款、捐赠等,应当归并到相关类别中,并单独反映。比如,对于自然灾害损失和保险赔款,如果能够确指属于流动资产损失,应当列入经营活动产生的现金流量;属于固定资产损失,应当列入投资活动产生的现金流量。

(4)汇率变动对现金及现金等价物的影响

编制现金流量表时,应当将企业外币现金流量以及境外子公司的现金流量折算成记账本位币。外币现金流量以及境外子公司的现金流量,应当采用现金流量发生日的即期汇率或按照系统合理的方法确定的、与现金流量发生日即期汇率近似的汇率折算。汇率变动对现金的影响额应当作为调节项目,在现金流量表中单独列报。

汇率变动对现金的影响，指企业外币现金流量及境外子公司的现金流量折算成记账本位币时，所采用的是现金流量发生日的汇率或按照系统合理的方法确定的、与现金流量发生日即期汇率近似的汇率，而现金流量表“现金及现金等价物净增加额”项目中外币现金净增加额是按资产负债表日的即期汇率折算的。这两者的差额即为汇率变动对现金的影响。

在编制现金流量表时，对当期发生的外币业务，也可不必逐笔计算汇率变动对现金的影响，可以通过现金流量表补充资料中“现金及现金等价物净增加额”数额与现金流量表中“经营活动产生的现金流量净额”“投资活动产生的现金流量净额”“筹资活动产生的现金流量净额”三项之和比较，其差额即为“汇率变动对现金的影响额”。

(5)现金流量表补充资料

除现金流量表反映的信息外，企业还应在附注中披露将净利润调节为经营活动现金流量、不涉及现金收支的重大投资和筹资活动、现金及现金等价物净变动等信息。

①将净利润调节为经营活动现金流量。现金流量表采用直接法反映经营活动产生的现金流量，同时，企业还应采用间接法反映经营活动产生的现金流量。间接法，是指以本期净利润为起点，通过调整不涉及现金的收入、费用、营业外收支以及经营性应收应付等项目的增减变动，调整不属于经营活动的现金收支项目，据此计算并列报经营活动产生的现金流量的方法。在我国，现金流量表补充资料应采用间接法反映经营活动产生的现金流量情况，以对现金流量表中采用直接发反映的经营活动现金流量进行核对和补充说明。

采用间接法列报经营活动产生的现金流量时，需要对四大类项目进行调整：a. 实际没有支付现金的费用；b. 实际没有收到现金的收益；c. 不属于经营活动的损益；d. 经营性应收应付项目的增减变动。

②不涉及现金收支的重大投资和筹资活动。不涉及现金收支的重大投资和筹资活动，反映企业一定期间内影响资产或负债但不形成该期现金收支的所有投资和筹资活动的信息。这些投资和筹资活动虽然不涉及现金收支，但对以后各期的现金流量有重大影响，例如，企业融资租入设备，将形成的负债计入“长期应付款”账户，当期并不支付设备款及租金，但以后各期必须为此支付现金，从而在一定期间内形成了一项固定的现金支出。

企业应当在附注中披露不涉及当期现金收支、但影响企业财务状况或在未来可能影响企业现金流量的重大投资和筹资活动，主要包括：a. 债务转为资本，反映企业本期转为资本的债务金额；b. 一年内到期的可转换公司债券，反映企业一年内到期的可转换公司债券的本息；c. 融资租入固定资产，反映企业本期融资租入的固定资产。

③现金和现金等价物的构成。企业应当在附注中披露与现金和现金等价物有关

的下列信息:a.现金和现金等价物的构成及其在资产负债表中的相应金额。b.企业持有但不能由母公司或集团内其他子公司使用的大额现金和现金等价物金额。企业持有现金和现金等价物余额但不能被集团使用的情形多种多样,例如,国外经营的子公司,由于受当地外汇管制或其他立法的限制,其持有的现金和现金等价物,不能由母公司或其他子公司正常使用。

4）现金流量表的编制方法及程序

(1)直接法和间接法

编制现金流量表时,列报经营活动现金流量的方法有两种,一是直接法,一是间接法。在直接法下,一般是以利润表中的营业收入为起算点,调节与经营活动有关的项目的增减变动,然后计算出经营活动产生的现金流量。在间接法下,将净利润调节为经营活动现金流量,实际上就是将按权责发生制原则确定的净利润调整为现金净流入,并剔除投资活动和筹资活动对现金流量的影响。

采用直接法编报的现金流量表,便于分析企业经营活动产生的现金流量的来源和用途,预测企业现金流量的未来前景;采用间接法编报现金流量表,便于将净利润与经营活动产生的现金流量净额进行比较,了解净利润与经营活动产生的现金流量差异的原因,从现金流量的角度分析净利润的质量。所以,我国企业会计准则规定企业应当采用直接法编报现金流量表,同时要求在附注中提供以净利润为基础调节到经营活动现金流量的信息。

(2)工作底稿法、T型账户法和分析填列法

在具体编制现金流量表时,可以采用工作底稿法或T型账户法,也可以根据有关科目记录分析填列。

①工作底稿法。采用工作底稿法编制现金流量表,是以工作底稿为手段,以资产负债表和利润表数据为基础,对每一项目进行分析并编制调整分录,从而编制现金流量表。工作底稿法的程序是:

第一步,将资产负债表的期初数和期末数过入工作底稿的期初数栏和期末数栏。

第二步,对当其业务进行分析并编制调整分录。编制调整分录时,要以利润表项目为基础,从"营业收入"开始,结合资产负债表项目逐一进行分析。在调整分录中,有关现金和现金等价物的事项,并不直接借记或贷记现金,而是分别计入"经营活动产生的现金流量""投资活动产生的现金流量""筹资活动产生的现金流量"有关项目,借记表示现金流入,贷记表示现金流出。

第三步,将调整分录过入工作底稿中的相应部分。

第四步,核对调整分录,借方、贷方合计数均已经相等,资产负债表项目期初数加减调整分录中的借贷金额以后,也等于期末数。

第五步,根据工作底稿中的现金流量表项目部分编制正式的现金流量表。

②T 型账户法。采用 T 型账户法编制现金流量表,是以 T 型账户为手段,以资产负债表和利润表数据为基础,对每一项目进行分析并编制调整分录,从而编制现金流量表。T 型账户法的程序是:

第一步,为所有的非现金项目(包括资产负债表项目和利润表项目)分别开设 T 形账户,并将各自的期末期初变动数过入各该账户。如果项目的期末数大于期初数,则将差额过入和项目余额相同的方向;反之,过入相反的方向。

第二步,开设一个大的“现金及现金等价物”T 形账户,每边分为经营活动、投资活动和筹资活动三个部分,左边记现金流入,右边记现金流出。与其他账户一样,过入期末期初变动数。

第三步,以利润表项目为基础,结合资产负债表分析每一个非现金项目的增减变动,并据此编制调整分录。

第四步,将调整分录过入各 T 形账户,并进行核对,该账户借贷相抵后的余额与原先过入的期末期初变动数应当一致。

第五步,根据大的“现金及现金等价物”T 形账户编制正式的现金流量表。

③分析填列法。分析填列法是直接根据资产负债表、利润表和有关会计科目明细账的记录,分析计算出现金流量表各项目的金额,并据以编制现金流量表的一种方法。

任务 5　所有者权益变动表

◎预备知识

所有者权益变动表是指反映构成所有者权益各组成部分当期增减变动情况的报表。所有者权益变动表应当全面反映一定时期所有者权益变动的情况,不仅包括所有者权益总量的增减变动,还包括所有者权益增减变动的重要结构性信息(量及结构变动),特别是要反映直接计入所有者权益的利得和损失,让报表使用者准确理解所有者权益增减变动的根源。

○任务分析

1)所有者权益变动表的内容

在所有者权益变动表中,企业至少应当单独列示反映下列信息的项目:

①净利润;

②直接计入所有者权益的利得和损失项目及其总额；

③会计政策变更和差错更正的累积影响金额；

④所有者投入资本和向所有者分配利润等；

⑤提取的盈余公积；

⑥实收资本或股本、资本公积、盈余公积、未分配利润的期初和期末余额及其调节情况。

2）所有者权益变动表的结构

为了清楚地表明构成所有者权益的各组成部分当期的增减变动情况，所有者权益变动表应当以矩阵的形式列示：一方面，列示导致所有者权益变动的交易或事项，改变了以往仅仅按照所有者权益的各组成部分反映所有者权益变动情况，而是从所有者权益变动的来源对一定时期所有者权益变动情况进行全面反映；另一方面，按照所有者权益各组成部分（包括实收资本、资本公积、盈余公积、未分配利润和库存股）及其总额列示交易或事项对所有者权益的影响。此外，企业还需要提供比较所有者权益变动表，所有者权益变动表还就各项目再分为“本年金额”和“上年金额”两栏分别填列，如表 11.13 所示。

表 11.13　所有者权益变动表格式

所有者权益变动表

会企 04 表

编制单位：　　　　　　　　　　年度　　　　　　　　　　单位：元

项　目	本年金额						上年金额					
	实收资本（或股本）	资本公积	减：库存股	盈余公积	未分配利润	所有者权益合计	实收资本（或股本）	资本公积	减：库存股	盈余公积	未分配利润	所有者权益合计
一、上年年末余额												
加：会计政策变更												
前期差错更正												
二、本年年初余额												
三、本年增减变动金额（减少以“—”号填列）												

续表

项目	本年金额						上年金额					
	实收资本(或股本)	资本公积	减:库存股	盈余公积	未分配利润	所有者权益合计	实收资本(或股本)	资本公积	减:库存股	盈余公积	未分配利润	所有者权益合计
(一)净利润												
(二)直接计入所有者权益的利得和损失												
1.可供出售金融资产公允价值变动净额												
2.权益法下被投资单位其他所有者权益变动的影响												
3.与计入所有者权益项目相关的所得税影响												
4.其他												
(三)所有者投入和减少资本												
1.所有者投入资本												
2.股份支付计入所有者权益的金额												
3.其他												
(四)利润分配												
1.提取盈余公积												
2.对所有者(或股东)的分配												

续表

项　目	本年金额						上年金额					
	实收资本（或股本）	资本公积	减：库存股	盈余公积	未分配利润	所有者权益合计	实收资本（或股本）	资本公积	减：库存股	盈余公积	未分配利润	所有者权益合计
3.其他												
（五）所有者权益内部结转												
1.资本公积转增资本（或股本）												
2.盈余公积转增资本（或股本）												
3.盈余公积弥补亏损												
4.其他												
四、本年年末余额												

3）所有者权益变动的填列方法

（1）上年金额栏的填列方法

所有者权益变动表“上年金额”栏内各项数字，应根据上年度所有者权益变动表“本年金额”栏内所列数字填列。如果上年度所有者权益变动表规定的各个项目的名称和内容同本年度不相一致，应对上年度所有者权益变动表各项目的名称和数字按本年度的规定进行调整，填入所有者权益变动表“上年金额”栏内。

（2）本年金额栏的填列方法

所有者权益变动表“本年金额”栏内各项数字一般应根据“实收资本（或股本）”“资本公积”“盈余公积”“利润分配”“库存股”“以前年度损益调整”科目的发生额分析填列。

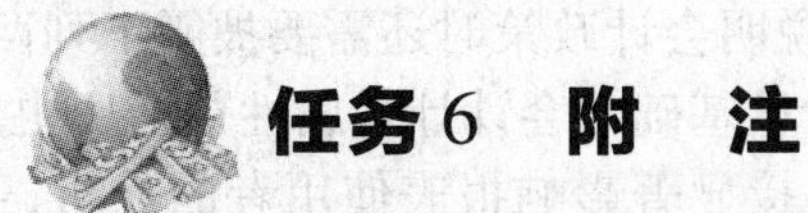

任务6 附 注

◎预备知识

附注是对资产负债表、利润表、现金流量表和所有者权益变动表等报表中列示项目的文字描述或明细资料，以及对未能在这项报表中列示项目的说明等。

○任务分析

附注是对资产负债表、利润表、现金流量表和所有者权益变动表等报表中列示项目的文字描述或明细资料，以及对未能在这些报表中列示项目的说明等。附注是财务报表的重要组成部分。附注应当按照如下顺序披露有关内容：

1）企业的基本情况

①企业注册地、组织形式和总部地址。

②企业的业务性质和主要经营活动。

③母公司以及集团最终母公司的名称。

④财务报告的批准报出者和财务报告批准报出日。

2）财务报表的编制基础

3）遵循企业会计准则的声明

企业应当明确说明编制的财务报表符合企业会计准则的要求，真实、公允地反映了企业的财务状况、经营成果和现金流量等有关信息，以此明确企业编制财务报表所依据的制度基础。

如果企业编制的财务报表只是部分地遵循了企业会计准则，附注中不得作出这种表述。

4）重要会计政策和会计估计

企业应当披露采用的重要会计政策和会计估计，不重要的会计政策和会计估计可以不披露。

(1)重要会计政策的说明

由于企业经济业务的复杂性和多样化，某些经济业务可以有多种会计处理方法，也即存在不止一种可供选择的会计政策。企业在发生某项经济业务时，必须从允许的会计处理方法中选择适合本企业特点的会计政策，企业选择不同的会计处理方法，可能极大地影响企业的财务状况和经营成果，进而编制出不同的财务报表。为了有助于使用者理解,有必要对这些会计政策加以披露。

需要特别指出的是,说明会计政策时还需要披露下列两项内容:

①财务报表项目的计量基础。会计计量属性包括历史成本、重置成本、可变现净值、现值和公允价值,这直接显著影响报表使用者的分析,这项披露要求便于使用者了解企业财务报表中的项目是按何种计量基础予以计量的,如存货是按成本还是可变现净值计量等。

②会计政策的确定依据。主要是指企业在运用会计政策过程中所作的对报表中确认的项目金额最具影响的判断。例如,企业如何判断持有的金融资产是持有至到期的投资而不是交易性投资;又比如,对于拥有的持股不足50%的关联企业,企业为何判断企业拥有控制权因此将其纳入合并范围;再比如,企业如何判断与租赁资产相关的所有风险和报酬已转移给企业,从而符合融资租赁的标准;以及投资性房地产的判断标准是什么,等等,这些判断对在报表中确认的项目金额具有重要影响。因此,这项披露要求有助于使用者理解企业选择和运用会计政策的背景,增加财务报表的可理解性。

(2)重要会计估计的说明

企业应当披露会计估计中所采用的关键假设和不确定因素的确定依据,这些关键假设和不确定因素在下一会计期间内很可能导致资产、负债账面价值进行重大调整。在确定报表中确认的资产和负债的账面金额过程中,企业有时需要对不确定的未来事项在资产负债表日对这些资产和负债的影响加以估计。例如,固定资产可收回金额的计算需要根据其公允价值减去处置费用后的净额与预计未来现金流量的现值两者之间的较高者确定,在计算资产预计未来现金流量的现值时需要对未来现金流量进行预测,并选择适当的折现率,应当在附注中披露未来现金流量预测所采用的假设及其依据、所选择的折现率为什么是合理的等。这些假设的变动对这些资产和负债项目金额的确定影响很大,有可能会在下一个会计年度内作出重大调整。因此,强调这一披露要求,有助于提高财务报表的可理解性。

5)会计政策和会计估计变更以及差错更正的说明

企业应当按照《企业会计准则第28号——会计政策、会计估计变更和差错更正》及其应用指南的规定,披露会计政策和会计估计变更以及差错更正的有关情况。

6)重要报表项目的说明

企业应当以文字和数字描述相结合、尽可能以列表形式披露重要报表项目的构成或当期增减变动情况,并与报表项目相互参照。在披露顺序上,一般应当按照资产负债表、利润表、现金流量表、所有者权益变动表的顺序及其报表项目列示的顺序。

7)其他需要说明的重要事项

主要包括或有事项、承诺事项、资产负债表日后非调整事项、关联方关系及其交易等。

参考文献

[1] 李祖爱. 中级财务会计[M]. 上海:上海财经大学出版社,2010.
[2] 陈信元. 财务会计[M]. 北京:高等教育出版社,2008.
[3] 刘永泽. 中级财务会计[M]. 大连:东北财经大学出版社,2012.
[4] 杜兴强. 中级财务会计学[M]. 北京:高等教育出版社,2007.
[5] 朱国泓. 中级财务会计学[M]. 北京:中国人民大学出版社,2008.
[6] 财政部会计资格评价中心. 中级会计实务[M]. 北京:经济科学出版社,2012.
[7] 中国注册会计师协会. 会计[M]. 北京:中国财政经济出版社,2012.
[8] 财政部会计司. 企业会计准则[M]. 北京:中国财经出版社,2006.
[9] 财政部会计司. 企业会计准则——应用指南[M]. 北京:中国财经出版社,2006.
[10] 财政部会计司编写组. 企业会计准则讲解[M]. 北京:人民出版社,2007.